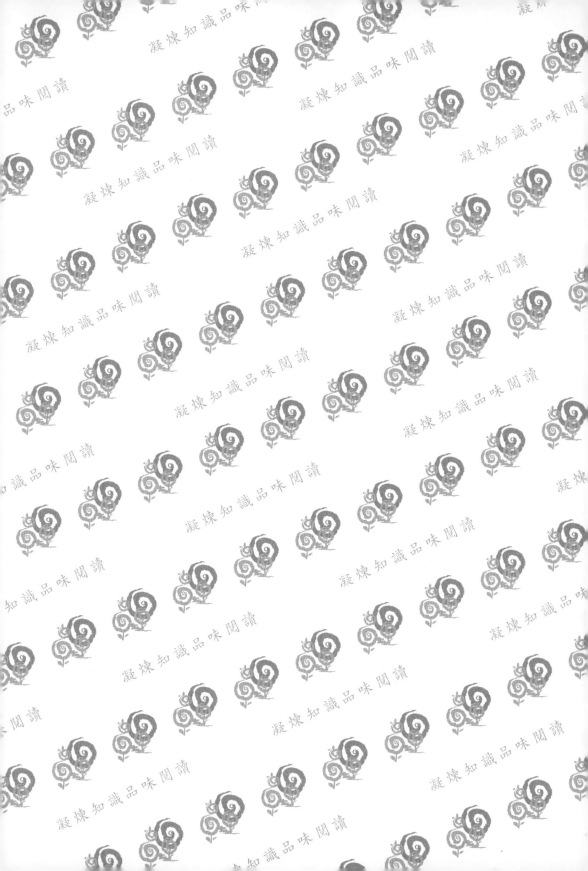

社工人的故事

The Real Life Stories
of Social Workers in Taiwan

林萬億　主編

臺灣社會工作專業人員協會　編著

五南圖書出版公司 印行

編者序

　　主編這本書的起心動念是讀到英、美國已經出版了幾本有關社會工作者的故事書籍，我們也應該出書讓社會工作者說說自己作爲社工人的生命故事。

　　英國最早的一本是 2003 年出版，蘇格蘭愛丁堡大學社工系教授 Viviene E. Cree 編輯的《成爲社會工作者》（*Becoming a Social Worker*），Routledge 出版，2022 年修正第三版了。該書的作者不盡然都是英國的基層社會工作者，也收納社會工作機構主管與大學社工系教師的文章，因爲他們也都曾經擔任過社會工作者，故每位作者都以「我是社會工作者」爲出發點來書寫。作者群來自不同的服務領域，包括：性別、階級、年齡、性、身心障礙、種族、文化等，書寫內容包括：爲何選擇或被選擇成爲社會工作者、受社會工作教育、社會工作者救苦救難的心路歷程、社會工作作爲一種志業、社會工作者的甘苦談等。

　　另一系列叢書是《社會工作者的日常生活》（*Days in the Lives of Social Workers*），Linda M. Grobman 主編，她除了擔任美國賓州直接服務的社會工作者之外，也是《新社工人》（*The New Social Worker*）雜誌的主編。該系列叢書計四冊：第一本記錄 58 位社工人受僱於不同機構的生命故事，書名《社會工作者的日常生活：58 位專業社會工作者訴說他們的眞實生命故事》（*Days in the Lives of Social Workers: 58 Professionals Tell Real Life Story from Social Work Practice*）；第二本專門介紹團體工作的社工人的故事，書名《開著互惠巴士及其他團體工作的冒險之旅：社會工作者的日常生活故事集》（*Riding the Mutual Aid Bus and other Adventures in Group Work: A Days in the Lives of Social Workers*

Collection）；第三本記錄 62 位專業社會工作者的眞實故事，書名《社會工作者的日常生活：62 位專業社會工作者訴說他們的眞實生命故事》（*Days in the Lives of Social Workers: 62 Professionals Tell Real Life Story from Social Work Practice*）；最後是第四本《更多社會工作者的日常生活：35 位社會工作實務界倡議、外展及其他迷人角色的眞實生活》（*More Days in the Lives of Social Workers: 35 "Real-Life" Stories of Advocacy, Outreach, and Other Intriguing Roles in Social Work Practice*）。誠如該系列叢書編者所言，希望讓想要近身觀察社會工作者生活的人，可以透過這四本書，了解社會工作專業在做什麼？如何做？

另一本是《呼喚社會工作：生命故事》（*Call to Social Work: Life Stories*），作者是美國亞利桑那州立大學社工系教授 Craig W. Lecroy，2011 年 Sage 出版。作者提供一扇窗，以極具滲透力的一瞥，讓讀者看見 34 位社會工作者作爲社工人的日常生活故事。書中的社會工作者們描述自己每天面對著看見兒童被父母或照顧者虐待、被遺棄失去愛、成人受苦於幻覺、家人面對喪失親人的痛苦、夫妻受苦於不孕症、婦女被強暴後的創傷、學生失敗的挫折等，如何堅定專業信念，與這些人一起工作，協助他們解決問題，渡過難關。

還有一本書名爲《*The Truth About Social Work: Real Life Stories from People on the Frontline of Social Work*》（social work tutor）（2017）。該書提到社會工作者讓世界變得更美好，但是這個工作是職場中最艱難的工作之一。例如：社會工作者被賦予預防與救援兒童虐待任務。然而，只要出現一件兒童受虐致死案，就被質疑保護不力。這種場景，不只在美國、英國發生；在臺灣，許多社會工作者也身處保護兒童及少年、婦女、身心障礙者、失能老人，免於受暴力侵害的第一線。除了重大兒虐事件之外，另只要出現一個家庭無力照顧失能老人或嚴重身心障礙者而釀成悲劇時，也會被媒體聳動地描繪成「照顧悲歌」。社會大眾彷彿忘記還有更多的社會工作者在不同的領域、地點、場所，努力地提供各種社會服務，協助人們維持健康、安全、尊嚴、自主的生活。據此，讓社會工作者把職場的現

況、工作的實情、心裡的話說出來，避免社會誤解，是非常有必要的。

除此之外，網路上也流傳著許多社會工作者的故事，例如：英國的社會工作年度獎（The Social Worker of the Year Awards），以及臺灣的社會工作日頒獎給資深、激發人心、改變社會的社工人，會把得獎的社工人的事蹟分享在網站上。又例如：社會工作故事播客（the social work stories podcast），由 Mim Fox 和 Lis Murphy 主播，每月介紹社工人助人的故事。顯示，社會工作者並不孤獨。

臺灣的家扶基金會也於 2011 年出版《與你同行——家扶社工的故事》，分享 27 位不同年代、不同方案的社工陪伴受扶助兒童及少年成長的生命故事。2013 年，再出版第二集，24 篇故事。既然是家扶社工的故事，就侷限在各地家扶中心社工所服務的對象。該兩本書作為了解家扶中心的社工如何服務其案主的生命故事很有用，但是終究還是以家扶中心的社工為限，以家扶服務的兒童與家庭為對象。

回想社會工作的源頭，為了協調城市的慈善組織，1869 年英國慈善組織會社（Charity Organization Society, COS）於倫敦成立。當時的慈善組織招募出身名門、貴族、殷商的志願工作者為友善訪問者（friendly visitors），因大多為女性，故被暱稱為「慷慨女士」（Lady Bountiful）。直到 1898 年，美國紐約慈善組織會社才開創了正式的社會工作教育課程於暑期慈善學院（Summer School of Philanthropy），才有今日專職、專業的社會工作者出現。即使，這段歷史已經超過 126 年了，在西方社會，仍然有許多人不了解社會工作者在做什麼？對解決社會問題有什麼貢獻？

臺灣的社會工作發展，晚了美國半世紀。即使，隨著社會工作專業化的進展，社會工作者受到越來越高的社區認可。不過，迄今仍有很多人認為社會工作只是需要愛心、耐心的志願工作，把「社工」當「志工」看待。聽說過社會工作的人，也不一定了解社會工作者在做什麼？對社會有什麼貢獻？據此，更需要出版由社會工作者現身說法的故事書籍，讓社會大眾更了解社會工作是什麼？社會工作者在做什麼？

感謝五南圖書出版公司也有同樣的想法，於是邀請本人擔任主編。

我請臺灣社會工作專業人員協會（簡稱社工專協）協助邀請作者群，我們先將大家熟悉的社會工作實施領域列出，再一一列出可能願意書寫的作者，依序邀請。我們盡可能窮盡所有的實施領域。但是，有些實施領域比較新，或是在職的社工相對少，例如：司法精神醫院或病房、監獄、矯正學校、性侵害犯罪刑後治療處所、員工協助方案（EAP）、軍隊社會工作等，就被割愛了。我們邀請的對象是現職的社工，以基層為優先，有一定年資，且最近有參與社會工作研討會、研習、倡議等活動，才會有較多的酸甜苦辣經驗可分享。此外，作者願意寫作、分享經驗，始能產出一篇五千字左右的文章。

為了讓作者有約略的寫作方向，俾利把千言萬語濃縮成五千字表達，我給了作者們一個寫作內容的參考架構，包括：入行的背景、準備成為社工、如何成為稱職的社工人、社工生涯最令你印象深刻的經驗、學校老師沒教的一堂課、給社工人的一句（段）話。我認為這些內容是讀者，尤其是新手社工或可能成為社工的學生們及關心社工的各界想知道的。因此，書中每篇文章看起來架構差異不大，是受到我的引導之故，不是作者們缺乏創意。可喜的是，即使在相同的寫作架構下，每位作者仍然產出非常豐富、多彩多姿的內容。

每一位社工人入行的背景、原因、機緣不同，大致有兩類：一類是聯考分數正好落點社工系，只好隨緣讀讀，就讀出興趣來。當年的我其實也是這一群；另一類是因家人當志工或曾被社工服務過而感動，毅然決定選擇社工系。不論哪一類，書中呈現的故事，都是熱愛社工、盡心盡力在為服務對象工作。

每一篇故事訴說的都不只是實務場域如何獨特、工作方法如何發揮、服務對象如何難處、制度環境如何演變，也包括作為社工人的「我」，如何從服務對象學習、如何從督導身上學習、如何從內省自己而反思學習，成就自己，勇敢應邀書寫各自的故事。

書中每一位身經百戰的社工人，體悟到許多珍貴的助人哲理與反思，例如：當我們的輔導團隊遭遇到困難或挫折時，想想這些正等著我們

服務，身陷困境中的孩子正面臨比我們百倍、千倍的辛苦，身為助人者的我們真的沒有放棄與後退的選擇。又例如：工作的成就感是不能外求的，要靠自己定義及尋找。或者是：社會工作的專業與否由我們自己決定！作者們也提醒：對於社工夥伴來說，我們應該都知道沒有完全準備好的這回事，大家都是在實作中學習；在工作中學習；向服務對象學習。

作者們也為自己可能身陷替代性創傷或崩熬（burnout），而安排一場療癒之旅、看場電影、舞台劇、追劇、讓自己運動暴汗、打掃做家事等，經過這些充電時間，讓自己恢復平常心。

作者群幾乎都是不斷充實自己，成就成為一位稱職的社工人。有人從知能不足，一步一步補充成為有自信的社工人；有人從害怕與陌生人對話，一次又一次練習讓自己人際互動良好。總之，極少是天生的最佳社工人，如同其他行業，社工人也是需要努力練功，才會成為服務對象真心讚美的助人者。

這些工作經驗中淬鍊出來的心血結晶，很多都是超出大學課堂的生活智慧。身為編輯的我，做直接服務工作的時間很短，但督導經驗很多、教學年資也夠長，且參與制訂過許多重要的社會福利政策與立法，在編輯過程中，閱讀每一位社工人的心路歷程，不時拍案叫絕、讚嘆再三，甚至有一股衝動想插一腳，寫一篇自己的社工生命故事，我相信很多讀者會跟我一樣入戲。

由於作者們來自不同實施領域，呈現了臺灣社會工作發展不同時期，或相同階段但不同場景的經驗。每個人都是一步一腳印，默默耕耘，幫助過無數苦難的人民，處理了無數不為人知的危機，解決了無數個人與家庭的問題，甚至滋養了許多組織與機構的成長，回饋給社會政策與立法的進步，社會工作者真的是臺灣社會寶貴的資產，我們值得被好好珍惜。

作為一位負責任的編者，我理解大部分的作者都不是常寫作的老手，在寫作的過程難免有想要表達很多，卻礙於字數有限的紙短情長心境；或是經驗很多、心情複雜，不知從何先說起的困擾。我在閱讀的過程，遵守不去改變作者的原意。但是，有文意不明、文字不順的地方，我

就動手修正了。此外，有些用語不正確或不夠清晰的段落，我會以「編者按」加以註解或修正。

被我修正最多的地方是區分「案主」（client）與「個案」（case）。其實，社會工作課本早已說得很清楚。社會個案工作的先驅，芮奇孟（Richmond, 1917）在其《社會診斷》（*Social diagnosis*）一書中就說道：社會個案工作是與案主一起工作，而較不是說服他們，以達到同理地了解案主出身的舊世界背景（working *with* clients, rather than *on* them, and for gaining sympathetic understanding of the old world backgrounds from which the client came）。奠定社會個案工作的心理暨社會治療學派（Psychosocial Therapy）的何麗絲（Hollis, 1954），很清楚地說明社會個案工作者幫助個人（案主），發現解決社會適應的問題事件（個案）的方法。只是，社工人到實務現場被來自不同的專業的同事或網絡成員，東一句「個案來找你」、「個案來電話」，西一句「去個案家訪」，就把社工專業早就很清楚界定的「案主」與「個案」弄亂了。我把這段澄清，加在第一篇故事中。

有讀者可能會懷疑，「案主」與「個案」不分，有差嗎？我相信社工人心中都會把服務對象當作有價值的人看待，社會工作價值早已說得很清楚，社會工作者「相信人是生來就有價值（worth）與尊嚴（dignity）的。」既然是這樣，我要強調的是，以「個案」來表示服務對象，已經隱含了把服務對象不當作是人看待，而是一件事、一個任務。雖然，這件事包括發生在一個人或很多人身上的種種，例如：兒虐案涉及的有施虐者、受虐者、目睹者，當然也可能包括其他家人、親友、機構、政府；而這事件包括：時間、空間、行動、認知、感覺、法律、制度、歷史、文化等變數。但是，如果我們一直不自我覺察地將某位求助者、被服務者、應加以保護者、使用服務的人當成是「個案」，某種程度已將這些需要被支持、充權、照顧的人，尤其是受害者「無名化」、「去人性化」了。再反身思考，當服務對象發現自己只是被當成一個「個案」，連名字都被省略，或不值得被提及，這其實就是一種消權（disempowerment），違反了社工人很在意的充權服務對象的精神。

簡單地說，社會工作是助人專業，幫助的是人 —— 個人、團體成員、社區居民、人民，而這些人必然是被某些事物或環境所困擾、壓迫、傷害、剝削。過往社會工作使用「案主」來指涉被該事件不利影響或需要被改變的當事人（法律界用語）。其實，中性地來說，是指被社會工作機構所服務的對象。目前使用「服務使用者」來取代「案主」，最常見於身心障礙領域。目的是表達服務提供者（社工或其他助人工作者）與服務使用者間是平等的、協力的關係。我常提醒自己，社會工作是一門專業，且要不斷精進的專業。但是，社會工作者不必天天以專家自居，我們必須不斷地從服務對象身上學習、成長。

　　接著，我也發現故事中有太多的處遇（treatment）。社工早期的確用處遇來描述服務工作。但是，處遇是醫療模式的產物，目前使用最多的實務領域是醫療、司法矯正機關（構）。既然，連稱「案主」都被認為有某種程度對服務對象的貶抑、汙名、強調其依賴專家協助，那麼更沒有理由使用處遇來呈現社工的助人工作，尤其是在非醫療、司法矯正領域。

　　感謝作者群願意無私地分享個人的工作經驗，其中涉及個人的成長經驗，事先都有提醒作者選擇可揭露的部分；至於所提及案例個資部分，都已經去識別化處理。

　　本書的出版，除了感謝作者們之外，也要感謝社工專協美貴理事長、小佑祕書長、惠敏主任，以及已離職的怡如社工的幫忙，省去我許多行政聯繫工作。最後，要感謝接手的李貴年副總編、何富珊主責編輯，大家共同完成了一件深具意義的功課。

林萬億

2024 年 4 月 2 日

目錄

1

意想不到的社工生涯

張美美／衛生福利部社會及家庭署副署長

1984 年大學畢業，參加臺北市政府社會局約聘社工員考試通過後擔任社工員，才體會到社會工作教科書上所言「社會工作是一門助人專業」，提供人性且有效的社會服務給個人、家庭、團體、社區與社會，得以增強社會功能，改善生活品質（林萬億，2021）。1990 年政府透過國家考試納編約聘社工員，規定 3 年納編完成，未能納編者依其意願可繼續工作至離職。心想自己已投入社工工作多年，怎麼能因為考不上高考而離職，為爭口氣參加公務人員社會行政高等考試，1992 年考試及格後社工生涯由約聘社工員轉為編制內社會工作員，之後考上社會工作師證照，隨著升遷陸續擔任社會局社工督導，以及社工、人民團體、婦女及托育、家庭暴力暨性侵害防治中心等部門主管，後來有機會至衛生福利部社會及家庭署任職，雖然工作中常遭遇困難，但常提醒自己要保持正向思考，努力找出解決方法。對個人而言，由約聘社工員到擔任社會服務部門主管，任職從地方政府到中央政府，實在是意想不到的社工生涯。

進入第一線服務

擔任社工員的 8 年是在社會福利服務中心、婦女服務中心和平價住宅服務，當時規定每位社工員都要運用社會工作的個案、團體及社區三大工作方法，除處理責任里的個案外，每年要和學校合作帶領青少年團體及協

助社區規劃社區活動，社工要將社會工作三大工作方法轉化爲具體可操作的個案服務計畫、團體方案設計、社區執行方案，不僅課本上的知識要熟知，也要能隨情境靈活運用。

　　雖然都是在臺北市的社會福利服務中心、婦女服務中心擔任社工員，但大同區、文山區、大安區、中山區的區域特性、人文地景都不同，所以每次到新地點工作，我一定會對當地的環境、區域特性等做些了解。第一線社工最主要的工作仍是個案訪視工作，對於案主及其家庭的基本資料、關係人資訊、案家周遭人文生態地理環境、鄰里資訊、交通路線等，我都會在家訪前先掌握，以便讓自己能順利完成訪視。當然社工的人身安全也很重要，外勤時應先做風險評估、交代訪視對象及地點，必要時有其他人陪同或請警察協助都是保護社工自身安全的方法。

　　平價住宅的每家戶都要開案輔導，我的主要責任區爲安康平宅的老人合住戶，記得有次兩位合住的老太太爲了水電分攤費吵架，一方認爲他方用水用電比較多應該要多負擔費用，他方則覺得每戶都是依據水表及電表的度數繳費，如何能證明他方用的度數比較多，須負擔比較多的水電費。在平價住宅工作時，案主經常會提出各式各樣的問題要社工協助解決，對於大學畢業僅工作數年的我，眞是難度甚高，雖然我平日和住戶們建立不錯的信任關係，但是只要涉及住戶們認爲的大問題，還是要找出雙方皆認可的解決方法才能排解。

　　教科書或課堂上教的知識要轉化爲職場上實際所需要的技能或敏感度不是件容易的事，當時社會局安排許多在職訓練充實社工員的專業知能。我的督導及同事也給予最大的支持與協助，社工制度中的督導及同儕團體若能發揮功能，是第一線社工最佳的支持系統。由於案主都有不同的人生際遇及生命故事，服務每個個案的同時也豐富了我的人生。第一線直接服務是累積社會工作實務經驗的最好機會，雖然辛苦卻也是專業成長最快速的時期。

助人又快樂的社工

　　人們常說「助人爲樂」，既然社會工作專業是助人的工作，所以我們應該讓自己做一位快樂的社工人。社工處理的個案經常是多重複雜問題的家庭，若能透過社工的協助使其個人及家庭獲得增能或改善，這不僅是社工專業的存在價值，也是助人工作的實踐。

　　以前曾協助過一位女童，看到她的改變與復原，我心中的感動與高興實在難以言喻。她在 6 歲時被父親性侵，當時母親早就因爲婚姻暴力而離家，我除了先將女童移出家庭進行安置外，也和安置機構人員合作安排女童每週接受心理諮商、遊戲治療，以減緩及復原其創傷。每週由我和機構人員分工接送女童去治療，同時我也充權（empower）女童母親，協助她勇敢面對司法訴訟爭取女童監護權。當機構人員回饋給我，女童經過我們的協助，夜晚不再尿床、也願意再穿裙子時，頓時覺得欣慰。後來母親也獲得孩子監護權，將女童接回照顧。看到自己輔導的案主重新展開新生活，眞正體會助人爲樂的心情。猶記得當時自己手邊要處理的個案量很多，每週還要花幾小時從安置機構接送女童去治療，其實壓力頗大。但也因爲眞誠的付出關心與實際的服務行動，我很快的和女童及其母親建立信任關係，才使得後來的服務目標能順利達成。回想這段時間的工作非常辛苦，因爲我被法院傳喚爲此案的證人，從未上過法院的我，還特別爲出庭該注意哪些事項諮詢老師，事後回想也是一生難忘的經驗。

　　社工處理的個案經常是複雜多元，又有許多行政或專案工作，工作負荷量大，社工的工作特性又常需要跨部門或跨專業的合作，且社工專業的本質，必須面對不斷交互變動的人與社會情境，具有高度複雜和不確定性。研究調查顯示社工人員的職場健康會因爲社會工作年資多寡、學歷高低、有無專業證照等因素而有所差異（許雅娟等，2013）。媒體也曾報導過社工過勞事件，因此在制度面上我們應該更重視社工職場健康。人生其實本來就充滿不確定性，當我們深刻理解社工助人工作的本質時，就會比其他行業人員更有機會學習如何保持心理健康與培養心理韌性，也更能體

會助人為樂的真諦。

印象最深刻的事

　　有兩件事是我社工生涯印象最深刻的事，第一件事是擔任社工督導時為中心成功爭取增加社工人力。記得當社工督導的第一個月就碰上年度業務評鑑，萬華區的弱勢個案數量在臺北市是數一數二的多，但人力配置卻和其他行政區的社會福利服務中心一樣。中秋節假期在家裡準備業務評鑑報告時，焦慮地想著要如何才能具體清楚呈現中心人力不足的困境。我記得當天報告完簡報，長官便告訴我會增加萬華區社會福利服務中心的社工人力。其實，我只是以專業角度分析萬華區域的人口、地理特性、弱勢家庭整體狀況及中心的服務情形，並和其他行政區做差異比較分析，在簡報上具體呈現專業的數據與資料讓長官明瞭中心需要增加社工人力的理由。

　　第二件印象深刻的事情是在安康平宅當社工時，曾輔導一位老先生住進養老院，十多年後他輾轉打聽到我的辦公室，一走進辦公室，他就告訴我有非常重要的事情要找我商量，他在養老院與室友發生衝突，氣憤地想殺了室友，但想起過去我曾協助過他，他信任我，所以來找我商量這件大事。當時，看著自己十多年前輔導的服務對象因為信任你，要做出激烈行為前先找你商量，說實話，我的心情是複雜的。當下趕快先穩定老先生的情緒，請他坐下慢慢說，倒杯水給他緩和情緒，聽他緩緩道來發生的事，幫他分析衝動行為要承擔的後果，和他談完，終於讓他打消念頭。我趕緊和養老院社工聯絡說明處理的情形，建議養老院社工考量調整室友，也請社工要多關心老先生的狀況，並作預防措施的準備。

晉升的機會與挑戰

　　社工隨著年資、表現可能晉升為社工督導或行政主管，這也代表責任的加重，所以晉升既是機會也是挑戰。當社工時所運用的技巧，如建立關

係、會談、團體、倡導、傾聽、溝通、同理心等，仍是擔任社工督導或行政主管所需要的實務技巧。

督導的責任是要確保機構政策的執行和協助受督導者發揮最佳的工作能力，由於我們的工作通常需要高度的團隊合作，所以社工督導給予社工最大支持和社工並肩工作是必要的；此外，爲提升社工服務效能，透過訓練、網絡合作和督導的帶領，讓社工能獨立完成工作也是重要的。

組織賦予行政主管的權力更大，當然責任也更多，主管不只是要「把事情做對」（Do Things Right），更應該要「做對的事情」（Do the Right Things）[1]。擔任社工部門主管時，因爲有社工直接服務的實務工作經驗，更能了解基層社工的想法、服務對象家庭的樣態與需求、第一線服務的困境，以及資源有限性的影響。由於社工面臨的專業倫理困境甚於其他行業（包承恩、王永慈主譯，2000；江盈誼等合譯，2000），身爲社工主管更應給社工最大的支持，也應該盡力協助社工解決工作上的困難。

記得有一天社工督導來找我談山頂洞人這個個案[2]，該個案是一家三口（父親、母親、兒子）離群索居，住在沒水沒電的山洞裡，兒子每天點蠟燭寫作業。經過社福中心社工的努力，父親仍然堅持不離開山洞，但社工說服母親，讓兒子離開現在的住處，對他的學習、健康及生活條件會有很大的改善，母親終於願意帶著兒子先搬下山。社工評估若能協助他們申請

---

1 編者按：「把事情做對」，是指依照標準程序或指派任務做完該做的。但是，依標準程序或指派任務做的事情如果是錯的，或是無助於幫助服務對象解決問題，就是白做工、耽誤助人的時機，甚至做錯事。「做對的事情」，是指確定服務對象的需求是否被滿足了、問題是否被解決了，也就是努力找到最佳的方法，提升自己的知能、運用有效的方法、連結可用的資源，幫助服務對象及其家庭解決問題、增強功能（林萬億，2021）。

2 編者按：「案主」（client）是指服務對象、事件的當事人，或服務使用者、服務受益人。「個案」（case）是指該事件、申請案或求助案，包括：當事人、關係人、相對人及該事件的成因與影響及來龍去脈。「案家」是案主及其家庭成員。「社會個案工作」是運用社會工作的方法，與案主一起工作，發現解決其社會適應的問題。據此，「個案」不是一個人，而是造成案主及其家庭成員困擾、問題、傷害、壓迫的事件及其相關的人與事（林萬億，2021）。

到平價住宅，有助於母子二人穩定居住與生活適應，不僅經濟壓力會減輕許多，後續的輔導也比較容易進行。社工督導和救助科協調後，得到的答案是申請平價住宅的等候個案名單很多，基於公平原則，案家母子仍應依照規定排隊等候，並且無法預估需要候缺多久。社工面臨的兩難是雖然知道公平是原則，但是好不容易才輔導母子二人願意離開山洞，而且這個個案一直被通報，若無居住資源則難以跨出協助的第一步，再加上案家又有就業、重新適應都市生活、社會化、學習等問題待克服，社工也無法長期結合民間捐款協助案家付房租。但平宅資源並非掌握在社工部門，所以我立即向局裡長官反映社工遇到的困難並請求協助，經過局裡召開跨科室會議討論，決定給予該個案專案協助，社工也因此解決該個案的居住問題。

　　不同職務的主管所負責的業務不同，自然面臨的挑戰也不相同，克服挑戰或困難的方法也各有不同，不過身為管理者主要的職責就是找到能夠使團隊成員感受到成就感與成功的方法，進而增進服務效能。

危機就是轉機

　　「危機就是轉機」是我在工作中體會最深的人生智慧，當危機發生時，我們常會緊張害怕或逃避，如何能臨危不亂、正向思考並適當採取行動，時時考驗著我們。

　　在此分享自己當約聘社工多年後碰到的工作危機：當年政府規定約聘社工3年完成納編，當時有許多社工前輩選擇離開公部門轉往民間發展。我因為想選擇繼續留在政府部門工作，所以必須認真準備考試。回想若非發生政府透過國家考試納編約聘社工員，我可能還在猶豫是否要參加公務人員考試，因為考上高考才有機會歷練不同的職務，才會有意想不到的社工生涯。

　　社會服務領域裡的兒童不當對待、家暴、性侵、貧病老弱的照顧等案件最容易引起媒體及社會大眾的關注。任職於家庭暴力暨性侵害防治中心時，中心是專責處理兒保、家暴及性侵害個案的單位，所以我們最怕個案

曝光上媒體。中心處理的保護性案件屬於高壓力工作，而且社工必須 24 小時輪值，必要時需要出勤處理緊急案件。2011 年考試院銓敘部會議通過提高社工督導、社工師及社工員職等，但是家防中心是市府的二級機關，所以組長的職等只能是七職等，實在難以留住人才。當時中心有個案件被民意代表召開記者會，指責中心沒有好好處理性侵害案件，市府多個局處也被波及，對家防中心而言是個危機事件。事實上，該案件並非如媒體所報導的情況，但基於專業倫理及個案隱私與保密原則，我在記者會上無法對案情多做說明，以致在記者會上的回應未臻完善，家防中心連續數月皆處於此事件的餘波盪漾中。不過也因爲此危機事件引起市府長官對家防中心的關注，中心面臨的專線組電話設備老舊、辦公空間不足、組長職等太低等問題，在中心充分準備資料向長官說明後，市府同意給予預算汰換電話設備、同意中心租用附近捷運聯開宅作爲同仁辦公室、中心組長則由社會局九職等社工督導派兼，這些原本棘手的問題皆因此而獲得解決，再次印證只要我們做好因應準備並正向思考，努力解決問題，危機就能轉變爲機會。

　　經過社工前輩們的努力，臺灣社會對於社會工作專業有更多的認識，隨著社會快速變遷、家庭結構改變、氣候變遷帶來的災害、數位時代下人際互動模式的改變（楊小萱，2023），爲社會工作專業帶來許多新的挑戰與機會。

　　社會工作的首要使命是促進人類福祉，尤其關注弱勢族群與貧窮者，社會工作的核心價值爲對人的尊重、尊嚴，尊重多元性、社會公平與正義等。當社會對社工專業有更多期待時，身爲社工人應該讓社會大眾更理解社會工作的價值與內涵。社工人的關懷、溫暖、友善、眞誠、務實、同理等特質，以及在工作上發揮的專業水準，相信能爲人們帶來改變的希望，爲社會帶來更多公平與正義。最後，我想對社工人說：保持正向思考會帶來正能量，也會爲人生帶來意外的驚喜。

參考文獻

包承恩、王永慈譯（2000）。**社會工作價值與倫理**。臺北市：洪葉文化。

江盈誼等譯（2000）。**社工督導**。臺北市：學富文化。

林萬億（2021）。**當代社會工作：理論與方法**。臺北市：五南。

林萬億（2022）。**社會福利**（第二版）。臺北市：五南。

許雅娟等（2013）。臺灣社會工作人員的一般健康初探。**臺灣社會工作學刊，14**，103-156。

楊小萱（2023）。數位時代下媒體教我的事。**社區發展季刊，182**，124-135。

2
懷著疑惑踏入社工這一行

戴如玎／屏東縣政府社會處科長

聯考落點，走上社工這條路

那個升學主義的年代，用剔除法落點到東海大學社會工作學系，入學之際，我和家人懷著未來前途的疑惑進入校園。

從小我是燒燙傷友，接受過陽光基金會的幫助，秉持助人初衷，大學期間熱衷參與陽光基金會志願服務，也投入 921 大地震災害重建社區服務，活躍在系學會、社團、志願服務。幸運地，社工學系重視自我，與他人間團體互動、利他與公平正義的社會價值，在大學 4 年洗禮中埋下社工專業認同種子，讓我跳脫高中時期以成績衡量能力的框架，開始回到自我價值與自我認同。

社工大學畢業，雖喜好社工專業，但對職涯仍存著茫然與疑惑；光面對親友詢問什麼是社工，就需要花一番力氣解釋，顯見當時社會對社工職業仍是一知半解，只好先躲在學校研讀碩士。很慶幸在學術界磨練下，裝備自我能力，在學校教育下奠基社工專業養成基礎，將發散的思緒訓練成具有邏輯思辨論述力，能從鉅視層面洞察剖析社會議題。

碩班畢業之際，適逢家庭暴力防治網絡蓬勃發展期，NGO 團體廣招人才，因緣際會接觸以婦女倡議團體起家的財團法人現代婦女教育基金會，我以社會新鮮人姿態進入家庭暴力防治領域。沒有婚育經驗的我，常

需要包裝為成熟穩重、很懂的樣子，滿嘴法條、福利資源，以掩蓋心虛、彆扭與不安。回想初踏入社工界的樣子，常嚮往有朝一日能像督導一樣，展現專業與自信備受肯定，有時會懊惱提出不成熟或言不及義的問題，像極了急著長大的青澀少女，還好一路走來遇到前輩耐心解惑引導，學習放慢腳步，跟著前輩步調累積經驗與實力。

婚後從新竹轉換到高雄生活，從直接轉到間接服務（家庭暴力綜合規劃），從 NGO 轉到公部門（前高雄縣政府），不變的是持續投入家庭暴力防治領域服務，在政策規劃上發揮更多影響力，多年來歷經大小會議，統整各類案件類型，對社會工作專業慢慢有著深厚的認同。

社工自我調節與網絡合作

我常在想在這 18 年社工職涯過程，如何從一位專業門外漢，蛻變為社工專業自信與認同。這些年有何掙扎與轉折？是什麼力量與魔力，讓我持續待在這行。從事保護性社工，需要具備好「自我調節能力」，兒少保護社工常需要面對施虐者及其家屬，成人保護社工也有機會面對非自願性相對人，甚至精神疾患、毒品或人格違常。一線社工為了維護當事人權益，啟動緊急安置、依職權聲請保護令，甚至停止父母親權改定監護權等強制作為，必須面對相對人的質疑、咆哮、謾罵甚至威脅的壓力環境。面臨這些壓力，許多社工自我調節能力失衡，常因承受不住，身體出現失眠、心悸、焦慮等身心症狀，萌生離職或轉職的念頭。

自我調節能力，可以透過自己或機構組織的支持，協助個體改變自己的心理狀態以適應環境要求的能力。遇到困難時或任務完成後，能肯定自己的努力，感受到機構組織的支持後盾，能對自己的行為和結果做出恰當評價。

壓垮社工服務的稻草，除了社工個體自我調節能力之外，機構組織給予社工的專業整備、福利待遇、行政支持，甚至社會環境的法規政策等，都是影響社工是否離開社會工作的關鍵。

回顧職場處境，曾經讓我挫折與無助的經驗，是跨專業間不信任與互踢皮球的氛圍，各持本位主義界限，謹守法規限制壁壘分明。保護性工作需要仰賴跨專業團隊間互相協力，被害人安全需要警政、衛生醫療、司法、學校系統彼此通力合作，任一網絡單位若事不關己，拿著法規流程畫地自限，會讓一線社工很洩氣。

長期從事家庭暴力防治綜合規劃業務承辦，常有機會接觸不同專業，了解不同專業養成歷程不同。過去的我，常因不理解他方專業法規規範、組織預算等，容易指責批判，甚至氣餒。歷經十多年來磨合，我發現跨專業合作是可以由學習凝聚改變而來，第一步就是要互相認識不同專業（理解司法講求證據力、醫療講求科學證據、警政講求依法行政等）。第二步是彼此溝通凝聚共識，透過拜會、聯繫會議或共識營等策略，營造各專業間從為什麼是我的心態，轉為我還能多做些什麼。第三步是專業協作，有了認識、理解、溝通、信任後，才可能真正地朝向跨專業協作，突破限制攜手合作。

職場上會讓我感到驕傲與成就的經驗，與跨網絡間緊密合作有高度關聯，它扮演成功關鍵。這部分或許對新進社工來說是抽象概念，我嘗試轉換為操作性定義：網絡合作是需要社工用行動（透過電話、拜會、交流）串起資源，放下各專業自我界限、理解各專業立場與處境、建立正式與非正式溝通平台、願意凝聚共識提供適切服務。

如何成為稱職的社工人

社會工作實踐，需要仰賴政府部門妥適規劃政策，才能將服務資源輸送到弱勢家庭。社工帶著利他價值的善念進到案家，基於社工價值與精神，是引導社工員專業行為的依據，但實務界不像書本所述，僅線性思考就能當一位稱職的社工人。社工常處在倫理價值的兩難，陷入糾結與為難，正因為涉及價值判斷，在價值天秤的兩端搖擺。例如父母以照顧子女名義，四處申請經濟補助福利；歷經創傷的產婦殺子後自殺未遂；未成

年合意性行爲者的父母親以索取和解金爲目的，忽略雙方當事人的司法權益；父或母年輕時拋家棄子，年老後被安置，政府卻依民法向子女要求承擔安置照顧費。以上案例面臨兩難處境或價值判斷，可說是社工工作的日常，見怪不怪。身爲社工的我們想盡辦法解決案家問題，但後來知道補助款被案主或家庭成員拿去償還賭債，或經濟困難的案主拿救濟物資變換現金。社工若心理拿捏不定，視案主的行爲是眞心換絕情，讓社工們開始懷疑自己做對了嗎？人生陷入谷底，常是壓垮社工的最後一根稻草。

我覺得一位稱職的社工，態度很重要，社工講究的是溫度，懂得人情世故以貼近案家需求，面對形形色色的案家，保有更多彈性，尊重多元文化個體差異，包容各種不同的聲音、看法與價值觀，也無須太認眞看待案家承諾。如果社工斤斤計較於案家的承諾沒依約定實現，反而內傷。理解案主都須爲自己的人生負責，我們能做的就是盡可能去理解個案家庭的需求，提供他們能改變現狀的可行道路選項。當然，稱職的社工也須具備與他人合作的能力，面對網絡關係，敞開心胸、拋下價值評價與人合作，並勇於實踐，才能創造更多無限可能。

社工生涯印象最深刻的經驗

社工生涯印象最深刻的，是處理複雜性依附創傷、疑似人格障礙兒少棘手案件。小草（化名）有嚴重情緒行爲障礙，會在學校情緒失控或是在班級上出現嚴重干擾行爲。隨著小草年紀越來越大，情緒行爲一次比一次嚴重；在國小低年級時，學校難以招架小草，常請寄養家庭從學校接小草回家，或帶小草去警察局反省。遺憾的，小草甚至開始恐嚇社區人員「我長大要回來殺你！我要先殺你！再殺他！」寄養父母發現小草虐待家中的小動物，種種行爲問題讓寄養家庭與照顧機構一個一個陣亡，直到沒有家庭願意再接手照顧小草。高耗能的照顧問題，使整個安置系統瀕臨崩解；小草也被迫多次轉換寄養家庭、庇護處所、身心障礙日托、精神專科醫院、護理之家。這個高照顧困難個案超乎網絡團隊過往經驗，對我們團

隊來說是相當大的挑戰，急性期幾乎不到半年就轉換安置機構。小草是縣長監護童，縣府責無旁貸，我們沒有退路。團隊沒有路只好自己開出一條路，我們從瀕臨崩潰的經驗中突破，重新重整與合作。

　　非常感謝網絡團隊間彼此沒有放棄，我們互相鼓勵攜手向前。首先要能找到可接納小草的安置處所並非易事，曾經發生照顧服務員以集體離職對機構負責人施壓。我與同仁即時到機構與生輔員面談了解問題困難，立即協助改善安置機構設施設備，讓小草情緒暴走時有個安全空間。再請精神醫療系統作後盾，舒緩安置機構照顧壓力。學校系統也發揮教育支持關鍵功能，在小草上學時間，分散安置機構照顧壓力，學校引進特教資源，密切召開個別化教育計畫（IEP），與學校老師及機構照顧者建立一致性的共識與原則，制定目標及因應方式，隨時因應小草的情緒行為，滾動調整做法。學校因特教教師助理員時數不足、人員更迭難與小草建立依附關係，社政單位尋覓專責穩定照顧人力長期陪伴員，寒暑假期間安排一對一課程，舒緩安置機構照顧壓力、持續心理諮商及行為治療讓小草情緒穩定。

　　這6年多來團隊一路走來跌跌撞撞，有一次在縣長與監護童圍爐時，我聽到小草能在台上獨立唱完一首歌曲，當下眼淚潰堤，也從諮商師口中獲知小草開始學會同理，情緒爆衝次數明顯變少，雖然只是微小的進步，對我們團隊來說卻是很大的鼓舞。這學期進入國中階段，我們迎接小草體型的轉變、對性的好奇與衝動、用絕食抗議表達不滿等未知行為，挑戰團隊的應變能力。我仍深深相信，存著善念，拿捏好界限，會有資源來協助我們一起照顧小草。

學校老師沒教的一堂課

　　社工的價值不是從學校老師或教授就能完全學習到的知識，它是需要用行動執行實踐，也需要時間淬鍊累積而來的，要說學校老師沒教的一堂課，就是學習永不放棄的續航力，因為堅守崗位，我才有機會在職場提煉

出許多人生的智慧。

從個案工作經驗中豐厚生命韌性，增強社會資源整合及使用能力

　　每每在處理棘手複雜個案時，往往涉及多重法規、程序、照顧、社福與醫療等各方面，無形中累積案件處理經驗與回應能力，並開拓社區資源及累積知識經驗。我巧妙運用社工專業的知能，與一群長輩召開家屬協調會議，讓93歲外婆從安養院如願回到老家安養；從過往處理個案經驗中，熟識法規法條、長期照顧資源及諮商與會談能力，我的生命經驗與個案工作彼此交疊影響著。

公部門依法行政磨練下，具有統籌規劃與邏輯推理等能力

　　多年來在公部門綜合業務磨練下，對於政策規劃、法規法條以及流程制度訓練紮實，足以磨練思考事務邏輯組織與倡議等能力。學校教育在專業上扮演知識啟發的功能，但要成就獨立判斷及執行能力，只能在職場上磨練。職場上有許多生存之道，預算、核銷、媒體公關、資源分配及方案執行等，有太多鋩角（mê-kak）[1] 和地雷要注意。

重視跨專業團隊間合作能力，有助於學習與他人合作，創造更多無限可能

　　在與警察、教育、醫療衛生、律師、諮商、建築師、檢察官、法官等不同專業合作歷程，學會理解不同專業能力，也學會覺察與洞察不同專業間的思考脈絡，也因此較能放下身段朝向與他人合作邁進。尤其在助人工作上，才能回到對人關懷的初衷，學習理解被害者處境位置，對人謙卑與尊重。

---

[1] 編者按：鋩角、芒角、稜角，指物品的銳角或轉角部分；文字筆畫的勾折處。引申為事務的原則、範圍、輕重關鍵。比喻事物細小而且緊要的部分。

與社工人分享的一段話

　　社會工作者心理素質要很強大，面對多變的家庭、社會問題需要勞心勞力，助人工作者都了解自我照顧的重要，道理都懂，但實踐卻沒那麼簡單。我時常有機會與離職社工談話，除了生涯規劃的官方說詞之外，多數社工背後都潛藏著耗能的警訊，面對案主及家庭的多元需求、長官要求、網絡期待與工作表單時效等交錯因素而萌生離職念頭。

　　我非常能理解社工助人專業養成時，常出現的情緒反應與心路歷程，面對挫折與困難，我常鼓勵自己「不輕言放棄，總有一條路，才有機會看到果實。」我喜歡找社工資深前輩，談談困難，說說處境。也嘗試轉換心境面對困難，把困難當作解謎，破解謎題作為短期目標的樂趣。例如應付各類表單時效的壓力，我樂於尋找科技資訊工具縮減工作時效，突破每日被時效追著跑的壓力。面對資源匱乏窘境，也勇於面對問題，邀請同仁聚在一起梳理問題，練習論述問題，探詢問題背後原因及各種策略可能。對有趣有意義的事情，我不怕多事，也樂於寫計畫讓自己多事，能解決資源匱乏的處境，解鎖能帶給我正向的能量。同時我也不為難自己，量力而為，一步一腳印落實執行，也喜歡參加比賽或與同仁一起寫文章投稿，找到工作的成就，給予自己和團隊肯定前進的力量。無論是一線社工或業務單位社工，依據所處的位置設定可達成目標，生活不只有工作，各種生命歷程都會豐厚生活經驗，不疾不徐慢慢累積實務經驗。

　　印象很深刻的是，當年覺得公職考試壓力不可控，結婚生小孩比較有樂趣，考試這條路就給自己多年時間慢慢讀，一本行政法讀到過期（大修法），再換一本。儘管擔任主管職工作量忙得不可開交，還是在將近40歲時勇敢再生老三，家庭和工作還是可以找到平衡點。

　　最後，我想給新手社工資源運用的一些提醒：

1.匯集在地所屬社會福利資源

社福資源需要靠嘴巴問出來，用腳走出來，向前任同仁留下的手札本挖寶、各官方網站爬文、議會工作報告等搜尋；不斷累積在地正式與非正式資源網絡地圖，並勇於嘗試使用，善用網路「我的最愛」或「網路共享平台」匯集資訊。

2.了解每項服務資源背後的故事脈絡

每項服務資源，不只是字面上冰冷的文字，要了解每項資源用途、期程及條件限制、關鍵人事物、資金來源等，有助於內化並能善用資源。

3.避免流於線上總機功能，掌握個案諮詢問題

遇到不清楚的資源問題，不是只把問題電話轉給承辦，保有好奇解惑的心態尋找答案，都是在累積社會資源運用實力。透過陪同案主實際參與過程，掌握申請流程、了解限制與期程，也是在建立人脈與資源，累積不可取代的實戰經驗。

社工專業強項就是社會資源運用，別小看社工專業，社工已在臺灣社會塑造不可取代的社會地位，也早已獲得臺灣社會普遍認同。每每遇到兒虐、家暴、災害等重大案件，我從法官、檢察官、醫師或是諮商師等合作經驗中，深刻體會出社工專業被需要及不可取代性。社工就像八爪章魚，不只要安撫被害者，還要照顧家屬情緒，與警政、司法、學校等跨系統溝通、申請社會福利、尋覓適當安置處所，遇到重大意外事件，還要處理外界捐贈善款及資源等分配工作，都由社工一手包辦，幾乎可以稱的上是「全人服務」，這也是其他專業所不能。期盼新進社工夥伴們有朝一日能與我一樣，以「我社工、我驕傲」為榮。

3
我在萬華社福中心這些年

廖芳瑩 / 臺北市萬華社福中心

社會工作職涯的轉折

1988 年大學畢業後，我第一份從事的助人專業工作，就是在臺北市政府社會局，從兒少保護、婦女保護到北市家暴防治中心，整整 20 年投身於保護性社會工作的學習與助人專業服務，見證了臺灣家暴防治專業的發展與法制化的過程。惟在家暴防治中心成人保護組組長 4 年任職中，感知自己長期在家庭暴力防治工作的壓力與疲累，亟需充分休息，2011 年時幸得當時主任諒解與支持，得以留職停薪休養生息 11 個月。

期間我至 921 災後重建的達觀部落廚房擔任志工，參與部落兒童的課輔服務及促成廚房媽媽的電影讀書會，此服務經驗重燃我對社會工作直接服務的熱情，於是我向局裡長官爭取到我的第二故鄉——臺北市萬華區的萬華社福中心任職第一線的社工師，自 2012 年 2 月 2 日報到工作至今。

接地氣的社會工作

我的婆家就在萬華區的頂碩里，我婚後也在萬華（艋舺）住了 8 年多，因為 2 個孩子小學、國中都在萬華就學，所以日常生活時常出入於萬華的街區，萬華儼然就是我的第二故鄉。考量自己在社會局的社會工作直

接服務經驗中，獨缺社福中心的直接服務，而我的生活又與萬華如此有關聯，促使我想更認識萬華，故請調至萬華社福中心。

萬華區是全臺北市獨居長者、低收入戶及街友最多的區，因此萬華社福中心也是北市 12 區中服務案數最多的中心。社區中弱勢者的生老病死，都會有社工人員介入提供服務的需要，也因爲這些多樣性的服務需求，讓在此工作的我，了解底層弱勢者的生活樣貌，而確認身爲政府部門的社工人員的職分，就是維護人民基本生存的權利。因此，看似簡單的物資提供、急難金的核發、開掛帳單提供免費醫療、民間資源轉介與連結等服務，對弱勢者而言，也就格外重要，因爲都關乎著他們的生存。

因萬華社福中心就位於華西街旁的梧州街[1]，鄰近艋舺公園，弱勢者相當容易到達，每天中心一開門，就有絡繹不絕的求助者上門，我想這也是萬華社福中心獨有的服務景象。因爲案量大，需要的物資也多，每逢冬季來臨，捐贈的保暖衣物、棉被、食物，一批批運入中心，以便發給需要的求助者。低溫 12 度以下，下班後的中心大廳就搖身變成街友們的避寒所。

在此工作，貼近著萬華區弱勢者的生活，助人者的專業服務也就在弱勢者平時生活的柴、米、油、鹽、醬、醋、茶中展現，我體認到社福中心的社工服務，無疑是最接地氣的助人專業工作。

接力賽

小婷是我到萬華社福中心任職時被交接的一個委託寄養案件，厚厚的二大本服務紀錄檔案，記載著案家三代的服務歷程，阿嬤、媽媽及舅姨們幾乎都是智能障礙，難以提供她和弟妹們妥適的照顧，所以他們自幼都是被委託安置於寄養家庭，她的弟弟還在前任社工努力勸說及協助下完成國外出養。我接手此案時，適逢她 15 歲，升高一的年紀，小婷開始對異性

1　萬華社福中心社區組 113.2.28 搬遷至萬大路 22 號莒光社宅 4 樓，原址梧州街 36 號 5 樓由街友組社工續留，專責提供街友服務。

交往產生興趣，上下學搭公車的過程會主動和公車司機攀談，穿很短的裙子吸引異性注目，課業跟不上，常不上學等種種的行為都讓寄養父母很焦慮。在她交往了一位男朋友而讓對方知曉寄養家庭的住址時，她和寄養父母之間的衝突升到最高點，寄養父母已無法忍受照顧她的壓力與挫折，決定結束 14 年的寄養關係。我身為主責社工，深知她有家歸不得，且她因尚未成年心性不定，這時若返回原生家庭，前面十幾年的努力很可能就白費，功虧一簣了，而她這個年紀要再進入寄養家庭也很困難，安置機構一時亦無床位，我感受到這個服務的棒子交付到我手上的壓力與責任。

　　我想到一個教會單位，因先前曾一起協助過不少受暴婦女的安置，與教會的傳道熟識，我和傳道訴說小婷的情況，認為若有教會可以安頓她，協助她半工半讀完成學業，而她就能自立生活，也不枉這十幾年政府提供的照顧。傳道理解我的想法，也願意嘗試接待小婷，但幾次的接觸，傳道致電向我表示，小婷無意融入教會，他們無法接待她。我在電話這頭聽了，心涼了一大半，好煩憂這個棒子會在我的手上掉了，我好想哭，傳道感受到我的心情，他在電話那頭說：「此時我覺得最需要被支持的是妳，教會雖無法接待小婷，但可以為妳禱告。」我聽了深深覺得被同理的感動。不知是否禱告生效，後來小婷被順利安頓到少女自立宿舍，繼續半工半讀的輔導計畫。

天公伯的特派員

　　在萬華社福中心任職的第二年，我責任里內一位低收入中年女性，她是嚴重糖尿病患者，每週需要洗腎 3 次，視力因糖尿病而漸差，幸有同居男友願意陪伴照顧，而尚能在社區生活。我為支持該男友，還特別連結各界捐贈物資補貼其生活。但兩人生活時有摩擦衝突，有一天她一個人到中心和我說她要搬走，因為男友限制其生活，不尊重她。我評估以她現有的福利補助與身體狀況，獨自生活相當困難，於是我邀約她和男友來中心一起進行伴侶關係諮商，希望能化解他們的關係危機。就在那次會談最後，

她給了我一個封號，說我是「天公伯派來幫忙她的特派員」，我超喜愛她賦予社會工作者一個這麼本土又貼近民間信仰的意象，這個有著天公伯特派守護的社工角色，使我相信，冥冥中有股力量幫忙我連結更多良善能量，一起協助需要被幫忙的弱勢者。

社區的孩子

　　與阿文這個孩子相遇，是因為實習生規劃弱勢家庭兒童暑期活動時邀約他參加，當時他才 11 歲，國小五年級，一副過動孩子的樣子，出遊的全程，和幾個孩子玩到難以受控，整路學著大人粗鄙的對談言語，讓工作人員皆捏一把冷汗。

　　他從小跟著阿嬤在社區租屋生活，是隔代教養的孩子，阿嬤以拾荒維生，經常流連在社區公園，因此他放學後經常一個人在家，是高風險的脆弱家庭，也是社福單位長期關懷的個案。還好租屋處的隔壁房間租住著一位失明長者，每天都在房間裡，阿文放學回家會有長者招呼關心，甚至偶爾提供餐食。

　　阿文在國中一年級時，因為參加社區宮廟活動，曾經數日不返家也未就學，讓學校老師相當擔憂，而再次通報進案到中心。在持續家訪關懷過程中，我輾轉得知他下課後都會到社區一位林老師的店玩電腦，有一天林老師主動來電話，向我告知阿文的阿嬤都沒提供餐費給阿文，以致阿文經常晚餐沒錢可買吃的。我思考阿文的阿嬤有金錢管理不當狀況，不能再補助金錢給她，而查訪林老師的店對面就是自助餐店，故我和自助餐老闆談好，阿文去用餐時先記帳，我連結一筆民間捐款，按月去自助餐店結帳，以解決阿文的溫飽問題。又見自助餐老闆娘很讚賞阿文有禮貌，還商請老闆娘在暑期以見習方式訓練阿文幫忙收拾店面，以進行未來打工的準備，也提供獎勵金鼓勵阿文學習。

　　阿文在林老師的幫忙支持下，學會儲蓄，為未來的自立生活做準備，他就在社區鄰里、學校老師與社工等人的協力下，順利完成國中學

業。正因爲有很多社區打工的成功經驗，他決定高職休學，在社區一家相當有名的鍋貼店任職，每月穩定收入，足以自立生活。每回想起阿文這個孩子被大家協力幫忙而長成得堂堂正正，就覺得好振奮、好值得。

一包白米

社區中有一位獨居身心障礙者，他曾是棲宿社區的街友，經過中心社工輔導而順利於社區租屋並取得福利身分，生活靠低收補助。因爲是我責任里的低收家戶，所以他來中心時就由我接待。他很固定幾乎每個月都來和我要一包白米，初期我有些疑惑，他沒煮飯要白米做什麼？因而有一、二次我拒絕他的要求，他極不高興，還對我說了一堆沒道理的氣話。但下個月他還是照樣來要白米，我爲免衝突，也就給他，他高興地拿著白米走了，這樣的關係持續了好久。有一天，我忽然明白他爲何一定要我給他一包白米，他需要藉此維繫自己與中心的關係，一包白米代表著關心與在乎，他的生活中沒有其他的家人關係，社福中心儼然成爲他在社區中的娘家，是情感的歸屬，社工也就是娘家人的代表。白米對他而言，不僅是吃的食物，而有更深的情感連結與意義。他讓我明白有溫度的情感關係，一直是助人服務中最重要的。

感謝

到萬華社福中心任職一晃眼竟然已 12 年多了，感謝當時長官的成全，讓我有機會在社工助人服務的第一線，領略社區助人工作的各種風景；也慶幸在萬華社福中心和一群認眞熱愛工作的同事爲伴，我經驗到同事之間的友愛與互助，也看到助人服務在萬華社福中心的實踐；更感謝這麼多年來，信任我且願意與我分享生命故事而豐富我的人們，讓我相信人的可能。我想社會工作，是可以一輩子都從事的職業，我慶幸自己在其中成長學習，也期待能持續進行。

4

每一步都當作是第一步來走

陳曉萍／新竹縣新湖區社會福利服務中心社工督導

2023 年夏，在當了社工即將滿 20 年的這一年，回首過去 20 年的社工生涯，第一天到職當社工的記憶已經有點模糊，靜靜的回想，模糊的記憶其實是早就將這些經歷鑲嵌進了身體裡，一點一滴累積成現在生活、工作的信念與價值觀。

入行的背景

相較於社工系，其實地理系才是我想讀大學的第一志願，無奈裝滿戀愛泡泡的腦，讓我在考完大學聯考後差點無志願可填，落到了從來沒有聽過的社工系。也因為家中沒有財力可以支持，對重考的意興闌珊，就順勢接受老天的安排。大二那一年，《社會工作師法》正式三讀通過，似乎在預告未來的路有了一個好的開端。

1999 年讓臺灣人難以忘記的 921 大地震，當時念大三的我，似乎看到全臺灣的助人專業瞬間浮上檯面，社工在災區擔任資源的調撥分配、民眾的身心評估、家屬的安撫等，都真實演繹了社工在重大災難或社會中不可或缺的角色。印象深刻的是，當時教授社會政策與立法課程的王增勇老師，在學期開始時就投入災區的工作，身為一位學者都毅然決然投入第一線協助民眾，那在學的我們能做些什麼呢？在面對創傷的家庭、失功能的系統時，我們能如何發揮所長來減輕這個社會的問題？

　　課餘時間，社團及打工無疑是大學生的必修課之一，校外社團如「救國團義務張老師訓練」，校內像是「攜手社」等兼具專業訓練及服務性的社團，獲得不少同學的青睞。但在經濟的考量下，加上缺乏信心可以通過義務張老師三個階段的訓練考試，最後與大學死黨一起參加「耕莘山學團」的培訓，同樣兼具訓練與服務性質，而且無須報名費用，暑假還可以回到家鄉新竹的尖石後山部落服務，對於熱愛高山與原住民文化的我，現在看來仍然認為是當時最正確的決定。時至今日，當時在山學團的學長，現在仍在部落蹲點，為著原鄉的青少年教育與福利拚搏，亦師亦友的他也成為我在工作上與生活中非常珍貴的夥伴。

　　在助學貸款還款的壓力下，畢業之後未能立即投入社工的領域，而是延續大三時，在美語補習班打工的經驗，準備面試投入了兒童美語的教學，薪資優渥的程度，讓我在擔任兒童美語老師 1 年的期間就還完 4 年的助學貸款。補習班的待遇雖然優渥，但長期夜間超過 10 點後下班，無法兼顧當時已婚後的家庭生活，讓我思考轉職的可能性。或許冥冥中註定要當社工，在離開補習班後，很短的時間就到住家鄰近的醫院擔任社工，更感謝醫院的神父，也是我的面試官與主管，讓當時毫無社工經驗的我進到醫務社工領域，從零開始累積我的社工人生。

準備成為社工

急診：「社工，妳看看這個路倒的阿伯可不可以收住院？」

社工：「主任，你想收就收，我來找錢和家屬。」

病房：「社工，病房有一個阿嬤沒有家人照顧，妳可以上來幫忙照顧一下嗎？」

社工：「阿長，我先請志工阿姨上去暫時幫忙，我正在找家屬和看護。」

門診：「社工，這個身心障礙鑑定表妳跟家屬解釋一下，我不會開
　　　給他，他們占用太多時間了。」

病人家屬：「妳是志工一定很會講話，很有愛心，我先生中風也不
　　　　　能去工作，醫生還說要六個月復健才能開，我現在就
　　　　　想申請，這樣才能申請補助啊！志工小姐，妳可不可
　　　　　以幫忙我拜託一下醫生啦！（嗚……）」

婦產科：「社工，門診有 Rape（性侵害）喔～」

社工：「好，我們在急診碰面，我把採證盒帶過去。」（手錶顯示
　　　為下午 4 點 55 分）

　　在社工師法剛通過的年代，即使是在高度專業的白色巨塔中，社工仍
然是很模糊的存在，社工是志工、看護還是醫院催收帳款人員？亦或只要
門診、住院、出院時醫護無法處理的問題，都可以請社工處理呢？角色的
定位不清是擔任醫務社工初遇到的挑戰，而城鄉差距加深了這樣的現象。
在地區的教學醫院，依規定每 100 床需要配置 1 名社工人員。換言之，
扣除精神科之外，全院包含了門診、急診、住院卻只需要編制 2 名社工人
員，人力少加上角色定位不清，無論醫護專業人員或者民眾，對社工的印
象大概與志工相去不遠，溫良恭儉讓加上有愛心、耐心。至於社工到底在
做些什麼工作，就是除了醫療護理專業之外，如果社工可以處理的當然是
最好不過了。

　　「有關係到最後都會沒關係」是在社工江湖走跳將近 20 年來奉為圭
臬的座右銘，不僅僅為了建立自己的人脈、凝聚團隊的共識，而是理解服
務個案需要的是團隊而不是英雄。厚植團隊的關係，拆下人際間的高牆，
社工的專業才有機會被聽見、看見。社工的專業是與團隊一起合作才有可
能實現，嘗試理解各專業的工作方式與限制，像是避免在急診護理師忙得
焦頭爛額時，詢問前一天急診通報家暴案件的細節；在性侵害採證驗傷的
流程中，將所有的文件採證根據備妥以節省醫護採證的時間等；或是在管

理部人員為了辦理社區活動加班時，主動提供協助等，運用正式及非正式方式讓社工融入醫院團隊，避免社工在醫院中被邊緣化。印象最深刻的是一位同事口中脾氣差又難搞的醫師，不經意的發現我也有織毛線這個與她共同的興趣時，我們的關係又更近了一些，醫師與社工間高築的圍牆透過毛線開了一扇門，也更能尊重與理解社工對於病人的建議與處置。

除了專業關係的建立外，身為第一個醫院正式僱用而且待的時間最久的社工，在職 7 年多來，不僅與團隊建立深厚的感情，更逐步建立門診、急診、住院等社會工作評估處遇流程，舉凡配合醫院做 ISO 的認證；社工室組織編制獨立，將欠款催帳等非屬社會工作相關庶務性工作，回歸專責科室辦理。各種從無到有的經驗，與各種類型個案，對我而言都是非常珍貴的經驗，像是處理無腦症的新生兒、從工地摔落成為植物人的逃逸移工、棄嬰、無家屬的遊民等等，雖然沒有督導，但地區內其他醫院的社工都是同儕支持小組，時至今日，當時在鄰近醫院工作的社工夥伴，仍然是我很重要的資源。

如何成為稱職的社工人

面對不斷改變的社會環境與人，社工需要不斷對世界產生好奇，進而學習、自我覺察後調整自己的工作，舉凡心理學、人類行為、家庭動力、社會政策與福利法規等等，都是非常基礎的應備知識，但在過程中最重要的還是不斷探索自己、了解自己的限制為何。

大學期間暑假與期中實習我都選了青少年服務機構，實習結束後，發現自己並不特別喜愛與青少年族群工作；第一份社工的工作在醫院，處理許多兒少受虐或受虐致重傷死亡案件時，特別會需要花很多的時間與力氣調整情緒狀態；另一方面，覺察到自己對於家庭暴力、心理衛生與司法領域的興趣與好奇。誠實的面對自己的限制與需求，機會就會不斷的降臨在你的身邊，直到目前為止，在職涯選擇上都幸運地可以依循自己的興趣在家庭暴力、精神心理衛生領域中學習。

　　除了基礎的知識外，對我而言，社工的工作態度與反思的能力更為重要。

　　「會談時，要自己覺得輕鬆，來談者才會輕鬆。」這是大學時期團體動力課程中，老師的提醒，不僅適用於個案晤談、團體帶領，在日常生活的互動上也非常有效。

　　服務對象的類別很多，無論是被通報的弱勢家庭、家暴被害人，或者是主動求助的來談者，嚴格來說都可以歸類為非自願型案主，若他們的人生沒有遇到困難、瓶頸，這些人是不會出現在社工眼前的。而非自願型案主的特點之一，大多帶著一層防護罩與這個體系互動。他們的故事很精彩，卻不易全盤托出；因為擔心自己會被評價，所以語帶保留。若社工在做會談的場面建構時，有意識的調整自己的呼吸速度，讓自己的身體與意識回到當下，放鬆一下身體的肩頸，調整自己的狀態後再進行晤談，相信晤談的品質會跟著提升，重要的是，來談者感受到了不帶評價、輕鬆的氛圍，心理的防衛機制才有可能暫時放下。

　　「事實是什麼不重要，重要的是在你面前的案主如何詮釋他的故事。」在成人保護工作以及法院的家庭暴力相對人鑑定現場，常有一種很矛盾的感覺。到底什麼才是事實？是被害人說的：「我老公常常對我大小聲，動不動就趕我出去，我一個人嫁來臺灣人生地不熟也沒有家人，我不如死一死好了！」還是相對人說的：「我每個月給我太太4萬塊生活費，每天回到家她都在玩手機，也沒有煮晚餐，冰箱也空空的，一整天做工回到家，叫她煮個晚餐有這麼難嗎？她不用帶小孩、不用服侍公婆，我不過稍微大聲一點，她就給我報家暴，還一天到晚威脅說要死！」在兩個現場裡，我們看到了不同的苦，而這些都是被害人與相對人對於事件的詮釋，社工不是仲裁者，無權給出誰是誰非的答案。在家暴的工作中，常會落入服務對象丟給我們的陷阱，要你評評理，但試著聽聽在你面前這個「人」如何詮釋他的故事，聽懂故事背後的難與需求，或許比評斷何為事實來得更重要。

　　「是你的需求還是案主的需求？」幫老媽聲請保護令，是我當社工以

來做夢也想不到的事情。老爸因為糖尿病的併發症造成心臟需要裝支架，住院期間出現譫妄，回家之後常常對著老媽發脾氣，甚至懷疑老媽與其他男人過從甚密，而出現言語謾罵、將菜刀預藏在房間等等行為。對於老爸誇張的行徑雖然知道有可能是疾病所致，卻也不敢輕忽。與家人及老媽幾次的談話後，當時的我認為聲請保護令至少可以嚇阻老爸的行為。但在保護令順利核發之後，老爸的行為的確得到嚇阻，卻也變得更加難以照顧，對老媽的精神暴力卻是有增無減。直到半年左右老爸過世後，我才理解，身為一個照顧者，當時最重要的需求是照顧壓力的分擔與喘息，而這些無法藉由保護令得到。身為社工、身為家人，我仍然會處於自己的盲區中做出對其他家人自以為是的判斷與決定，那麼當我們面對一個陌生的案家時，要如何用更審慎的態度去聽見他們真正的需求是什麼，而不是社工完成任務或快速解決問題的需求而已呢？

社工生涯最印象深刻的經驗

回想 7,300 多個日子，個案成就我的專業太多，無論好壞都是滋養我的沃土。

「社工，急診有個小孩妳要不要來看一下？」急診的同事在電話中語氣帶著憤怒地說。到了急診室，一個年約 3、4 歲的小男生坐在診間，看起來神情有些緊張與疲累，除了頭部看來有些紅腫外，露出來的地方沒有特別的傷勢。醫師支開照顧者，詳細檢查孩子的身體後發現孩子除了頭部紅腫外，身體沒有其他不明的傷勢，與孩子同行的媽媽及男性（媽媽同居人）確認孩子是因為不小心從樓梯摔落才會撞到頭，但因為孩子年紀小，媽媽沒有工作，家中經濟狀況差，常常有一餐沒一餐，加上媽媽同居人過去有使用毒品的經驗，當下將孩子通報進兒少高風險家庭，希望後端可以提供家庭經濟的協助。

但三個月後，急診同事通知，有個孩子從急診室由媽媽送進來，頭部紅腫、意識清楚但不斷在哭，媽媽說與孩子在逛夜市，孩子鬧脾氣遭到她

的同居人不耐煩用腳踹，孩子摔倒，頭部撞到路邊的石頭。在醫師做完檢查之後，躺在留觀床上的孩子突然意識昏迷，完全不哭也不說話了！幸好醫療團隊當下立即做了處置，也馬上將孩子後送兒童專科醫院，後續檢查出孩子腦水腫，生命垂危，而這個孩子，是我在三個月之前通報的高風險兒少。

　　事後，在追蹤上次通報後的服務歷程，才知道通報後這個家庭因為帶著孩子不斷更換租屋處，所以在各方網絡都找不到的狀況下結案了。無力感與憤怒感不斷湧上，心想如果有人可以多做一點什麼，這個孩子是不是就有可能不會再次受暴而入院。幸運的是，在兒童醫療團隊的努力下，幾週後孩子平安健康出院返家了。

　　這次的事件，是讓我認真思考進到保護領域工作的契機，醫務社工在醫院僅能處理醫療端的處置並進行責任通報，但通報之後的工作我認為更加重要，上述的例子，如果可以串聯鄰里的力量，動員警政、衛生、教育等網絡的力量找人，或許有機會與家庭建立關係並阻止傷害再次發生。

　　擔任家暴社工期間，有許多記憶的錨點，每個錨點都是一個令人傷心的故事：破百的案量、連續 3 年跨年維持值機；參加跨年晚會半途出勤，與安置的婦女及孩子在車上跨年；安置婦女時卻因為孩子高燒，帶著婦女及孩子在醫院待到快天亮；出勤被相對人跟蹤；在警局與銬著手銬的相對人晤談等。而人格疾患的先生帶著婦女買老鼠藥，又燒炭威脅同歸於盡的家庭，是當時難度相對高的案件。

　　如果說，社工的成就感是來自於看到案主有一點點的改變，那看到案主有了改變之後還會幫助身邊有同樣受暴經驗的婦女時，應該會感動得掉淚吧！上述被先生威脅同歸於盡的婦女，在陪伴了 3 年後，從一開始的徬徨、無助、無望，到最後終於擺脫了先生，成為一個充滿自信、對未來充滿希望的人，甚至最後告訴我，她教導身邊在婚姻關係中受暴的婦女去法院聲請保護令時，對社工來說，這 3 年的陪伴真的非常非常值得，更加相信，我們的工作雖然無法在短期內看到效果，但一定會對案主的生命造成某些影響，讓生命走向更好的方向。

學校老師沒教的一堂課

　　無論在哪個領域的社工總會有覺得案量很多、紀錄寫不完、服務對象常常出狀況、豬隊友總是多過於神隊友、督導主管沒有肩膀、行政工作也多得做不完等感受，如果沒有好好面對與安放這些情緒，內耗的狀況只會不斷重複發生，消耗我們的熱忱與自信，但沉溺在這樣的情緒中找到同溫層取暖總是比直接面對來得安全，久而久之這些情緒更像是一個寄生生物一般，操控我們的身心而不自知。近幾年來或許是年紀稍長，逐漸開始理解，服務開始前更需要讓自己的身心都處於一種穩定的狀態，無論是透過 5 到 10 分鐘的呼吸、靜坐，或參加宗教團體辦理的禪修、正念體驗營，都可以讓身體的狀態回到當下與穩定。

　　「每一步都當作是第一步來走。」這是參加社工禪修營時，第二天清晨師父帶著我們走寺院後小山徑時出發前的提醒，帶著這樣的提醒，慢慢的、一步一步、紮紮實實的走在山徑上，體會腳底與土地接觸的感覺，即使走了將近 40 分鐘上上下下的山徑，也不覺得非常疲累。帶到工作與生活中，即使個案很多、紀錄寫不完，即使豬隊友總是會留下爛攤子等著我們收拾，每一天都還是可以當作新的開始，在服務的個案身上找到新的優勢，肯定自己又可以為未來的挑戰多儲備一天的技能。更要相信所有的經歷與經驗，在漫長的生命旅程中，都不會白白浪費，它終將成為滋養我們生命的養分，讓我們為下一階段的挑戰預作學習，也或許是為了更好的生活在準備著。

給社工人的一段話

　　如果有機會在我們的工作中，成為受服務孩子生命中的貴人，好好的理解與長期而穩定的陪伴，是有機會減少孩子成年後出現各式非行與社會問題的成本。而社工這份職業，沒有英雄，永遠都是團體作戰，無論是對內穩定自己的身心或對外服務個案，如何建立自己的網絡與夥伴永遠都是

必修課，直至今日，這群在工作上結識的好友，仍是我在面對人生難題與
自我懷疑時最好的傾聽者與陪伴者。一群亦師亦友的夥伴，是我能在這個
領域堅持下去非常重要的原因之一。

5

社工是個有福報與積德的好事業

王芯婷／南台中家扶中心督導

與社工相遇 ── 青春年少萌芽的助人之心

談起社工之路，要從我的青春歲月開始回想。國中時期參加了女童軍，行善與服務的觀念即深植心中，後來就讀臺北商專爲感受學習自由的風氣，立志做個「能玩也能念書」的學生，所以一頭栽進校內慈幼社、校外 YWCA 兒童營隊服務，開始了兒童活動帶領的志工服務，寒暑假生活不是在帶領兒童營隊，就是在準備營隊活動之中。當年北區大專院校的學生服務性社團正吹起一股「服務汙染」的反思風潮，反思學生服務性社團前往偏鄉服務，到底是偏鄉的需求？還是學生的服務需求？這個反思風潮引領我走向社工之路。

當時北區服務性社團共識會中有一位轉行當社工的社團學長，安排了我們參與伊甸基金會辦理的身心障礙體驗營，讓我體悟到志工服務的出發需要以受服務者的需求與視角爲本；而當時也因劉俠女士的一句話「能夠付出是一種福氣、懂得付出是一種智慧」深深打動自己，覺得要能提供適切的志工服務，需要有更多服務知能，而非一股服務熱忱而已。這也打下我後來走上社工專業路途上，對於要能達到助人理念，需要以服務對象爲本，以及累積和深化專業知能才能做好服務的兩個軸心基礎。

此外，也因共識營而認識了一些身心障礙社福單位及社工角色，深

感社福單位用心服務，但社會大眾並不了解社福機構的服務內容。因此，集結社團夥伴的力量在校園舉辦了「社福宣傳週」，有靜態的文宣與海報展，以及邀請樹仁基金會的孩子來校園進行動態劇團表演，讓社團成員及學校師生，可以在社福宣傳週認識更多的社福團體和服務內容，鼓勵校園師生以志工或捐助的形式來幫助他人。而這也引發了自己想擔任社工的起心動念。

走向社工 ── 社工是個有福報與積德的好事業

專科念資訊處理科，所學是程式設計與資訊系統管理，原本是要往有前（錢）途的商學院繼續就讀，但因接觸了社福團體，開啟了我對弱勢族群的關注，發現比起面對不會講話沒有情感的電腦程式，我更喜歡探究人的內在感受和想法；每天下課走路經過立法院觀察不同的抗議活動，社會公平與正義議題令我熱血沸騰。因此，在專科畢業前一年的暑假突然跟爸媽說我想要插大轉行，改考社會工作學系，這對家人來說是超大的震撼，念得好好的為什麼要轉行？30 年前「社工」這個名詞對許多人來說都是陌生的，回想當時我爸媽震驚的表情仍深印在腦海中，我媽拿著鍋鏟、我爸狐疑皺眉的表情向我提出疑問：「社工到底是什麼？是志工嗎？有錢領嗎？未來有出路嗎？」當年暑假，我回答這類似問題超過 50 次以上，每個親友都覺得我是做志工著魔了嗎？怎麼會放棄有前途的商學院科系，選擇一份大家不認識且可能賺不到錢的職業。天性叛逆的我，當越多人提出質疑時，我就越想證明這是個好選擇，因此透過每次的對話和回應，都讓我更堅信我是真心喜歡這個未來志業。

想轉行的第一步，需要能通過社工系的插大考試，但問題是考試科目都是沒讀過的，要怎麼準備呢？想要達成心願，不能只有滿腔熱血，必須取得金主的贊助，於是拿出專科社團辦營隊活動找贊助的規劃與遊說能力，準備遊說我爸媽支持我的決定與贊助補習費。帶著不能失敗的決心，且要一次就成功，所以必須先過自己這一關，在心中反覆思索與確認

這個職涯轉變是自己真心想要的。當決定社工是自己未來有興趣的職業與志業後，內心就像是放下了船錨的船隻，即使在波濤洶湧的大海中也不會偏離航道，穩穩的停在原地。為了取得爸媽的支持，模擬了許多可能會被打槍的對話，找了十幾種未來社工系畢業可能的工作場域，與好朋友演練可能情境，最後想到搬出「我的人生，我自己選擇，我自己負責」的必死決心，結果爸媽只向我確認「社工未來有錢賺，可以養活自己嗎？」的生存條件需要滿足，我信心滿滿的告知未來一定不會餓死，開明的爸媽終究也尊重我的選擇，最後還幫我抵擋不同親友的提問，告知我未來是要去做有福報的工作，為家族積德的好事業。好在到現在我仍在社工路上，也沒有餓死，也算是達成對父母的承諾。

社工學習之路 —— 發現人生新大陸

面對社工專業學習，對我來說是另一個挑戰與更開拓自己生命的歷程，準備插大的三門學科 —— 社會工作概論、心理學及社會學，在理性邏輯 0 與 1 的思考訓練下的自己，就如同是進入花花世界，原來社會工作的範疇是如此廣大，心理學的知識有趣且增加自我理解，用社會學的眼光看世界，發現原來世界的樣貌是這麼多層次，大大的擴展了我對自己內在感受想法與社會理解的視野。所以在準備插大考試的過程是一種發現新大陸的新奇感，不覺得是為考試而考試，而是發現了另一個我不知道的我，理解了情感豐沛的自己，也讓自己的雞婆正義感找到歸屬感。最後幸運考上了東吳社工系，正式開展了我社工學習的眼界，也是孕育我社工專業基礎的重要階段。

東吳社工系的學習偏向臨床社工訓練，有多元領域專長的實務師資，還有研究所學長姐的小團體帶領資源，協助老師在課程教學後的複習與實務的對話與解惑。在學長的帶領下自組性別與同志議題讀書會，除了在學校累積不同的社工專業知能，在校外則是參與義務張老師及臺北市少輔會輔導志工訓練，與同學參與不同的學術研討會。大學時期的我不是在

去上學的路上，就是在去做志工的路上，社工課業學習、志工服務、同學討論與讀書會充滿與豐富著我的大學生活。因在大學階段累積了 2 年以上紮實的輔導志工專業訓練與實務經驗，讓我在踏入社工職場時，不擔心個案會談、家訪及紀錄的撰寫，對社工工作的融入度與勝任感高，反而可以更自在於實務現場的學習。

找到助人的內在導航系統 —— 實務專業理論的建立

剛邁入社工職場時也是社工專業的蓬勃發展期，《社會工作師法》與《家庭暴力防治法》的通過、兒童保護的重視、921 震災帶動創傷復原專業學習，對於兒少家庭工作領域的社工是大量學習專業知能的時期。大學老師耳提面命，社工實務要與理論結合，不要進入職場就把理論內容還給老師，以及專科時期的「懂得助人是一種智慧」的助人專業知能觀念深植我心，所以認為要做一個稱職的好社工，就需要專業知識與理論成為自己的定心錨，知道自己在做什麼？為何而做？工作想要達成的服務目標是什麼？而非只憑一股助人的熱忱和直覺反應。因此，進入職場後十分用心學習各種專業知識，覺得自己就像是個海綿，跟著前輩與訓練講師學習，並當個好奇寶寶，大量地保持好奇的心態和提問，當越清楚自己的服務背後思維是什麼理論或工作模式時，心也就更安定，做起社工也就更紮實。

剛進入職場不久，就參與及目睹兒少輔導專業培訓計畫，學習以兒童中心學派的遊戲治療，成為我兒少個案輔導與團體工作的基礎。後來長期於兒少保護系統工作，大學時期學充權理論、生態系統觀點、家庭工作與家族治療，加上後現代思維的解構、再建構—敘事治療的訓練，成為我在兒保家庭工作上很重要的內在工作導航系統，近幾年來仍努力在創傷知情與復原、兒少性健康與性創傷復原的學習上。因與人工作是千變萬化的，所以社工專業是學海無涯的，對於求知若渴的我，永遠只有學不完的知識，這也是我個人覺得社工實務迷人之處，讓我對社工這份工作永保新鮮感。

社工加油站 —— 專業督導與反思淨化

　　社會工作是一門很重視實務經驗知能累積的專業，在社工專業之路上成長前進，除了個人朝向多元專業知能學習與深化，不能少了督導的陪伴與帶領。早期社工實務較少有受過社工督導訓練的帶領者，因此在社工學習之路上，需要獨自摸索，面對社工實務挑戰的挫折感和焦慮感，很容易折損一位剛入門的社工。當時的自己則是透過同儕督導及自我反思，支撐自己在初始的社工之路上沒有陣亡，心想著如果在一個社工的起步，就有引路者來協助打通社工實務的任督二脈，讓社工的功力備增，透過工作的勝任感帶來工作的動能，讓受助者也能獲得更有品質的服務，也就可以降低社工人事的流動，與減少因挫敗感與工作耗竭而退場的受傷社工。因此，念研究所時決定修習社工督導這門課，學習如何擔任一個好的引路人。做社工已經很苦了，如果有一個好督導，在情感支持上、專業教育上、行政帶領上、溝通協調上都能協助前線的社工，並擔任社工的後盾與後勤補給，也許可以讓投入社工的夥伴們獲得更好的協力。也因提早預備學習督導的能力，目前持續朝向一個稱職的督導角色前進。

　　另一個重要的能力就是「反思」，社工實務是以人為本，以人為媒介，社工本身即是助人的重要媒介，社工個人的身心狀況與個人價值觀皆深深影響著助人服務的品質，因此在社工之路上需要持續練習反思自己與服務歷程。反思是一種持續動態的觀察與評估自我感受，覺知情緒與行為的活動，透過自我反省、觀察、分析社工實務行動，給出自己的回饋，並從這個經驗如何延伸到未來自己可以做的事情，整合出新的覺知和體悟。在社工實務中需要與不同的生命交集，會遇到在情感上的共感、社會價值觀的撞擊、內在需求的拉扯，所以反思也是協助自己做淨化動作，進行情緒感受、生命價值觀、內在渴望需求的分化，維持社工的靈敏度和熱忱，才能降低因過度積累情緒勞動的耗竭感，而走向與社工分手之路。持續反思也是一種好好照顧自己、保養助人媒介的方式。

社工之路 ── 在挫折中學習與成長

在擔任社工的歷程中，也是在學習和練習面對人生議題，讓我印象最深刻的是面對死亡與無能為力的議題。我從小就情感豐沛，只要遇到死亡分離議題，淚腺就無法控制，在擔任兒保社工時，遇到服務個案的爸爸身受重度憂鬱症影響，除了陪伴家長面對與心中死神的搏鬥，更上演過在大馬路中阻止一個身高高出我一個頭的爸爸衝向車陣自殺的經歷。當時的我在路邊蹲坐著，使出渾身解數，用盡各種的會談方式，讓他有活下去的勇氣，雖然我成功阻止過孩子的爸爸不止一次的自殺意念與行動，但這位陷入黑洞的爸爸仍然在我啟動精神醫療的緊急送醫的路途上，接獲家屬電話告知他已在住所意外過世，而當時家屬的一句話「如果芯婷老師再更快一點，會不會我兒子就不會死了？」雖然理智上理解家屬不是責備我而是在處理自己的遺憾和失落，但這句話仍勾動了我深深的自責感，心想如果我可以再多做什麼，會不會悲劇不會發生？會不會我服務的孩子未來還有家可回？當時腦中的跑馬燈快速閃過陪伴孩子的爸爸各項努力的畫面，陪孩子的爸爸蹲在路邊聊過去的成功經驗、孩子的貼心和渴望回家的希望，幫助孩子的爸爸努力撐住自己不墜入黑洞；為了讓孩子有家可回，開車帶著他東奔西跑找房子；申請各項經濟補助、去就服站找工作以維持經濟收入；陪他去醫院看門診、住精神科時去醫院探視加油打氣等。當時心中震驚、難過、自責不安的複雜情緒同時湧上，讓我無法再繼續開車，馬上在路旁停下車子，打了電話通知兒保主責社工，一開口就淚崩，眼淚停不下來，滿滿的眼淚不單單是為剛得知熟悉的生命離去而悲傷難過，也不只是感受到被指責的委屈感，同時也在為自己深感到無能為力的挫折而哭泣。

後來，我決定申請社工心理創傷諮商服務，透過信任的老師協助我整理這段歷程，練習不去抵制或指責自己陷入挫折、自責、無力感的低谷感受狀態，而是接納這是真實的人生可能出現的感受，在服務歷程中，也有我們無法控制與改變的現況，因此接納服務歷程中可能遭遇服務目標的失敗，接納自己無法解決所有的難題，接納有時人生的無常；同時也肯定

自己助人的動念與努力，過程中對自己的欣賞是我對服務的家庭盡心盡力，面對服務的挑戰，我勇於找尋各種解套方式並實際執行。後來，「盡人事，聽天命」成了我個人的社工哲學，當遇到服務上的難關和挑戰時，自問自己是否已盡力了。如果盡力了，仍無法達到服務的目標，也許是時間、人、事、物在當下無法到位，有時暫時的放下也是一種選擇，人生自有出路，也許等待一段時間，因緣俱足時，也會再有啟動服務的時機。

在社工實務中有遇到令人沮喪、挫折的服務經驗，但也有令人感動、欽佩的服務經驗，即在多重且複雜的生命困境中仍堅韌地支撐住自己，不願被困境打敗而重生的服務對象。我最為感動的是多年前服務的兒保家庭，遭遇人生困境的媽媽，將人生的困頓投射在對孩子的不當管教上，反覆的兒保事件通報，也讓我感到挫敗，但仍不放棄這個家庭，用盡各種方式，陪伴孩子的媽媽整理人生故事，欣賞媽媽為愛遠赴他鄉的勇氣，在婚姻失敗、被家族背離後仍不放棄孩子的撫養。在我的陪伴中，媽媽漸漸走出自己的創傷與失落，努力調整教養方式，當年用調皮搗蛋、破壞行為表達得不到媽媽關愛而生氣的小男孩，也順利長大念到研究所，這些年來媽媽和孩子總是隔一段時間就會來到機構拜訪我，就像是個老朋友，與我分享生活近況，討論生活重大決定，以及回饋當年的陪伴改變了他們的人生。雖然我只是短暫 2 年的相伴，但卻換來多年的情誼與珍惜，而他們的回饋也為我在社工路上注入再前進的能量。

社工的財富 —— 人生閱歷與人生智慧

最後想說的是多年的社工實務經驗養成我「欣賞生命的韌性」的眼光，也讓我在面對事務的挫折與困難時，能激勵、欣賞和肯定自己，對自己越來越能安然自在。社工界夥伴常說做社工最大的收穫是自己，我們獲得的不是金錢上的財富，而是看見不同的人生經歷及具備面對人生的智慧，雖然是老話，但自己也深深認同這樣的想法。在助人的歷程中，我們也在映照自己的人生與成長過程中帶給我們的影響。專業的學習讓自己有

機會重整自己，拓展對自己內在狀態的理解與掌握、體現對社會的融入與參與實踐、影響自己與家人的互動、促進家人對於社會弱勢族群的關切，真的驗證我爸媽所說的：「我是在做為家族積德的好事業。」

　　想送給同是社工夥伴的一段話：在助人的過程中不要害怕失敗，因從失敗中學到的東西，永遠比成功更真實與豐富。且相信每個人都值得被愛與珍惜，包括自己與服務對象。社工助人的陪伴與協助就是在荒地上撒下一顆種子，我們給予灌溉與養分，也許在服務的歷程中可以看到發芽與成長，但也有可能盼望多時仍未冒出小芽，也許種子只是慢一點發芽而已，請不要輕忽自己的投入與付出，持續懷抱著希望，期待著未來可能的發芽。

6

先做對的事，再把事情做對

姚智仁／臺南市政府家庭暴力暨性侵害防治中心社工督導兼兒保組長

走入社工這條路

退伍後，從事第一份社工領域的工作就是兒少保護社工，至今已 16 年了，仍持續堅持在保護性工作的崗位上。筆者從不輕易更換工作領域，並期許自己可持續在兒少保護社工實務上貢獻所學，提攜後人，累積專業知能及經驗，並做專業上的傳承。下面開始道出我兒少保護社工的歷程。

助人的人格特質展現

從小受到家庭教育影響，喜歡做一些助人的工作，嚴父與慈母也各自於不同的領域從事志工，在耳濡目染下，服務及助人的特質漸進式的內化成自己的人格特質。在國小、國中求學階段會特別關懷班上不被老師關注的同學，也會主動與之互動，成績雖然中上，但也不會只是與學業成績好的人當朋友，可融入其他同學的生活圈。

高中就學時參加的社團不是康輔社與電影社，而是冷門社團——交通服務社，社團時間是培養服務的品格，主要工作推動是協助學校師生上下學的交通維護，以確保其交通安全。另外在成長過程中，對於生命議題總覺得珍貴，也覺得如可盡一己之力，延續別人的生命，何樂而不為呢！故於滿 18 歲的那一天，就跑去捐血助人，家母還一直碎念我說：「這麼

年輕就在捐血，對身體不好！」但我總是不失禮貌地微笑著，並轉化成家人對我的關懷而帶過。對於助人意念未曾懷疑，一直秉持著「施比受更有福」，至今還持續保持捐血習慣。

踏入社工旅程

於高三時跑去輔導室做性向測量，測驗的結果是建議可以讀社會關懷取向的，如心理諮商或社會服務之類的科系，因為性向測驗測出我具有社會公義及關懷社會的心。當時的我一心想從事教職，也能符合性向測驗的期待，只要聯考自己正常發揮，就可考取師範學校體系，一圓當老師的夢想。結果聯考某科失常，也不想要再重考，於選擇科系時只能使用排除法，因自己不喜歡商，也覺得文科未來的出路比較少，就選擇了法學院的領域，再從其中的六個領域[1]選取了社工系，從此開始接受社工專業知能的薰陶，在我職涯道路上舖上了「社會工作」的臺階，開始踏上了社工之路。

與兒少領域結緣

為何選擇兒少領域呢？老實說兒少領域非我首選，我只是單純對於關懷弱勢族群特別有興趣；對於我來說，兒童受到原生家庭影響很多，自我保護及求助的能力相對於其他族群較為薄弱，現行體制上對於兒少的政策，相對其他族群較不友善。或許是小孩沒有選票的關係，或許小孩因年幼，大腦尚未成熟而無法為自己表意，又或許沒有了解兒少的大人們來協助兒少發聲。

基於兒少是相對弱勢且較少人協助，我毫無懸念的選擇兒少領域，在大學時有相關兒少的活動[2]，我都會儘量參與，甚至連社工實習[3]也是選擇

1　法律、公行、社會、社工、政治、經濟系，共六個學系。
2　系學會有社區行動股，是辦理社區兒少課輔方案。
3　為大四要實習一整年的課程，是進入社區辦理兒少課輔方案。

以兒少領域作為方案規劃的標的人口群。

兒少保護社工初啼

退伍後投入職場，時逢臺灣兒少保護進入正夯的時期，從 2006 年開始，中央政府補助地方政府兒少保護人力，我對於這個領域很有興趣，加上又有學長說明這種保護社工非常有挑戰性，就毅然接受市政府面試官的建議[4]；從此，我加入從事兒少保護社工的行列，開啟我兒少保護社工之路。

我從 2007 年起當了兒少保護社工 6 年，從事兒少保護社工之初也曾經歷菜鳥時期的磨練，紀錄與報告不知道被當時的督導退了多少次，退到一度失去紀錄撰寫信心。經過調整及磨合後，開始進入工作熟練期，此時期有許多與個案工作的故事，也開始累積了許多實務工作經驗，這樣的經驗可以讓我在擔任督導時，引導社工員去執行工作，而不再犯同樣的錯誤，也減少試用其他工作方法的時間。這些個案故事也讓我檢視及反思自己的個性及價值觀，另外也看見自己家庭教育所帶來的影響。

兒少保護工作的傳承

2014 年擔任兒少保組督導這段時間，讓我可發揮兒少保督導功能及角色，同仁與我互動良好，當然也有衝突及挑戰，慶幸的是我待人處事、所執行的信念及價值，也讓同仁可認同及接受；在專業上，協助同仁運用更多的工作技巧及因應個人議題，也傳承許多工作技巧及策略，解決案家所面臨的困境及挑戰。這段時間也擔任時任兒少保組長的助手，協助處理過許多事件，機關長官有意栽培我成為組長，開始讓我參與許多長官層級的會議，這個時間開啟了當組長的格局及訓練的機會。

4　市府開缺應徵新住民約聘社工，我投履歷備取二，面試官建議人事錄取兒保社工。原來的兒保社工為何沒有開缺？後續經了解，是因為開了很多次缺，沒有人來投，所以就不再開缺。

2017 年正式升任成爲兒少保組長。擔任兒少保組長後，我需要管理 50 個直接服務社工、6 個督導及 4 個行政人員，其中包含因應 2019 年社安網集中篩派案中心成立，長官請託兒少保組管理集中篩派案組 1 督 9 員。面對這麼多人及事務後，我意識到制度建構的重要性，透過制度去管理人；另外也從督導工作經驗建構原則處置及例外的開放，也讓自己在管理層面保有相當的彈性。擔任兒少保組長職位，開始詮釋組長職位所賦予的角色及功能，協助與網絡夥伴合作疏通，上司、下屬及同儕充分合作及對話。

在專業上我建構「兒少保護實務工作的傳承」，著力在督導機制，穩定督導能量來關懷兒少保護社工，以達到人力穩定及培力的目標，並增加工作誘因及福利[5]，讓兒少保護同仁願意投入此份工作；遇到長官交辦事件，持續以專業論述及分析優劣，避免政治力影響自己的專業界線，進而撼動了自己的工作信念及價值。另外在兒虐事件頻傳下，建構了許多作爲，可於更前端部署來預防兒虐事件再次發生。

對於中央政府政策推展，我可在地方實務的執行力上更加落實，也可透過實務上的經驗，反饋在中央政府的政策訂定或立法上之修法，讓實務端及行政規劃端有更多的連結及不斷的反饋，建構更好的制度。

成為兒少保護社工要有的準備

要成爲兒少保護社工需要有許多準備及特質，以下六點供讀者參考：

1. 堅守兒少保護社工的價值及信仰

堅守兒少保護工作的價值，並持續落實。考量兒少相對於各個族群較爲弱勢，又因年幼導致知能較爲不足，又或於少年階段，也易受同儕影響而下錯決策。故兒少保護社工更應該積極協助兒少脫離受虐及控制的情

---

5 平時獎勵金與西堤餐券。

境，並持續協助後續的自立及未來面對社會的適應能力。

2. 熟悉法律而謹慎處遇

兒少保護的工作是高強度的公權力介入，同時具備行政調查與專業評估的角色，社工需要熟悉許多法條規定，並依照標準作業流程行使，避免後續成為政治力介入的祭品。舉凡《兒童權利公約》、《兒童及少年福利與權益保障法》、《兒童及少年福利與權益保障法施行細則》、《少年事件處理法》、《民法》、《家事事件法》、《行政程序法》、《行政罰法》、《行政執行法》……等，都要熟悉並遵守，避免違法而得不償失。

3. 善於評估案家的家庭動力

案家的家庭動力常有許多次系統的動力運作，這樣的動力常會影響家中成員的行為模式，兒少保護社工要與整個家庭工作，故需要多方評估家庭動力，以利後續介入，達到案家家庭功能的修復，促進家庭成員對話。

4. 要有不害怕衝突及保持中立不帶情緒論述的能力

兒少保護社工要勇於與相對人對話，而不害怕衝突。可善用會談技巧及高層次同理心的運用，另外使用媒材及新聞事件來論述，增加說服力道，協助使相對人自我覺察而有認知上的改變，進一步達到行為改變，從軟化、鬆動進而改善親子互動關係。

5. 要保持正向及快速轉換負向情緒的思維

兒少保護工作要介入案家時，通常會面臨相對人的抗拒及高情緒的張力，甚至會找民代或媒體來抵制公權力的介入，塑造被公權力施壓成為被害人的假象。筆者過往曾遇到這樣的情形，一度以為是自己的問題[6]，也想

6　媒氣燈效應：對一個人的心理操縱，通常持續很長一段時間，導致受害者質疑自己的想法、現實和記憶。

萌生退意。幸好當時持續保持正向思維、轉念及讓子彈飛一會兒，提醒自己越是這樣，越要保持正向思維，再透過媒體與民代的力量，借力使力與相對人工作，達成兒少最佳利益的目標。

6. 不斷充實專業知能

過往兒少保護社工太著重調查面，反而少了處遇面向，故兒少保護社工也要了解相關的背景知識及處遇知能，如案家對於有注意力缺陷、自閉症、亞斯柏格特質的孩子，都覺得難以管教，此時如果有這些背景知識，就可協助與引導相對人看見孩子的特殊性，並針對其特殊性行為提供相關親職方法及實務。另外調查過程中，在當下可提供親職教養知能的知識及實際操作、演練，讓相對人知道，社工是帶著資源來協助案家，而非一味地指責案家。

如何成為稱職的兒少保護社工

要當一位兒少保護社工不容易，除了上述的六大知能要不斷的充實，在實務上要持續不斷的落實以下五大指標：

1. 立場上的同理

每個案家都有他們的生命故事，用信任關係與案家建立良好的專業關係，持續聆聽案家的故事，以同理案家的困境及需要協助的地方，後續以專業的知能評估，再連結適切的資源及處遇。

2. 盡可能的協助

對於案家的需求及風險，盡可能協助並做積極的處遇。對於體罰而使兒少受傷，可先協助案家錯誤認知的自我覺察，再想方設法引入社會資源協助案家。

3. 有溫暖的服務

在從事兒少保護工作時，不可忘記社工的本質——溫暖，除了會談有溫度，所提供的協助要盡可能考慮到案家的感受，對於工作執行也可保有一些彈性並多元協助轉介，不讓案家感受到冷冰冰的服務。

4. 合作式的對話

兒少保護社工常會與各個網絡合作，除了案件上的調查，處遇端也需要各個網絡的幫忙，但網絡也有可能常會堅守立場而不願合作，故兒少保護社工需要更有智慧來與網絡對話，並尋求合作，讓兒少保護工作可以持續被推展，甚至達成網絡合作上的「共好」。

5. 正向信念的堅持

兒少保護社工處遇時常遭遇許多負向情緒及工作的挫折，時時保持正向信念，並影響工作夥伴，不因一次不好的經驗就失去了工作熱誠，反而從中學習持續進化，並保持正向持續落實與執行在兒少保護社工的場域。

社工生涯最印象深刻的經驗

小城是聽障兒童，是家中三個孩子中的老二，需要戴助聽器，被網絡通報身上常有新舊傷痕。我校訪就從校方得知案家的特殊性，原來案家是信仰特殊宗教，而父親是教主，對於管教有獨特的見解，不容許被挑戰。

小城被父親認為心中邪惡而被體罰，母親前陣子也與父親發生口角而被父親施暴，造成母親肋骨骨折。我也是母親的主責社工，所以當小城被通報進案之後，我把從母親端蒐集到的資訊與之後我在校訪與家訪的資訊做整合，得知父親是高壓權控，擁有宗教及家庭雙重權力，控制家中的大小事情。本案我在家訪與父親討論管教議題時，發生許多價值觀的討論及對話，我後續就以法律規定提醒父親，並告知父親須配合社工家訪及參加

親職教育課程，倘小城又有受傷，後續會評估保護安置及聲請保護令。

結果才過 7 天，小城又被網絡人員通報進案，網絡人員形容小城的傷勢是嚴重的，當下我聽到網絡人員的陳述，心中下定決心要啟動兒權法第 56 條的保護安置。只是小城已放學回家了，我無法至校方將其保護安置，故我決定至案家將孩子搶救出來。但安置之前總要布局，於是先去電案家轄區的派出所，並與該所所長對話。所長得知緣由後，邀請社政單位要啟動保護安置前，先到派出所具體說明安置計畫，我同意並與新進同仁至派出所說明。

我至案家與小城父親對話，對於體罰管教一事，仍無法在同一個頻率取得共識，顯然價值觀不一致，故我要求看小城的傷勢並拍照，惟父親拒絕。幸有警察人員與我共同進入案家，故要求案父配合社工，查看小城身上又有新的條狀傷痕，傷勢為紫色瘀青且範圍大至臀部、手臂，我向父親說明依法要進行保護安置，並邀請其至派出所討論安置後的細節，但父親情緒激動拒絕，突然之間我抱起小城就往案家外跑，新進同仁則幫我錄影及拿包包，警察則在場維護安置行動的安全性，這一場安置行動，是我兒少保護安置戰役中，直接進到案家內安置，並與警政合作成功的案例。

後續在派出所等待父親來時，我在廁所協助小城拍照，身上的傷痕很多元，小城表示是被父親用電纜線體罰成傷，耳朵因被推去撞到牆而瘀傷流血，且助聽器也被撞壞了。本案後續就進入家庭重建時期，也遇到案父母的頑抗，透過民代施壓及法院抗告程序，還寫信咒罵我，幸而安置過程都有蒐證，安置程序都符合法規，我也不在乎案父母對我的評價，只是安置決策破壞了專業關係，我難以再與案家工作。

後續轉換主責社工才得與案父母做家庭重建，經過新社工努力，才讓案父母了解到兒少保護社工的職責及工作價值，雖然安置過程破壞了工作關係，至少我秉持兒少的人身安全第一的價值，持續捍衛弱勢兒少的權益。

從工作與人生中提煉的智慧

借力使力，順勢倡議

在職場上工作不能只是一味投入，有時候要看清局勢，再透過特殊事件借力使力來達成目的。例如：當時地方政府發生兒虐事件，地方議會民代掀起一波質詢，深入了解兒虐原因，除了處理程序及社會情境之外，透過檢視發現兒少保護人力不足、福利不優，難以久任。此時就得趁機借力使力建構人力久任機制，之後便有調階及增聘人力計畫。雖然此兒虐死亡案件被責難，但也透過借力使力，完成想要倡議的制度。

至此，在職場上開始懂得做事情不能橫衝直撞，反而要有策略，要學習審酌情勢，透過借力使力來建構良善的制度。

行政法的比例原則

從事兒少保護社工時是約聘人員，未有相關行政法的知能及受訓，許多行政的思維只能從做中學或職場前輩的指導，才得以持續在挫敗中成長；又在公部門從事兒少保護社工時，常有雙重角色，除了帶有公部門行政執法的角色，又帶著社工的關懷服務，但這兩個角色易產生衝突，有時候不懂得行政法的比例原則，易出現案件不一致的處置，反而會讓自己身深陷官司，得不償失。了解行政法的比例原則後，透過欲達到的目的與手段保持均衡，避免對人民產生侵權。兒少保護社工常不知有這樣的比例原則，故常會與民眾發生衝突，處遇無法拿捏力道，所以從事公部門的兒少保護社工應有行政法相關知能。

常保政治敏感度

在人手一機，網路無限上網，人人成為自媒體的時代裡，可自行製作影片及新聞，再加上網路及傳播媒介的推波助瀾，兒虐新聞就容易增加關注；加上我國民主社會的代議制度，會讓兒虐新聞演變成政治事件，進而

影響執政者的執政合法性，故兒少保護社工要有政治敏感度，處理兒虐事件要小心謹慎保存證據，並隨時回報長官處理進度，讓長官可因應媒體與民代，避免被其操弄成政治事件。

給社工人的一段話

從事兒少保護社工要先確認工作價值，因兒少保護的工作價值與信念會影響到工作態度，好的工作態度會促進自我學習新的助人工作技巧，工作技巧的學習會影響到業務工作的執行與落實。常言道：「先做對的事，再把事情做對。」就是說明這樣的道理，工作的方向與價值正確了，就不會歪樓。

兒少保護社工要時時檢視自己工作的價值是否有偏頗，並不斷的反思，提醒自己不忘初衷，持續堅持守護兒少，並往兒少最佳利益的目標及信念邁進！

7

愛會將人拉近

簡婉婷／乘風少年學園社工師

當社工的契機

我是高中時就決定要當社工的。想當社工的契機，是因為國中時爸爸生病住院，靠媽媽一天打三份工賺錢養家，經濟拮据而申請某基金會的獎助學金，因此有社工進入我的生命。那時我還不理解社工是什麼、要做什麼，印象深刻的是某天有人帶著麥當勞出現在輔導室，說要跟我吃午餐與聊天。不用上課又可以吃麥當勞，多棒啊！那是我對社工的第一想法，後來參加許多活動與會談，誤以為社工就是辦活動、跟人聊天就可以賺錢的爽缺，直到後來我當了社工，才發現根本不是這麼一回事。

就讀高三時，本來主要負責我的社工已經離職，但我們保持聯絡，她陪我擬定讀書計畫，當發現我因為偷懶而未能達到讀書目標時氣得要命，把我唸了一頓，那時我很驚訝，竟然有人比我還要認真看待我的讀書計畫、在乎我的生涯發展，甚至到生氣落淚的地步，那讓我覺得被看重。

我的社工有點奇妙，做青少年社工常會跟家長接觸，但她卻有青少年的性格，不喜歡見到家長，走在路上看到家長會躲起來，總是給我一些超乎想像的回應，讓我覺得糟糕的事情也沒那麼糟，事情總會好轉；她讓我感到有人懂我、有人挺我，讓當時處於自覺孤獨、沒人理解，同時又要面對考試壓力的我，感到不是那麼孤單。因為這段歷程，我決定要當社工，

而且是當青少年社工。親身經歷青少年時期感到彆扭與孤單，卻被人接住的這件事，成為我很大的力量。所以我想說未必真的要做什麼很了不起的事或說一大堆道理，而是可以在青少年感到難熬時陪他走一段路。

陪你走一段路

　　我做過失親兒少，也有服務過社區危機少年，現在以服務遭遇性剝削的兒少為主要業務。關於性剝削的相關工作，我曾待過性剝削兒少的緊急暨短期安置庇護家園，也有做過安置結束返回社區生活的後追個案，現在則以性剝削案件的陪同偵訊與調查案件為主，搭配進社區、校園做性剝削預防宣導。

　　性剝削不是一個容易駕馭的領域，過往稱呼為性交易，更早以前則是有雛妓、賣春、躺著賺等的叫法，充滿偏見、貶低等負面標籤。即便改稱呼為性交易，也是隱含著認為兒少有足夠判斷力與自主權，自願與對方發生性行為交易換取報酬的概念，忽略兒少身心未臻成熟，因著年齡、性別、知識、社經地位等不對等條件造成弱勢情境，導致遭遇性剝削（李麗芬，2012）；2015 年，我國參考聯合國《兒童權利公約》與大法官釋憲第 623 號字，為體現保護兒少免於遭受一切形式性剝削，經由民間團體與立委倡議，將舊法《兒童及少年性交易防制條例》更名為《兒童及少年性剝削防制條例》（廖美蓮，2017）。新法於 2017 年上路，法條的保護範疇從有對價性行為之實與之虞，擴展到兒少性私密影像，不僅是實體性剝削，連同網路上非實體接觸的性剝削類型也一併涵蓋進來。

價值觀是最大的挑戰

　　兒少性剝削不是容易服務的領域，剛踏進這行時，還是兒少性交易[1]的年代，案主都是有性行為經驗或酒店坐檯陪酒的少年男女，性經驗開啟得早與社會化程度高，見識過各種客人，幾乎每個少年都善於察言觀色且能侃侃分享；反觀自己，是個剛接觸性交易的菜鳥社工，對於要開口與少年談性感到害羞，不知從何談起，聽我拙口笨舌地提問，少年感受到我的尷尬，更不願意多說，我們之間總是有一段距離。那時我很挫折，總覺得難以靠近他們，就算做各種討論也僅是在表面打轉無法深入。

　　經過與督導討論，我發現需要調整焦點，並非一直去探究少年們的「性經驗」，而是去理解他們經歷了什麼，是怎樣的成長脈絡與需求讓他們踏入性交易，當下的感受與心路歷程是什麼，如何度過那些覺得困難的時刻，有從中獲得想要的嗎？還是受傷了呢？焦點轉換有很大幫助，當我帶著好奇與不帶評價的態度去傾聽時，少年們開始可以談論自己遭遇了什麼，有的少年提到在與客人性行為的當下，因為太痛苦只能儘量讓自己放空，或是閉眼想像自己是在跟男朋友進行性行為，藉此來度過這些時刻；有的少年因為被性侵過，認為自己像塊髒抹布，既然都髒了那不如就繼續髒下去吧；有的少年說，只是想要從與他人發生性行為的過程中感受到自己是被愛的；有的少年是想要透過與同性發生性行為來確認自身性傾向……。

　　少年們開始願意分享自己生命中不願被別人知道、害怕被評價的陰暗面，不僅能讓我更深入理解他們的感受與歷程，更有機會可以陪伴他們去看見自己在這當中的辛苦，以及哪些反應是因為受到創傷而產生的，可以怎樣去面對；引導他們看見即便充滿許多艱辛，但能走過就是有潛力與復原力，未來也還有機會朝自己喜歡的樣貌邁進，過喜歡的生活，充滿各種

1　1995 年至 2015 年為《兒童及少年性交易防制條例》時代，定義性交易為有對價之性交或猥褻行為。

可能與能量。

因為更認識少年們的生命故事，讓我有機會打破做性剝削社工最大的挑戰，就是社工對於性剝削的價值觀點這件事，可以理解到自己是用什麼觀點去看待遭遇性剝削的兒少，看見他們在脈絡底下的弱勢與能耐，而非帶有傳統觀念想要矯正兒少行為，或落入可憐兒少，抑或倍感無力的狀態中。

覺察權控關係及其影響

另一個挑戰，則是在緊急短期安置家園中經歷到的權控議題。安置機構充斥著權力與控制，社工有很大的決定權，小從少年不喜歡現在的內衣樣式能否換新內衣，大到少年能否與家人會客、未來能否返家，社工都有高度影響力。在這般環境中，少年通常很快速就會知道誰掌握權力，也學到如何談判，有的少年會因此討好社工，有的則是直接要求社工替自己向法官求情、在寫報告時要寫好話，以利增加返家機會。很大的挑戰是，當你握有權力時，就算你想要與少年平等的互動，但權力關係就在那邊，你假裝不來，少年心裡也很明白，但你可以用願意理解與討論的姿態靠近他們。有時少年則是會知道你想要什麼，就順著情境演一齣戲。印象深刻的是，曾有位少年在機構裡是模範生，有禮貌又當班長，清楚自己返家後要復學及做哪類打工，我們對他很是放心，因此當他返家後立刻逃家、逃學，並且重新踏入酒店工作，也完全失聯時，對社工來說打擊甚大，認為過去在機構的樣子都是假象，互動和說的話都是演的，對少年的信任完全瓦解。這件事情讓我更加意識到，在緊急短期安置家園這種全控機構（total institution）中，既封閉又充滿權控的環境，少年會被機構再社會化（resocialization），而有各自的因應之道（Goffman, 1961），需要覺察自己手上握有的權力及其影響力，又要保持對少年的信任，以及理解他們的處境與想法，才能靠近他們真實樣貌多一點點，是一件難度相當高但又亟需找到平衡的事。

少年都看在眼裡

自緊急短期安置單位離開後，我開始服務性剝削安置結束後返回社區生活的後追少年，這才發現他們與待在機構時有很大差異，加上他們長期與社工交手，非常懂得如何與社福體系互動，一見面就會立刻報告所有社工可能會需要知道的資訊，然後露出一副「都講完了你還不走嗎？」的表情，光是想多靠近一點點都要花費許多心力。少年要重返性交易的路，其實非常容易，只要什麼都不告訴你，不回你訊息、自行人間蒸發就好，直到追蹤期限到，社工在什麼都做不了的情況下只能消極結案。如果少年想這麼做的話，是輕而易舉的，著實考驗社工願意花多大心力與能耐去找到他們。通常這類少年回到社區會面臨許多誘惑。

曾經我服務的一位少年，返家後努力維持就學不中輟，過程中因為與家人嚴重衝突而離家，最後重回酒店，經歷一番波折後進了感化院，即便他中間一度躲起來避不見面，我仍不放棄嘗試聯繫他。直到少年因為其他案件，最終被判感化，到那時他才願意告訴我，說他肯繼續與我聯繫，是因見我願意聽他說話，不會擺出說教嘴臉、一直告訴他要怎麼做，他才願意繼續跟我往來。我很感謝他的回饋，因為有時聽到少年說的內容，也會不禁懷疑真假，或想提醒這提醒那，但試想換做我是案主，我希望對方相信我嗎？想要一直被說教嗎？如果不想，比較想要被怎樣對待？我也相信少年說的想要改變，是真有這樣的念頭，但環境的不友善、朋友的慫恿、對愛的渴望、經濟層面的考量，或與家人的衝突、旁人不信任的眼光，皆會攔阻他們想要改變的心，並於一夕間摧毀過往曾有的努力。因此我想要相信他們的心，陪伴他們一起嘗試努力，走一段即便歪斜、偶爾偏離主要道路，卻仍前行的路。

愛會將人拉近，憤怒會將人推遠

　　在《兒童及少年性剝削防制條例》將兒少性私密影像納入保護範疇後，性影像案件量爆炸增長，2017年至2022年間共9,407起性剝削案件，其中6,741件為性影像案（衛福部，2023），占整體案量七成。性影像案件量的暴增，代表這是越來越嚴重的問題，實務工作中更大的困難是許多人未意識到傳送裸照、拍攝性私密影像，也是屬於性剝削的一種，不論是家長或兒少本人都難以理解：「傳送一張照片有那麼嚴重嗎？又沒有露臉！」多數人是直到照片被散布外流，被周圍人知悉後遭到指指點點或被排擠霸凌，才感到事情嚴重性。因此如何讓兒少意識到網路交友與傳送性私密影像是有風險的，如何讓家長知道兒少是受保護對象而非做錯事要被懲罰，受創兒少有哪些身心反應，以及在這個概念底下如何與孩子互動，跳脫以禁止與限制作為因應策略，是現在實務工作中很大的挑戰。

　　愛會將人拉近，而憤怒卻會將人推遠。在警局陪偵中，見到家長明明是關心孩子，說出的話卻是滿滿的指責：「怎麼那麼笨把照片傳出去」、「就說網路很危險要小心了」、「要是被別人知道怎麼辦」，仔細探究內容，會發現藏在這些話底下的心意是「我很心疼你受到傷害」、「我不希望你遇到危險」、「我希望你可以過得好好的」。當擔心與愛被憤怒及難聽語言包住時，加上華人文化不擅長表達愛，言語展現出來的樣貌相當恐怖，一不小心就會把孩子嚇跑。身為性剝削社工，很重要的工作就是把家長的指責轉譯成孩子聽得懂的話，也把孩子經歷性剝削的歷程與感受讓家長知道，成為他們之間互相理解的橋梁。

　　另外，也需要提供家長與孩子不同的互動選項，譬如：多了解孩子平常手機都在玩哪些軟體、跟誰認識、聊些什麼，與孩子一起看他喜歡的影片或玩遊戲，當你願意收起責罵、多點傾聽，孩子發現你不再只是叫他去讀書寫作業，或叮唸他什麼都不會時，慢慢地他會願意多一點分享自己在幹嘛，只要願意多講一點就是贏了，跟網路世代搶到一條生路，有機會即時發現孩子遭遇什麼異狀，當孩子遇到危機時也才比較有意願向你求助。

性剝削社工，著重價值觀的覺察

　　我認爲做性剝削社工，除了對相關法條與處遇方式要有一定程度認識以外，更重要的是覺察自身價值觀，你是認爲這群孩子犯了錯，應該受罰？是個人因素造成性剝削，還是看見他們行爲背後的需要；看見不對等條件對於他們的影響，知道他們是受害者但又不是一味地可憐他們；看見整體社會文化如何影響孩子的價值觀；看見網路對兒少的影響；看見家長震怒的背後其實是心疼或自責沒有保護好孩子。不帶評價地去傾聽孩子遭遇的故事，每個都是獨一無二的，卻也有其相似對愛、對關係的渴望；促使他們覺察自己遭遇性剝削，讓他們知道能爲自己做什麼、怎麼做；看見他們受創的反應，卻也相信具備復原的能力，陪著他們一步步走過。我認爲性剝削社工很重要的關鍵，就是覺察自身價值觀，願意放下偏見與歧視去傾聽及理解孩子，相信他們有能力面對曾經的遭遇，如此才有能量陪伴他們走過創傷復原之路。

走一條自我覺察的路

　　社工系相當重視反思，老師們不斷要求學生反思與覺察自身價值觀，但大學短短 4 年尙無法把自己認識透徹，因此不要害怕面對出現在你社工生涯中不同樣貌的案主們，他們可能是你的鏡子，把你心中的恐懼與個人議題照亮，讓你有機會去面對自己眞實的樣貌，也可能在給你重擊後對你說出眞心話，透過這樣的互動讓你又對自己有更多認識，也被他們的回饋充電，能繼續堅持走社工這條路。

　　做社工是一條自我覺察的路，在陪伴案主的過程中，透過與案主的互動覺察自己的狀態，爲何案主這樣做的時候我有這些反應？爲何會特別喜歡某些案主，是否他勾動了我過往經驗？透過覺察去看見個人議題與特性，也有機會去面對生命中的創傷與軟弱，不急著否定，而是學著辨識與接受，帶著覺察與案主互動，也才能避免不自覺的討厭某類案主，減少對

案主的傷害。這領域有個魔性，你有哪些個人議題就容易碰到相似議題或處境的案主，當我們特別重視什麼，就特別容易在案主身上看到這些元素，但若未即時覺察，可能會在無意中傷害到案主，自己也做得很累。

　　常常在與案主互動的過程中被他們激勵，或被啟發明白了某些事。比如我在緊短安置家園工作時，遇到一個完全不甩我的少年，他永遠是一副「我可以跟你客氣，但你不可以靠近」的調調，直到後來他轉換安置，託人寫信回來給我，說他換了環境才發現我對他的用心與接納，感謝我沒有因為他的態度冷漠帶刺而放棄。這件事讓我發現，自己起初會感到受挫，是因為覺得自己發揮不了功能，沒有功能的焦慮讓我價值感低落，也苦於找不到靠近個案的訣竅；想起李家同的《考試》一文，學生裝笨考驗老師是否真心對待，我也像是被考驗了一番，能否在個案帶刺的狀態下依舊不放棄，幸而最終通過考驗。透過這個經驗我發現，若我無法梳理清楚自己價值感低落的脈絡，從低潮與不合理的期待中跳脫，重新找回「不是我有多厲害去服務個案，而是陪伴他們更認識自己與走一段路程」的初衷，那麼就會被困住無法動彈了。因此我認為社工是一條自我覺察的路，需要花一生之久來認識自己，路途中陪伴著案主，不同階段的案主也陪伴著我一起走這條路，雖然挖掘與清理內在會有點疼痛，但相信會有所成長。

參考文獻

李麗芬（2012）。論「兒少性交易」為何正名為「兒少性剝削」。**社區發展季刊**，**139**，282-287。

廖美蓮主編（2017）。**反思與實作系列二：兒童及少年性剝削防制新法工作手冊**。臺北市：衛生福利部保護服務司。

衛生福利部統計處（2023）。**兒童及少年性剝削案件辦理情形**。取自：https://dep.mohw.gov.tw/DOPS/lp-1303-105-xCat-cat05.html

Goffman, E. (1961). *Asylums: Essays on the Social Situation of Mental Patients and Other Inmates*. Knopf Doubleday Publishing Group.

8

讓服務對象知道他在你心中
有一個特別的位置

侯雯琪 / 天主教善牧社會福利基金會

入行的背景

「你好，我是侯子。」我姓侯，所以我們家都叫侯子，所以請你打電話來不要只說你要找侯子，因為我媽媽會問你：「請問你要找公侯子、母侯子、老侯子或是小侯子。」小時候在家裡，因為身為長女，應該是說身為一個「乖巧」的長女，我經常會去留意全家人的情緒變化，尤其在那段經濟起飛，我的父母正忙於做生意，我與弟弟經常需要相互照顧及支應家裡工作的時候，由於經常留意家人間的情感變化，開啟了我對於人與人之間細微的感情變化有了很多的好奇。

成長過程中，學校的老師經常跟我說我可以去做幫助別人的工作，因為我可以陪伴很多人，聽他們訴說他們的心事、他們的不開心，所以在國中時我也默默為自己許下想要當輔導老師的心願。

在國中階段是我人生經驗中很重要的突破，國一時的能力分班我被分進去所謂的放牛班，分班表上沒有明定哪些能力分班的班別，但從授課老師的態度就能感受到我們就是在智力測驗中跟不上程度的那一群。在一年半放牛班的生活中，我 9 次段考 8 次的第一名，導師經常在下課用各種名

義希望我直接待在導師辦公室，為的就是不要讓其他同學影響或帶壞我，在那時候我有很多特權，我可以跟著老師搜同學的書包，我可以不用打掃等。縱使這樣，我與班上同學感情還是很好，我一直很困惑，同學明明每個人心地都很好，為什麼就因為成績差，就被討厭或是不喜歡。

之後，升上二年級之後，我弟弟也進來同一所國中讀書，因為我們的姓氏特別，所以很容易讓學校老師知道我們是姊弟，弟弟常在學校被拿來與我比較，常常被唸讀得不夠好，漸漸的弟弟對學習沒有興趣，爸媽與弟弟的衝突越來越嚴重。國中畢業之後，弟弟就離家去嘉義讀書，常常因為跟爸媽的衝突就不回家。那時夾在中間的我，一直覺得很困惑，我弟弟不壞啊！但為什麼就是在面對爸媽時，雙方不能好好說話，明明是愛著對方，但為什麼就是會發生好多破壞親子感情的事情。

在那段時間，我一直聽著爸媽在與弟弟發生衝突後的懊悔，也聽著弟弟在冷靜之後，期待被爸媽看見的盼望。在那時候，我才理解「愛之深、責之切」的真諦，生氣爆炸的背後隱藏了多少的盼望與期待。

就在這些真實與情緒背後，我默默立下願望，希望自己未來可以走輔導的路，我心想如果有一個人可以協助我們讀懂情緒背後的愛，那麼這些紛爭是不是就不會再有了。因此，在大學聯考時，我選擇了東海社會工作學系，開啟了我最珍惜的選擇。

準備成為社工

見山是山

大學聯考放榜，我懵懵懂懂地進了東海社工系，才知道助人工作不是只有輔導，還有社工，在那個年代裡，「社工」還被緊緊的與「志工」綁在一起，我爸爸不開心到一整個 4 年都無法好好說出他女兒就讀大學什麼科系，對於剛上大一的那段日子，面對到爸爸一直期待寶貝女兒可以重考當老師，我唯一的支持來源是我親愛的媽媽，一種義無反顧的支持。

記得在大學養成的過程中，一路跟著有悠久歷史的東海社工系的老師學習，從個案工作、團體工作、人類行為與社會環境、方案工作、研究法等，我開始從課本中認識「助人工作」這件事，開始揣摩如何成為一個助人者，然後找尋「社工是一門藝術」的驗證。在大學上這些課時，我一直滿心期待用這些知識好好發揮光環，完成助人工作。

然而，助人工作豈是以為頂著光環就可以完美演出的，事情並沒有我想的這麼簡單。在第一次期中到國中實習時，督導跟我說我這半年的任務就是好好陪伴一個遭受到亂倫的女孩子，那個孩子因為不安全感，所以無論天氣有多熱都會穿著一件大外套。督導說完這麼簡單的一段話，就打開門讓我與這位學生獨處，直到現在我還很清楚的記得當時我緊張、發抖，一句話也問不出來，因為對於女孩遭到亂倫的處境我還很驚嚇，更別說要同理她，跟她一起工作。記得坐下來，反而是那女孩開口問我說：「妳很緊張嗎？」在那一刻反倒是我深深地被同理，也開啟了我們接下來的半年相處序曲。在那半年裡，我們最常做的是關燈聊天，聊她喜歡的偶像、喜歡的男生，以及喜歡的生活，在實習快結束的某一天，我們一如往常的關燈聊天，在那一次她默默的把厚重的外套脫掉，她邀請我陪她唱詩歌，我靜靜地看著她，原來陪伴與靠近可以讓人願意且安心地卸下保護色，可以成為那個原先單純的自己。

因著那次實習的經驗，讓我對青少年工作有很大的興趣，因此在第二次方案實習中，我們這一組選擇了少年觀護所實習。這次的實習，對一路是乖乖牌長大的我有很大的衝擊，尤其是進入監所環境，看見少年戴上腳鐐手銬、被嚴格監控時，在做體操伸出小腿時，每一雙腿幾乎都有刺青，帶著刻板印象的我開啟了第二次的實習。在 10 次的活動中，我看見他們單純、活潑的一面，跟著他們一起活動、一起聊聊過去輝煌的歷史，我一直覺得他們不壞啊！為什麼會來這裡。印象最深刻的是當時的督導跟我們說了一句話：「你們不要以為他們很善良，你們都不知道他們在外頭幹了多少壞事！」這段話我到現在還印象深刻，當一個人做錯了事情來到監所，社工要相信他們的善良還是要矯正他們變善良？社工訓練教我們

要了解問題與需求，但什麼才是眞正的問題？誰去認定問題？這些種種的疑問，讓我更確定未來我想要繼續往青少年工作前進，因爲我想要找到解答。

如何成爲稱職的社工人

轉介單背後

在大學畢業之後，我很幸運地考上東吳社工研究所，在研究所實習時我選擇了善牧基金會「西區少年中心」，在這一段實習中，我看見了自己很期待的工作方式。同年間，我很幸運地進入了我期盼的夢幻團隊，跟著前輩們學習青少年工作。

從實習生變成社工，一開始我相當的緊張、退縮，在中心開放時不太敢與少年交談、在外展工作撞球場裡，呆呆地站在一旁看著前輩們自在地與少年天南地北的聊天、討論著關於他們生活的種種。我這才發現，在工作場域的自在，是成爲一個社工很重要的第一步，而這樣的自在需要透過去認識他們、理解他們、跳脫問題觀點，然後社工本身需要清楚自己的狀態及限制，才能在服務的場域中自在。

例如在外展工作中，我需要先理解這些社區形成的歷史，這些少年有可能因爲什麼地緣關係來到這間撞球場，他們爲什麼會在這邊逗留？他們都在這邊做什麼？他們爲什麼喜歡在這裡？他們在這裡與朋友都在做什麼事？用好奇的眼光去認識服務對象，而不是受限於轉介單上的問題，跳脫問題的眼光，每一個少年都有無限發展的可能。

在少年服務場域中的自在，還需要搭配團隊工作及社區資源的投入。社工的日常都在處理人的問題，人的問題可能都一樣，不一樣的是用什麼眼光去看待處理。因此，有可以對話討論的夥伴及督導就顯得格外重要，透過對話可以知道目前此時此刻自己的狀態及想法，可以看見自己不知道的那一面，可以讓模糊變得更清澈，而這樣的清澈，就能引導自己在

服務場域中更加專注且單一地服務少年。

另一方面,社區資源也是在服務場域中一個不可或缺的元素,透過與社區資源的連結與熟識,社工在服務少年的過程中有了很大的後盾。促進社區中的資源連結是社工很重要的工作,在青少年工作中更是,社區有時候因為對少年的不理解,又或是想給少年一些支持,少年社工便可以陪伴少年連結社區資源,可以創造更多的可能。

因著對少年背景的理解、社區在地文化的認識、工作團隊的互相支應討論,媒合社區資源創造更大的可能性。在這社工養成的路上,我學習到在轉介單後面的默會知識,不以問題看問題,透過連結與對話,持續思考與開發更多的可能性,而這也形成我助人的核心價值。

社工生涯印象深刻的經驗

生命影響生命

小寒(化名)的轉介單寫著洋洋灑灑的攻擊師長的事件,有違抗反抗症的他,只要一感受到權威,便會想回擊,學校對他完全束手無策。看著他的背景,爸爸是高齡 83 歲戰後來臺的老兵,媽媽則是 40 幾歲有思覺失調的狀況,小寒臉上一道長長的刀疤就是媽媽失控下的結果。小寒從小就是基隆奶媽帶大,奶媽已經是自己有小孩的媽媽,對於小寒來說他認同的家只有基隆的家,所以被強迫回臺北之後,小寒幾乎獨自睡在頂樓電梯機房裡,不願意返家。

與小寒前幾次的碰面並不順利,因為他完全沉默不語,任憑我雜耍搞笑他始終沒有任何回應,在幾次下來,我突然想到也許帶杯可樂或布丁,我們什麼都不用說,就一起靜靜地把東西吃完。神奇的是,在第二次一起喝可樂的時候,小寒主動跟我說了聲謝謝,我順道問問下次他希望我帶些什麼東西來學校,小寒默默回答地說:「可樂,我喜歡可樂。」在那當下,我彷彿中頭獎似的拿到開啟與小寒工作的一把鑰匙。

接下來，我開始陪著他在課後去他最愛的模型遊戲店，看著他與幾個玩家靜靜地用模型做攻略，我時而好奇地問小寒，小寒也漸漸地願意分享他在攻略中的想法。從模型遊戲店，我們慢慢談到情緒對他自己的困擾，小寒願意跟我去就醫，我們開始每週搭快一個小時的捷運去看醫生。學校對於我這個社工的介入，看見孩子的改變表示很佩服，有人終於可以與這孩子工作，老師們暫時鬆了一口氣。

然而好景不常，在一個下午，新來的老師對於小寒的上課態度有很大的意見，在課堂上不斷的要求小寒要坐好，甚至在班上大罵小寒，這樣的舉動直接讓小寒大爆炸，拿著美工刀及剪刀開始環繞教室、不讓老師出去。學校很緊急的通知我，我以最快的速度趕到班上時，看到的已經是3、4個警察把小寒壓制在地上，當下的我驚嚇到有點說不出話來，我看到小寒還持續掙扎，我走過去拍拍他的背告訴他我在，但卻也什麼事情都無法做，一路陪伴小寒到法院，法官裁定小寒以現行犯收押。在要押往觀護所時，小寒含著淚水，不是請我救他出去，而是請我跟奶媽說：「小寒跟同學去南部玩，很快就會回基隆找她。」在目送他進觀護所之後，我回辦公室大哭，一方面總覺得自己好像沒能在他所處環境中，為他發聲、他應該如何被對待，又或者是不是應該及早跟學校討論一些緊急機制，讓小寒不要經歷這樣的粗暴對待……。

小寒在少觀所期間，我換了不同的方式工作，我不斷地與學校溝通可以好好接住這孩子的機制，另一方面也與在少觀所的小寒好好討論如何可以在爆發前有一些動作讓大家知道他受不了。就這樣，小寒從少觀所回來，感謝學校的彈性與接納，最後小寒是在原國中拿到畢業證書。

有時候，面對少年的非行行為或是他們的狂飆，大人們很習慣想要去掌控，或是去改變他。但有時候這些叛逆的背後，其實是環境或是許多不得已所造成的，透過貼近的陪伴才能看見狂飆後的渴望、生氣背後的眼淚，社工不一定可以改變環境多少，但一定可以成為少年的擋泥板，無論環境多麼惡劣，總能細心陪伴他們長大。

與寶寶（化名）認識則是在他國小四年級的時候，因為中輟所以學校

轉介到少年中心來。寶寶從小父不詳，媽媽在他3歲時就因爲吸食多種毒品暴斃身亡，從小與同母異父的哥哥是外婆帶大。因爲外婆忙於生計、無力管教寶寶，寶寶從小一就一直在社區遊蕩，就學狀況也相當不穩定，學校老師一直費很多的心力希望協助學習落後的寶寶，但因爲寶寶經常性的缺席，讓學校老師也很難使上力。

在一開始與寶寶的接觸中，我一直希望協助寶寶回到學校上課，有一次在馬路上遇到逃學在外的寶寶，哥哥與外婆直接把寶寶抱進去學校，過程中寶寶嘶吼大叫、拳打腳踢，進到學校輔導室持續氣呼呼，在那時候，我心想這樣下去不是辦法，於是與學校溝通，是不是先讓他來少年中心，我幫他先安排一些課程，先穩定下來再慢慢讓他回學校。

就這樣，寶寶開啓來中心上課的生活，我們從識字、讀報、算錢、法律常識、健康常識等開始學習，陪伴他學習生活上可能會需要的知識。剛開始對於就學不穩定的他，要能讀報眞的很困難，於是少年中心社工與實習生輪流陪伴他，漸漸的他越來越能讀很多字，那段日子是我輔導寶寶最平順的時間。後來，寶寶開始在社區與其他幫派成人互動，寶寶因著自己的背景，他期待可以混得更好，因此不斷的經營社區關係，甚至持續用藥，從K他命、安非他命、笑氣、咖啡包，舉凡聽過的毒品，寶寶幾乎都嘗試過。

在那段開始狂飆的日子，我曾經問過寶寶這麼做會不會讓愛你的外婆難過，因爲毒品已經害死她的女兒，現在又開始殘害她的孫子。寶寶低頭不語默默的點點頭，但上癮之後總很難脫離，也因此寶寶第一次進了少年輔育院。在輔育院的期間，我與外婆經常去看寶寶，也從中一再鼓勵寶寶，寶寶給了承諾，絕對不要再回輔育院。寶寶出所後，並沒有照先前的承諾，很快的又被社區負向勢力所吸引，回到毒品的控制，我一直找不到可以再讓他願意思考改變的機會，只能被動地用保護官的約束，陪他回國中復學。

在復學期間，因爲外婆生了重病，需要到北市就醫，寶寶需要轉到臺北的國中就讀，陪著寶寶辦理轉學的過程並不順利，我們在轉入北市國中

時，每到一個處室就會因為過往輟學的背景被質疑且不友善地問話，跑完轉學流程，我感覺到寶寶的不開心，他默默地說：「我絕對不會來這間學校上課。」

後來外婆狀況越來越差，我每天載著寶寶從蘆洲去大同區看外婆，每當坐上摩托車時，寶寶就會說：「侯子，可以麻煩妳帶我去買魚湯跟亞培嗎？」原來看起來愛玩不愛上課，讓外婆操心的小男孩，在知道他最愛的外婆即將不久人世時，他努力用他的方式表現他對外婆的愛，雖然不久後外婆還是走了。

外婆走後，寶寶失去了最重要的愛的牽引，持續狂飆、進出監所，但寶寶從未與我斷了聯絡。身為社工的我，能做的真的有限，但在每一次與他聯繫裡，我都會提醒他，外婆很愛他，請他也要記得好好愛自己。

社工是人不是神，很多時候能做的真的很有限，但社工可以在陪伴的過程中告訴案主，在社工的眼中看見他們有多麼的不容易，看見他們的良善與愛。

學校老師沒教的一堂課

生命的見證者

我常常想，我何其幸運能擁有這份工作，看見很多人很不容易的生命歷程，看見他們墜落、努力振作，可能再墜落，然後再振作爬起來。因為貼近服務對象的生命，所以更能看見他們在困頓時的復原力，成為他們生命裡的見證者。

因此在工作的過程中，我們需要不斷的保有好奇及包容，除了社工專業的訓練之外，如何讓自己可以在工作情境中與案主及其家庭同在，而不是只有主責社工的服務概念而已。過程中不斷的自我省思、覺察，透過與案主及其家庭成員的交流，工作者也越來越能整理自己、理解自己，然後

預備好再迎接下一個服務對象，持續的過程讓自己真正成為一個完整的社工人。

給社工人的一段話

「要讓案主知道他在你心中有一個特別的位置」，這是在工作之初，督導老師在個案研討後送我們的一句話，我一直深刻的放在心上，也送給你或妳，現在是同為社工人或是即將想成為社工人的你。我們努力的在服務對象生命歷程中一起走一段，社工不會一直在，但社工所給予愛的種子會一直發芽、成長然後茁壯，進而成為其他人的大樹。

9

青少年工作者的彩虹眼睛看世界

王文惠／臺北市政府少年輔導委員會督導

挫折帶來意外的禮物

　　念了 5 年的機械科，雖然完全沒有興趣從事機械相關工作，但畢業後，還是勉強以五專所學的知識與能力，嘗試努力從事機械相關工作。然而，在求職過程中發現機械相關工作真的不是我的興趣和喜好，越找越挫折，不論是工作內容的種類或是面試詢問的問題。這時候我想起參加教會帶營隊所獲得的開心和喜悅，加上國中好友在大學念社工系，姑姑在輔仁大學當社會系的教授，這種種的巧合意外點燃我想讀社工系的念頭，當時的我不禁想：自己是不是可以把在營隊中幫助別人這件事當成是我的未來工作；而回憶起國三那年在放牛班念書，班上有吸食安非他命的同學和不斷打架滋事挑釁的同學們，原本超級害怕他們的我，最後雖與他們成為朋友，但卻無能為力幫助他們，而在心中埋下期待助人的種子。於是我開始努力準備轉學考試，卻發現機械的唯一答案和社工的千百個答案，完全是不同的邏輯思考和方向，所以第一次大學插大考試讓我非常的挫敗。但也因著開始念那些插大必備的社工概論、社會學、心理學的內容，我發現自己其實非常喜歡，越念下去越有讀懂無字天書的喜悅和興趣，於是第 2 年我終於考上了，念了 3 年的大學，我很清楚自己找到了興趣和生涯目標。

我喜歡的超人訓練班

青少年工作者的養成

為了成為自己心目中優秀的社工，我認真地唸了 3 年的大學，班上同學翹課玩耍，或抱怨社工很無聊、沒前途時，我從來沒蹺課，我很清楚自己喜歡社工、想當青少年工作者，越上課越覺得有趣，所以大學時期選修了很多關於少年領域的科目，例如少年犯罪與觀護制度、行為改變技術、諮商理論與技術、家庭社會工作、青少年問題研究、生涯規劃與輔導、社區資源開發與運用等，兩次實習也去少年觀護所和更生少年關懷協會實習，希望可以將自己準備到最好的狀態，以利未來能夠好好從事自己喜歡的青少年工作；因為家境使然，我也去補習班打工當導師帶班，雖然看起來是以賺錢為導向的工作，但其實也在與青少年互動，希望更能以不同角度去認識及幫助青少年的成長。

別擔心！我可以養活自己

剛畢業時第一份社工工作月薪僅有 26,000 元，朋友暗諷唸到大學怎麼也才這樣的薪水？家人也擔心社工工作的未來性及所接觸到服務對象的複雜性。但我發現相較於五專畢業找第一份工作時的感受，我並不在意薪資的多寡，也不會擔心自己的安全，反而是非常期待從事社工這份助人者的工作。

充滿荊棘路

夢想的破滅是成長的開始

我開始從事社會工作後，本來以為助人工作者的角色肯定是十分受到歡迎，因為以往在少年觀護所或營隊中服務的經驗，志工總是受到少年

的喜歡，因為少年在無聊的觀護所，可以有人陪伴及聊天，少年就會很開心，使我獲得許多正向成就感，且在我印象中會提供很多物資及補助的社工也受到許多人的歡迎，彷彿是天使般的助人工作。但開始做青少年社工才發現現實並非如此，因為服務的是非自願性案主，這些在家庭或是在學校受了傷的少年總是十分防衛，深怕有人再給他們的成長帶來傷害，所以很容易躲在自己的世界裡；也或者無法融入主流社會的規範與價值，進而對社工角色十分感冒；更甚至許多有幫派背景的少年們，一味的認為我們和警察或是法院是同國的，覺得我們只是想幫法院套話或是想要協助警察獲得業績；也有很多少年們覺得我們囉哩囉嗦，和家裡父母無異，根本不想理會我們。後來即便知道我們是真的關心，但相較於大哥會拿菸拿酒，免費吃喝，甚至開跑車兜風，可以提供許多休閒娛樂和長期陪伴，甚至是非法賺錢管道；而社工相較之下，好像不能為少年做些什麼，只能說青少年助人工作者好像很卑微，比什麼都比不上，要物資很有限，要福利有限制，要時間沒時間？這樣的角色到底要做些什麼？我有段時間感到茫然和挫折……。

困境帶來希望和改變

漸漸的我發現事實不像想像的那樣，隨著花時間陪伴及真誠關心，開始有少年願意相信我、主動來尋求幫助，挫折時會主動分享困難及尋求解決之道，甚至會在社區裡幫忙宣傳少年輔導組，亦或是向其他需要的少年、家長推薦我們單位。漸漸我開始發現自己的眼睛可以用彩虹的視野看待每個少年和家長，在學校學的同理心不再是課本上的知識，而是真正的可以理解家長面對管教的辛苦和為難、少年青春期的無助和挫折、老師面對世代改變的無奈和不知所措。而當理解這樣的狀態時，面對每個輔導的困境時就可以不輕易被打敗，也可以看到每個困境的背後都是轉機和希望，而當念頭改變時除了我本身眼光改變，也帶給少年和家長希望感，並學習發掘或是強化他們的優勢和能力。我想如果社工可以用不同的眼光看待及解讀被服務的對象，並且相信他們有能力改變，在輔導過程中充權整

個家庭，一切都有機會被改變。

陪伴他們走一段路

讓人心驚膽戰的 H 少年

曾經有個在家暴中成長的 H 少年，因爲在家庭、學校都傷痕累累，人際關係也十分不好，經常與他人衝突，來到我們機構時也充滿武裝和敵意，甚至非常不禮貌的叫我「王八蛋」，也因情緒問題帶磚頭來辦公室恐嚇我們，甚至在機構的各處刻下髒話。但後來經過許多時間的耐心陪伴，才知道從小到大他因爲家暴及就學不適應而遇到許多社工，但他認知的社工都是只爲錢、只爲工作，所以打從心裡認爲不需要尊重社工，強調社工不值得尊敬或禮貌。而我解讀到的是他在成長過程中充滿破碎及不安的感受，所以希望可以有人眞心幫助與陪伴，而不只是一份工作而已。就這樣溫柔且眞誠、堅定的輔導陪伴了 4、5 年，他後來都尊稱我爲老大，還會命令學弟對我講話要有禮貌，而我升官調職時，他是唯一送我花籃的情義少年。

情感濃烈的 S 少女

最深刻的經驗，是我工作的第一年，擔任安置家園的社工員，我沉浸在幫助這些受性侵或性剝削的少女中，但每每聽到她們的成長經驗及性經驗，我深深覺得自己好有限，因爲除了陪伴，作爲一個監護人的角色，陪她們開庭、念書、返家，我好像不能爲她們的創傷做些什麼，反而好像一直在約束她們。直到要換下一個工作時，S 少女因爲知道我的離開而躲在桌子底下瘋狂的鬼吼鬼叫，還咬我的手之後，我才知道自己在那些充滿創傷的個案生命中占了很重要的角色，我的離開似乎對她造成很大的傷害。但年輕的我不懂得如何處理及面對，當時立下心願，下個工作我不會輕易離職，結果下一個工作就這樣做了 22 年，直到現在還沒離開。

凶狠的單親爸爸 vs. 小菜社工

　　我記得開始輔導偏差少年的第一年，我一直沒有信心面對少年的家長，因為小時候在傳統家庭下長大，比較畏懼權威，看到那些很凶、大罵兒女的家長，總會投射爸爸的影子或害怕他們質疑我的工作經歷及能力，也覺得自己似乎沒有能力為少年勇敢地爭取什麼。有次從其他單位轉來的少女及其單親爸爸到辦公室，單親爸爸開始大罵和抱怨孩子的不乖，甚至抱怨其他單位的無用。但我看到的是單親爸爸的努力與無奈，好像世界上的人都對他說：「你怎麼可能扶養好一個女兒？」「小孩會變壞都是因為你威權管教，因為沒有媽媽，難怪小孩會逃家？」所以單親爸爸受到大家的指責，心裡只想急著管教對他來說離經叛道的女兒，卻適得其反。我同理單親爸爸的為難及辛苦，試著理解他教養上的不易及委屈，結果慢慢地單親爸爸願意與我合作，改善自己管教的方式，放下身段與女兒溝通，然後親子關係逐漸改善，女兒的偏差行為也逐漸減少。單親爸爸在最後結案時送了一幅字畫給我，感謝我對他的幫助及協助女兒的改變，這對畢業沒多久且年輕的我來說是莫大的肯定及鼓勵，也讓我知道協助少年改變的助人工作，並不一定要和青少年站在同一邊對抗爸爸不合理的管教，而溫柔的同理也是一個可以改善親子關係的開始……。

情感仍需要有界限

　　在約莫工作 10 年之後，印象很深的是有一位藥物濫用的 L 少年去戒毒村戒毒。我還記得當時我用盡所有心力及社區資源，但都無法改善 L 少年使用安非他命的情況，他情緒暴走、犯法，致生活狀況非常混亂，後來法官裁定去戒毒村安置，希望他可以脫離目前複雜的環境。他去了一陣子表現非常穩定，而我當時雖然結案，還依然不斷寫信鼓勵他，甚至特地跑去外縣市看他受洗成為基督徒。結果某天他竟然逃離安置處所，也沒有回家，我心裡無比難過，一直很擔心他又重回組織幫派或吸毒，那陣子我甚至做了幾次夢，夢見他出現在社區了。我反省自己似乎陷入太多情感，

無法抽離，於是自我反省，告訴自己要放下，學習讓少年爲自己負責。幸好後來他逃了半年多，主動回村。

社工也是人，受安慰的我

曾經有個家庭結構功能薄弱的 S 少年，在少年時期一直進出感化院。他其實並不壞，但當法官裁定他要第 3 次去感化時我竟在法院哭了，我實在很心疼爲什麼他的青春要一直在感化院（現已轉型爲少年矯正學校）度過，而不是在學校裡。但是後來安慰我的，竟然是 S 少年的單親爸爸，他叫我不要難過，強調去感化院不是沒救了。那次的我十分衝擊，因爲我一直認爲助人工作的專業應該是我去安慰爸爸，沒想到我是那個被安慰的人，爸爸其實更明白法官的用心，理解孩子只是去反省及學習。

生命中的天使

工作 22 年讓我最有成就感的，是曾經有一個 L 少年拉 K 拉了多年，最後負債累累、親子關係破裂、膀胱都壞掉了，就醫手術也未能改變他的毒癮問題。但因著我的陪伴和鼓勵使他願意去戒毒村戒毒，戒毒過程十分漫長且辛苦，但他非常努力，出村迄今已長達 7 年多沒有使用毒品，並且到處去做見證，關懷和幫助其他用藥的人，成爲別人的助力。我真心以他爲榮並且覺得驕傲，因爲我撒下的不放棄的種子發芽了。他雖然常說我是他的天使，認爲我是他混亂生命中唯一相信他、給他力量的人，甚至做了一首歌──〈天使〉送給我，但他回饋給這世界的一切讓我覺得他才是真正的天使。

成功還是失敗

社工的工作經驗中應該沒有所謂的成功或失敗，在警察局工作的我常被長官挑戰服務的個案是否成功或是失敗，甚至是輔導有沒有效用？但我想說的是人生是很長的過程，不應該輕易的定義輔導是否成功或失敗，也不應該定義少年成功改變或是失敗沒救，因爲社工撒下去的種子不像感

冒藥吃了馬上見效，花長時間的關心陪伴與協助，是需要時間來驗證的，大家關注當下的改變未必是眞的改變，有可能只是因爲有人在一旁督促；而當下沒改變但之後改變，或許也是因爲社工的溫暖陪伴使得案主終於理解，所以重要的是過程，而不是當下的結果。

彩虹眼睛看世界

融會貫通的社會工作

　　大學社工系的課程離我很遠了，我回想起來只覺得學校的課程對於助人工作者只是一個啟蒙，帶我認識基礎社會工作方法，可實際教我社會工作這門課，讓我助人工作可以精益求精、不斷進步成長的人其實是我服務的案主們和社區中協力一起工作的夥伴們。

　　在每一次的服務過程中，我總是能發現少年及其家長的優點、獨特及與眾不同的地方，我總是佩服他們能在困難的環境下用自己的方式長大，或許會犯錯或許會有點走偏，但我很謝謝有機會可以互相交流，讓我走進他們的生命故事裡，陪伴他們走一段路，甚至是有改變的可能。有時候我覺得不只是他們成功改變，更多時候是他們讓我獲得力量和成長，每一個相遇的故事都讓我覺得十分珍惜，並且相信有上帝的美意及功課。

資源夥伴同心，其利斷金

　　某年接到一個因殺人案進來的少年，當時害怕的我，心裡想都殺人了怎麼可能有多大改變？到底要多凶狠才敢殺人？也沒自信可以輔導這樣的少年。接到少年之後，才知道他在一個破碎的隔代教養家庭裡長大，他很期待獲得幫派哥哥的重視，所以在用毒後神智不清的情況下，爲了向幫派哥哥證明自己可以，和朋友們殺了人。這樣沉重的案件，我卻和法官、觀護人、家長、社區資源一起不放棄希望、合作努力，期待他改變！最後經過我們各資源單位的合作及努力，少年脫離幫派、戒毒，最後甚至念了大

學，找到自己的志趣和方向。我試想，如果是我自己肯定無法辦到，但我的案主卻真的改變了，而法院的信任、社區夥伴的協力是重要的關鍵，資源單位如何相互配合、信任，只為了使案主改變，這是教科書上沒有的。

案主最大利益

在無數的輔導及和資源合作的過程中我學到很多，也發現每個個案、每個資源，都沒有一個制式的程式可以套用，也沒有一定成功的公式，但我發現當你用心努力想完成一件事情時，整個宇宙都會來幫你，我也很開心自己有上帝，因為上帝會給每個人最好的安排和計畫。

有時候在和資源合作的過程中，難免會有工作專業及服務單位上的本位主義，因為現在的服務多是強調跨網絡及資源的合作，很少有單一可以完成的服務，但實務工作中常發現合作會有利益衝突甚至是搶個案的時候，我總會提醒自己及夥伴們，什麼是案主的最佳利益？我們做到了嗎？所有的服務應該以案主為主，而不是我們自以為好的私心，如果與機構期待不同，又或是與倫理相衝突時我們又應該如何選擇？這是在工作上始終需要不斷學習平衡的。

永遠保持謙卑的態度

書上教我們助人工作的專業及知識，但這樣的助人工作是不是潛意識給了我們優越或成就感，好像我們高高在上？好像我們比案主好？所以會帶著黑白的眼睛，看待或批判案主的人生或賦予教導意味濃厚的輔導工作，但這樣不對等的關係是否會讓服務的案主退縮或是失能？所以我總是帶著彩虹眼睛看服務的對象及合作的夥伴，心裡想著可以在服務的案主上學習到什麼？可以互相成長什麼？上帝要給我什麼樣的功課？然後在用心交流互動後，感謝這份滋潤與互相學習、成長的機會。

常保新鮮學習和感謝的態度

　　就在我工作 20 年後，我開始反思自己的工作如何更精進，運用不同角度及思維來協助同仁及案主都非常重要。但長期在同一份工作中所學恐有限，也容易以管窺天，所以我開始念碩士，學習跨領域的專業知識，期待工作能夠綜融與整合自身專業，以幫助更多需要的人。

　　念師範大學成癮防制班第一屆真的很幸運，不同領域的知識學習，互相刺激成長，班上同學有社工、心理、教育、醫療、法律等各種背景，大家在課堂中從不同角度一起學習和討論如何共同幫助案主，真的是一件很享受的事情。

　　助人工作者在服務這條路上經常會受傷，有時會挫折，但我覺得這些很珍貴，因為這是助人者的寶貴經驗，每一次的跌倒都是為了讓我們學習站起來，成為更有能力的助人者。而每個個案的問題和求助也是讓我們可以有學習及服務的機會，如果我們可以拉他們一把甚至教他們站起來，相信他們終有一天也可以學會並且有力量自己站起來。

　　對我來說社工不只是一件工作，而是一個深深喜歡的志業，曾有社區夥伴對我說我沒把社工當工作做，他看到我樂在其中。我真心覺得因為社工的這份工作是人的工作，既然是人的工作應該以人為主體，而非工作本身，若是與人真心互動，又怎麼把它當成只是一份工作。所以一直沒把社工當作一份工作在做的我，覺得自己很幸運又幸福，因為遇見很多願意讓我這麼唐突走進生命的人，願意讓我陪伴的人，願意相信我的人，每每想起都還是充滿激動、雀躍和喜悅，謝謝和我相遇的每個人，無論是少年、家長、合作的夥伴們，因為有你們，日子很豐富又滿足，我的生命因為有你們更加完整。

　　繼續期待生命影響生命的驚奇冒險旅程及未完待續……。

10

微光社工——堅定助人・守護孩子

蔡欣宜 / 基隆市學生輔導諮商中心

感謝……所有曾與我相遇過的孩子們，用生命堆疊我的助人力量！

這是我每次分享助人工作時總會提到的一句話，「孩子」是我近28年社會工作的主要服務對象，也是我全心投入工作及生命守護的一群人，是他們讓我成為一個有價值的助人者。

回想來時路

回想大學放榜時得知自己錄取社會工作系，對當時的我而言這是完全陌生且毫無概念的領域，唯一的想法就是讀讀看吧！幸運的是在學校受到既專業又有熱誠的老師教導，我還記得有簡春安老師的社工概論、陶蕃瀛老師的社區工作，以及武自珍老師的理情行為治療專題，這些重要且基礎的課程包含了社工專業內容的個案工作、團體工作與社區工作，透過扎根的學習過程協助我建構社工助人專業的生涯藍圖，也在這過程中幫助我自己覺察到，從小就有著雞婆且一直對人有高度熱情的個性，與社工所需要的人格特質好像是相近的。接下來的大三期中實習及升大四的暑期實習，我就很自然地選擇了直接服務的領域。不管是整學期進入校園帶領國小學生團體活動，或是到服務的家庭進行訪視與會談，每一次的面對面互動及接觸總能讓我感受到溫暖的回應與滿滿的感謝，這讓我更加確信自己的選擇、確信社工助人的生涯規劃，想投入社工職涯的我開始有了憧憬與想像。

　　大學時期除了社工系課程學習、打工歷練外，我也積極參加服務社團、系學會，讓自己為未來進入工作職場先有預備知能。這些歷程也更加確認自己助人職涯的方向，那就是我很適合兒少服務工作。記得第一次跟著社團學姐們參與偏鄉課輔服務時，面對第一次相遇、坐在我身邊的一位小女孩，我小心翼翼、手足無措又有些緊張的準備文具與書籍，當時她很小聲地對我說「謝謝姊姊」。她那純真的眼神、充滿溫度的一句話讓我瞬間充滿信心與能量，那份感動我依然深刻記得，這段記憶也成為我一路堅定成為社工助人者的動力。

一入行就終生不渝

　　1995 年我進入基隆家扶中心成為一名菜鳥社工，從一開始的經濟扶助、兒少保護到寄養服務，這些直接服務工作、方案任務、活動營隊、接受專業且完整的教育訓練，由基本功到專業能力的建立，讓我將課本的知識融合實務的專業技能，漸漸累積能量成為一位自我認同的社工；後來因家庭及個人生涯規劃而不捨地離開家扶中心，也因曾與基隆市教育處合作辦理過「國中中途輟學學生追蹤輔導方案」，而與基隆市政府教育處、學校有著良好的合作關係，不久即受邀協助教育處推展各項學生輔導工作。因緣際會下也在 2011 年 8 月因應全國各縣市設置學生輔導諮商中心，我就被委任負責組成、執行學生輔導諮商任務至今。

　　延續了家庭社會工作、兒少保護服務，學生輔導工作的服務對象也是以兒少及其家庭為主。學校社工是學生輔導團隊的一份子，我雖然身兼中心主任職位，行政工作相對繁重，但有整個專業團隊的合作與互助，在工作中我時常與中心的社工師、心理師及學校輔導夥伴們討論學生輔導策略，也同步持續入校關心學生、參加學校輔導會議或系統個案研討會議，能藉此感受直接服務的溫度、持續保持助人的熱情，這對喜歡直接面對孩子的我而言，是讓我能堅守在輔諮中心的重要原因。

　　留在基隆輔諮中心至今已超過 12 年，我在家扶中心也有近 9 年的服務經歷，前段的工作實務訓練奠定我的專業知能與行動能力，尤其是在個案服務及系統合作，這些非常重要且必要的能力多數是學校老師沒教的，還好當時還是菜鳥的我有認真努力學習，加上家扶主任、督導及夥伴們總是給我許多指導及鼓勵，讓我能在家扶積累及吸收助人的養分而茁壯，這些壯大的專業能力也讓我帶到學生輔導工作中。

　　學校社工的工作場域在教育系統內，主要面對校內跨專業與校外跨系統的合作，看似有龐大輔導團隊資源的優勢，但除了各個角色要發揮各自專業能力外，因著學生不同需求而組成的不同夥伴們，更是需要彼此間充足的對話與不斷的磨合。正如「知己知彼不見得能夠百戰百勝」，學校社工在系統合作中要蒐集、盤點、運用資源外，還需要建立校內、校外各系統的合作模式與機制，我們透過同理、溝通、共識、合作及追蹤的 5 個系統合作脈絡，在必要時還須相互補位、互相支援，這些任務與挑戰相對於單純專注在個案工作的難度真的高出很多很多，但這也是學校社工能夠展現專業價值的具體表現。

　　歷經了多年的輔導工作，一年一年看著學生們畢業、結案，在與每個孩子告別時我總是滿心祝福，但也免不了有著小小的掛心。我想著這群辛苦的孩子是否會一切安好、能不能好好照顧自己，專業理性上我會提醒自己要放下，但相信緣分又高度念舊的我，還是會把孩子們放在心裡好久好久。目前輔諮任務在團隊的努力下順利執行中，偶而也會遇到處在多元困境的孩子，讓我偶而也會陷入任務卡住的困難，每次想著孩子們還需要繼續辛苦的活著，我超級難受。每次聽到將問題歸因在孩子身上，或責難孩子的過錯的聲音出現，我也會不厭其煩地強調，再次提醒大家，學生輔導的主體是學生，孩子們才是團隊中的主角，我們需要透過關懷陪伴及輔導策略與孩子形成合作關係，再一起朝向輔導目標前進，過程中難免有進進退退，或是出現各種難關，這些就是輔導團隊必須面對的任務。我也常說，當我們的輔導團隊遭遇到困難或挫折時，想想這些正等著我們服務、身陷困境中的孩子正面臨比我們百倍、千倍的辛苦，身為助人者的我們真

的沒有放棄與後退的選擇。這就是我的輔導信念，感恩的是，我能看見基隆學生輔導工作一直在進步，我們前進的方向越來越能貼近學生的需求。

身為基隆輔諮中心督導兼中心主任的我，長時間與中心另一個專業——學校心理師相處與合作，我一直在跨專業的互動學習，在提供學生的心理健康服務的過程中，我深刻體會到啟動學生內在動能的重要與必要，也就是孩子從決定幫助自己開始，輔導諮商才可能會有成效。由心理師深度的個別諮商，加上社工師有效能的系統服務資源整合，跨專業的完整服務才有可能對孩子發揮影響力。一路走來，這些工作概念使我要求自己在助人專業上還要不斷增能、提升，帶領輔諮中心為有輔導需求的孩子確實發揮專業團隊效能，也努力讓自己的學校社工角色可以更加精進，我希望自己能留在這個助人工作，不僅要做得長、做得久，更要做得好。

記憶深刻的助人工作喜與憂

在學生輔導諮商中心這段期間裡，有著許多記憶深刻的輔導過程，也有許多屬於自己常用的輔導技巧，我喜歡透過文字的溫度向學生傳遞我的心意與想法，所以寫「情書」給孩子們是我日常的任務之一，當然我也收過非常多孩子們寫的卡片與書信，在此分享其中一封來自孩子的親筆信——

> 親愛的蔡督[1]：
> 謝謝妳總是在我遇到困難的時候幫我想辦法解決，蔡督說實話，我真的要謝謝這兩年多快三年來的陪伴，其實要不是因為妳的陪伴，我可能躲在家不敢出來吧！還有啊！以前真是對不起，妳來看我我卻不起來 XDD，真是對不起。
> 其實我曾經討厭過妳，因為我覺得妳管太多了，已經管到我

---

1 前期服務的孩子會跟著當時的中輟輔導役男稱呼我為「蔡督」。

家裡的事了，不過後來我反而要感謝妳，因為妳的幫助讓我跟爸爸
的關係變好了，謝謝妳！

　　蔡督對不起讓妳擔心這麼久，不過我真的要謝謝妳，因為妳
的關係讓我遇到這群很照顧我的老師與社工。

　　蔡督未來妳可以放心，我已經長大了，不會再像以前那樣躲
起來了，也會好好照顧自己不讓自己受傷。

　　從家扶中心到輔諮中心，從兒少保護到學生輔導，不同的工作領
域，雖常有感動但也有同樣的心疼與不捨。多年前遇到了這位輟學的孩
子，當時的我面臨孩子與其家庭同步困境，面對這位拉緊被子不願互動的
孩子、深受疾病所苦且無力協助孩子的媽媽，以及長期在外地工作與孩子
關係緊張的爸爸，我一次又一次的家訪、出席一場又一場的輔導會議，我
們盡了許多努力後仍只見孩子與家庭深陷泥淖中，當時整個輔導團隊十分
的挫折與無奈。

　　看似毫無進展的過程出現了曙光，其實在每次努力的過程中我們已在
鬆動孩子、鬆動家長，而每一次家訪只能看著棉被所說的話也已經影響著
孩子，就在我的第 18 次家訪時，我一走進孩子的房間就看到那個孩子已
起身坐在床邊，而且是穿好了制服；更令人驚喜的是，當天他願意坐上我
的車離開床、離開家，跟著我到輔諮中心。之後，他也願意合作調整自己
的作息、面對自己的困境、面對自己的未來，於是我們開始啟動他生命的
轉向，在輔導團隊及中介教育資源的共同努力下，他順利完成國中學業，
也在家人支持下選擇了繼續升學；這封信就是他在國中畢業時送給我的禮
物，好多心聲是我第一次知道的。

從孩子身上學到服務更多孩子

　　在輔導工作中，我們也許會不小心用自己的生命經驗或習慣思維認定
孩子的需求與困難，一開始我也和輔導團隊一樣只聚焦在孩子外顯的輟學

行為上，在幾次的無效家訪後，我再次運用文字及小點心的策略，雖然初期並未獲得這孩子的任何回應，但從他家人的訊息中得知，孩子有好好享受我放在他床邊的小餅乾、巧克力，也有打開我的信看了看，這雖與我的預期反應有些落差，但讓我感覺好像有機會可以繼續努力，而結果確實驗證團隊的不放棄真的很有價值。

　　記得在畢業典禮時我痛哭流涕，我的眼淚是在感謝他、祝福他，更是對輔導團隊堅定付出的肯定！輔導工作很難呈現符合期望的 KPI，也很難很難要求立即看見成效，但我們相信，每個孩子都是獨一無二，所以需要個別化策略，每個行為的背後也都有不同的原因、不同的需求，不管是教育還是輔導，團隊努力的過程需要回歸學生主體而且要不斷檢視、不斷調整，更要隨時提醒自己，不是我們想做什麼？能做什麼？而是孩子需要我們為他做什麼！這些都是孩子們教導我的，教我用最真誠的心意面對他們、教我讓自己持續提升專業能力以因應他們不同的困境，更教會我知足感恩，讓我總能在他們有了一點點改變的剎那就能感到幸福、感到滿足。

在社會工作中找到吻合興趣的幸福感

　　工作如果能與興趣結合是件幸福的事！如果把興趣變成專業，那就更好了！我想我就是那個幸福又能發揮專業的學校社工，這一路走來我的職場雖有轉換，也有些起伏，我也深知助人與輔導工作真的好難、好辛苦，而且每一次的任務都必須在工作中重新摸索、累積經驗、累積實力，還必須面對工作上的時間調配、情緒管理、工作效能及自我增能等議題，所以我偶而也會有想逃離的衝動。但在自己盡全力付出時總能獲得貴人扶持、長官力挺，以及團隊、學校夥伴的攜手合作，因為有了團隊所以我不會感到孤單，也讓我盡情的發揮社工專業，有效連結系統資源，建立跨專業的合作機制，使輔導團隊確實能提供孩子更適切及有效的協助。

　　目前來說，讓基隆學生輔導工作有方向感及成就感是我最重要的核心任務。這些協助孩子的過程有賴學校夥伴們的通力合作、共同努力，因為

一起堅守零拒絕、不放棄的信念，我們要讓基隆的孩子們有幸福且友善的學習環境。

記得前幾年也有一位不願到校入班的女學生，她在畢業前 2 個月被中心學校社工師帶到輔諮中心，那段時間孩子與中心夥伴相處愉快，那孩子喜歡聊天、喜歡與大家一起吃飯，也時常輪流趴在隔板上觀察上班的我們。一開始她說自己想讀高職，因為她想早點畢業後工作賺錢；待在中心一段時間後，有一天她突然到我面前，告訴我她改變升學意願而想讀基隆女中，她說是因為輔諮中心 10 位老師中有 5 個人是基隆女中畢業的，而她希望和我們讀同一間學校，她也想成為像我們一樣的助人者，當下我和她一起感動落淚。大家應該常聽到「用生命感動生命」這句話，用真心的付出讓孩子有感，因著有品質的陪伴而成為孩子生命中想學習的典範，這是屬於社工特別且珍貴的感動，更是助人者重要的價值與回饋。

給也想要入行的人的小提醒

自助、人助、天助，助人的社工工作在大家認知上總是不計收穫、無怨無悔的在付出與服務，但其實這份工作真的需要在性向、興趣加上能力都符合的情況下才能心甘情願且死心踏地的投入，當然也要有強壯的身心、裝備好自己的能量才有機會持續地撐下去。換言之，只有照顧好自己的人，才有能力照顧別人、為別人付出。也就是在確認自己想成為社工人前必須要先做到愛自己，有了愛自己的能力才能好好愛別人。而我覺得自我照顧更是每位社工必須先做到的任務，這種能力會在社工服務的過程中直接傳遞自助的信念，非語言訊息的影響常常扮演著重要功能，成為模仿學習的過程。當服務對象決定且願意幫助自己、願意成為團隊的一分子時，社工才有機會攜手陪伴著服務對象往前邁進。當然，社工要不斷確信助人的信念與價值，即使遇到困境、遇到工作顛簸，還是能堅定守護我們的任務，堅定成為別人生命中的一道微光，那社工職涯就會是自我實現的最好選擇。我是學校社工，我存在，我驕傲。

　　感謝社工專協的邀稿，讓我能藉此機會感謝在社工路途中一直指引我、教導我的貴人們，感謝林萬億教授、張淑慧老師對我的鼓勵及不離不棄，還有一直帶領基隆輔導團隊的張志豪老師、教育處長官們、輔諮中心專業的夥伴們，以及所有為兒少付出、關心學生的基隆團隊，我更要深深感謝一路來支持且力挺我從事社工工作的家人們，謝謝您們，我愛您們！

　　獻給所有面對困境的孩子們——

　　　累累的創傷，就是生命給你的最好東西，因為在每個創傷上面都標誌著前進的一步。

　　　　　　　　　　　　　　羅曼‧羅蘭（法國諾貝爾文學獎得主）

11

Everyone is unique and special in their own way!

陳香君／新北市立新北特殊教育學校社工師

偉大的夢想與理想？

從小念書，我是家人眼中的乖乖牌，國小就讀「人情班」、國中就讀 A 段班，一切都依著家人的期待，沒有所謂的青春期叛逆，但大學聯考後我的叛逆開始了。

高中通學時，每天都會經過長長的紅磚牆，清晨的紅磚牆，因朝陽充滿生氣，傍晚的紅磚牆，因夕陽而燦爛。但再美的校園，都比不上未知世界的想像與刺激對青少年的吸引，高中 3 年，告訴好友絕對不要念這所離家距離比高中離家距離還近的學校。但鐵齒的我，最後還是進了紅磚牆的學校──東海大學，選讀社會工作系。這是我青春叛逆的開始，不想順著家人的要求填志願，家人唸得出來的科系都是我的刪除選項。最後選了家人和我自己都不清楚學什麼，畢業後要做什麼的科系。就讀後家人因不了解與擔心就業等問題，從不間斷地要求轉系，到後來期盼再修習教育學程。我的青春叛逆依舊，倔強的想證明自己念社工系很好，畢業後堅持找相關的工作。

我的社會工作職涯開場序，不是小時候作文裡的夢想，也沒有什麼崇

高、偉大的理由或理想，只是一個青少年的叛逆與倔強。但因爲大學期間社會工作專業學科對人的議題與社會現象的探究，吸引我的學習興趣，以及社會福利單位參訪與實習，激發我探究實務工作的好奇心，畢業後選擇在社會工作領域工作。雖然第一份工作的收入，每月幾乎都讓我成爲月光族，但因爲想要證明自己可以養活自己，爲了爲自己的叛逆決定負責，進入職場後，不斷學習、累積實務經驗，還有社工同儕的分享與督導引領，社工路每一步走得踏實、認眞，走到現在，眞眞實實喜歡我的工作──社會工作。

社會工作實務的起點：1995 年

　　1995 年畢業，進入身心障礙福利領域工作，時值身心障礙福利發展活躍的年代，《殘障福利法》第二次修正、《社會工作師法》於 1995 年 10 月 26 日發動請願遊行，自己很幸運有機會觀察，以及參與社會工作專業建置與身心障礙福利服務發展的重要歷程。

　　剛進入社會工作領域的菜鳥社工，最容易被質疑的是專業能力，因爲年輕所以不專業，因爲年輕所以不會久任。身爲菜鳥社工要面對與接受自己的專業未被認可，以及專業上確實還有需要學習之處，才有可能像海綿吸收新知，接受同儕與督導的協助。我很感謝當時的單位，有完整的工作團隊與督導制度，不怕被質疑、不怕別人看見自己的不足，讓我能夠接受同儕的分享與督導的帶領，吸取別人的經驗與專業，轉化與累積成自己的知能。

改變是一點一滴的

　　擔任社工最該感謝的應該是服務對象及其家人，尤其是菜鳥社工時期，服務對象願意開啟門，是給予社工快速成長、累積專業的機會。

　　菜鳥社工的我，主要工作是提供身心障礙照顧者喘息的臨托服務，以爲是可以減輕家人照顧負荷，每個身心障礙者家庭都會理所當然地熱烈企

盼，展開雙臂接受的喘息服務。但實際上我遇到了許許多多的懷疑，甚至拒絕，因爲每個身心障礙者的孩子有不同的限制與照顧需求，每個家庭有各自的顧慮與擔憂，認爲沒有人比他們更會照顧自己的孩子、擔心被別人認爲自己不負責任、不願意陌生人進入家裡等。一次次的家訪建立信任與關係，同理家長的擔憂與辛苦，一遍遍的說明、澄清對於服務的疑慮，一點一滴的改變家長，接受協力照顧是負責任的行爲，喘息是愛自己更是愛孩子，適度的喘息可以有更好的照顧。終於有些家庭的家門開了，保育員進入家庭了，家長也可以走入社區爲自己做點事、喘口氣。

學校社會工作的冒險旅程，序幕：1997 年

1997 年，因教育部推動「國民中學試辦設置專業輔導人員實施計畫」，社會工作人員以專任、專職聘任進入校園工作，身心障礙服務領域工作 2 年多，菜鳥社工經歷被質疑的挫折、被拒絕的沮喪，但不減自己對社會工作的喜歡，踏入了當時在臺灣社會工作實務應用還不甚熟悉的學校場域，開始了我的學校社工職涯。

記得面試時，口試委員問：「你最晚可以加班到幾點？」心想這位寫這麼多社會工作教科書的人不問我專業問題，卻問這奇怪的問題，應該是想爲難我，或測試我到底有多想要這份工作吧？我的青春期叛逆再度出現，毫不猶豫的回答：11 點（哪來的勇氣啊！）。

到學校當社工後，我終於懂了奇怪的問題並不奇怪。我工作的學校鄰近五分埔、饒河夜市，久未返校上課的學生、白天屢屢約不到的家長，到了夜晚，走一趟夜市，遇著了聚集在撞球館、泡沫紅茶店久未上學的學生；碰到了在藥燉排骨店、牛排館打工的學生；看見了辛苦揮汗炸臭豆腐、吆喝叫賣的家長。學生來自社區，學生與家庭的生活和社區息息相關，到了夜晚，學生在夜市群聚、打工、幫忙家裡生意，家長站在攤前揮汗打拚生活，學校社工場域不僅在學校，更在社區，而且越夜越美麗呀！

而這位問奇怪問題的人，是臺灣學校社會工作制度建立重要的學者與

官員，也是我在學校社工專業上遇到問題時，隨時接受 call out 諮詢的督導，細心指導我論文的林萬億教授。

結束也是開始：1999 年

學校社會工作是因教育部「國民中學試辦設置專業輔導人員實施計畫」而來，在臺北市學校社工的經驗，開啟我對學校社工的興趣。但1999 年，臺北市因教育部停止補助而終止學校社會工作師之遴用，同年林萬億教授至臺北縣（現新北市）擔任副縣長，運用縣政府經費，繼續推動社會工作制度，於是我轉往臺北縣繼續從事學校社會工作，在實務工作上，參與了 921 震災的重大災難事件、社區大火、畢業旅行交通事故等重大災難事件的處理，陪伴了許多涉入幫派、物質濫用、中輟，甚至被性剝削、性侵害、家暴的孩子，在制度建立上，參與學校社會工作制度法制化的建置。

我的片刻，他的日常

A 生放學後總在網咖、撞球場或社區公園流連，少年隊多次於深夜尋獲，約訪多次，單親爸爸都說不方便，終於在一大清早到家門等候，遇上了夜班工作結束返家的爸爸，開門所見是堆積如山，分不清楚已清洗或未清洗的衣物，還有滿桌的餐盒、泡麵、飲料罐，腳底所踩是黏膩的地板，還有迅速爬行的小強（蟑螂），剛下班的爸爸疲憊地說，我討生活已經很累了，A 生和他媽一樣，家裡待不住，以後也會離家出走啦……！孩子不想讀就不要讀，我以前也是沒有讀完國中啊！轉頭對著睡在沙發上的 A 生一連串國罵……。

走進家門、傾聽爸爸的抱怨，我看到套房住家中 A 生睡在凹陷的沙發上，如果父親記得在桌上留錢，那就是他的餐費和零用錢。我理解導師班級經營的困難，試著邀請導師一起家訪，讓導師看看 A 生的家，一起同理爸爸討生活的辛苦，以及 A 生為什麼不喜歡回家。導師家訪後說：

「這樣的家其實我片刻也待不了！」我對導師說：「我們家訪的片刻卻是孩子的日常啊！」

導師對 A 生有更多的寬容，與爸爸的溝通漸漸順暢，藉由學校的協助，A 生到住宿型的慈輝班就讀，有了自己的床可睡，有了熱騰騰的三餐可吃，就學穩定了，假日返家，親子的關係漸漸改善。

可以不要再轉學嗎？

剛開學，國二的 B 生帶著轉學單到輔導處辦理轉學報到程序，我們學校已是 B 生第四所就讀的國中。B 生從臺灣南部轉到東部，再轉到北部，搬家是轉學的標準答案，但搬家背後的原因才是關鍵，不尋常的轉學次數，詢問媽媽時，只說因為爸爸換工作，並交代不要告訴別人 B 生在這裡就讀。靜靜地佇立一旁的 B 生脫口而出，我可以不要再轉學嗎？陪同轉學的妹妹，戶口名簿上顯示已經 8 歲，媽媽卻表示還沒到就學年紀。試著關心搬家後 B 生與妹妹的生活適應，委婉地詢問家裡的經濟狀況，理解母親的不安與隱瞞。母親感受到我在意孩子的安全與生活，終於告訴我，因為要躲避討債公司追討債務，不得已不斷搬家與轉學，但每次遷戶籍沒多久就被討債人員找到，妹妹其實應該就讀小學二年級，但是擔心她太小無法自我保護，因此遲遲未入學。

學生學籍是依著戶籍，因此只要知道學生戶籍地便可找到學生就學的學校，為了維護像 B 生一樣情況的孩子就學權益，當時我和其他學校社工師們向教育局倡議，讓躲債家庭的學生能比照保護性個案轉學籍不轉戶籍，經過案例的整理與說明，B 生終於不再轉學，B 生的妹妹也順利入學不再中輟。

不是重複而是唯一

很多人以為學校行事曆每年都差不多，學校社工的工作也應該是年年周而復始不斷重複。但在每個看似重複的學年、相同的學校環境、相似的合作對象（教師、學校行政人員）下，對學生而言，每個新的一年是不同

的，是進入下一個發展階段與下一個年級。

　　社會環境的變遷、教育政策與法規的修定，學生、學校，乃至於家庭結構、家庭成員的改變，使得學生的問題與需求隨之不同。處理家庭暴力、性侵害、性剝削、涉入幫派、藥物濫用、中輟、霸凌（bully）等問題，困難的已不只是問題本身，而是手機功能進步後，增加錄影、拍照、上網與傳輸等功能，多元網路平台分享與轉貼，學生問題與事件除發生當下的呈現外，更被拍攝及傳輸至網路散布，不斷的點閱、轉貼，事件重複呈現與擴散，加深當事人的傷害，也使問題的處理更爲複雜、棘手。身爲一個學校社工師需要站在孩子的角度，與學生面對每一個不同學習與成長階段所遇到的困難與問題，將每個孩子視爲獨立個體；他們的經歷與生命故事都是獨特、不能重來的。

是契機也是挑戰：2011 年

　　學校社會工作制度自 1997 年起以計畫型方案推動，制度及職缺充滿不確定性，直至 2011 年 1 月 12 日三讀修正通過《國民教育法》，第 10 條第 6 項「國民小學及國民中學得視實際需要另置專任專業輔導人員及義務輔導人員若干人，其班級數達 55 班以上者，應至少置專任專業輔導人員 1 人。」臺灣學校社會工作制度方才法制化，有明確人力設置的法源依據，也開啟學校社工的另一挑戰。

　　法制化後給予人力與經費，學校社工師、學校心理師、專任輔導教師同時進入校園。但專業信任與角色認可不能端賴法制化，沒有人應該接受、信任你的專業，不要以爲每個人都願意與期盼和你合作，專業知能與服務成效的展現才能得到學校輔導團隊、跨專業團隊的信任與認可。建立完善的甄選、職前訓練、在職培訓與督導制度是專業人才久任的關鍵，合宜的配置、支援模式是專業團隊合作的基石。

　　在教育體系中，教育局以教育行政爲主體，學校以教師爲主體，無論是學校社會工作聘用、訓練、督導等制度規劃與推動，以及學校社會工

作專業與跨專業合作模式的建立，都需要社會工作專業人員參與及發聲。有實務經驗的我進入教育體系，參與學校社會工作制度規劃與推動，在教育體系中擔任轉譯、溝通的角色。第一線的學校社工夥伴是我在教育體系推動學校社工制度最重要的後盾，每一次的校園危機事件、跨局處個案會議，整理學校社工的工作成果、說明學校社會工作的觀點、行銷學校社會工作的績效，讓教育體系與合作體系夥伴看見學校社工的專業與價值，認可學校社工專業，並配合教育法規的修正，滾動式修正學校社工制度。

一個人的武林得天下又如何

　　社會工作的路上，我認為專業制度的建立與成長，不可或缺的是同儕夥伴的支持與分享，在以社工專業為主體的系統社工專業制度，除了每一位社工各自兢兢業業努力之外，更重要的是社工夥伴彼此專業知能與經驗的分享與支持。孤高的一個人站在那個名為第一的位置上，勝利的喜悅無人分享，那又有什麼意義呢？孤樹，何以成林？共享才能共好。取得服務對象與合作團隊的專業認可，進一步建構跨專業團隊合作與服務模式，學校社工制度的發展正因學校社工夥伴在不同的學校開疆闢土，累積服務成果，分享工作方法與資源，方能在教育體系中樹立社會工作專業的角色，成為學生輔導專業團隊中不可或缺的一員。

再回到第一線：2023 年

　　身心障礙服務是我的社工職涯初始，18 年學校社工經歷是我最愛的社工職涯，看見特殊教育學校社工師的職缺，深深打動我，於是決定再回到實務現場，整合過往身心障礙領域服務與學校社工的經驗，再出發。服務對象雖不同以往，全數是特教學生，但學生與家長對於社會工作的需求卻是不變的。新的學校，跨專業的夥伴更多了，特教老師、臨床心理師、物理治療師、職能治療師、語言治療師，面對新的個案類型、新的議題或突發的事件，新的合作團隊，重新檢視自己所學的「武功」或已準

備的「武器」到底足不足以應付，不斷地斟酌，「再回到學校社工決定對嗎？」「我真的有能力可以勝任現在的工作？」「我的專業能力足以面對現在的服務對象嗎？」再多的檢視與自省，不如行動吧！

如同過往，我會繼續保持工作的動力與投入，看見每個孩子的獨特，與跨專業、跨體系的夥伴合作，陪伴孩子經歷每個唯一、不能重複的學年，讓社會工作成為專業團隊中重要的一員。

站在灑滿暖暖冬陽的學校川堂，看著校園圍牆整排的校樹，我知道一棵樹即便多麼壯大所能遮蔭的範圍也只是一個點，而一片森林所能遮蔭的可能是一整條路，我會努力成長為足以遮風避雨的大樹，和其他人共成一片森林……。

12

早療社工人的專業實踐之路

林幸君 / 中華民國智障者家長總會主任

9 月的初秋時刻，轉換在南北奔波的交通轉乘中，一如往常在靠站時刻打起精神迎接每一場社工職涯任務的準備。我常常笑說在智障者家長團體工作近半甲子，長期和家長相互打氣，與工作團隊倡議激勵的氛圍培養出身心障礙社工固執性格與純真思維，惜緣且珍惜著畢業後第一份工作至今，多年來憑藉阿信特質，努力投入身心障礙社工角色的實踐。

走入助人專業之路

多元對話的經驗吸取中，找到投入身心障礙領域的啟蒙

遙想當年，炎炎夏日，忙碌整理論文最後收尾的修訂，每天跑研究室與指導老師與研究助理對話的機會中，我們共同勉勵鼓起勇氣面對未來的職涯。透過訪談第一線工作者、非營利組織倡議者及行政部門的機會中，開始對於身心障礙領域的多元特性與專業挑戰有著更貼近的關注。加上多場面試過程中聽見無論是家長幹部、社工督導、行政體系幕僚，乃至於使用服務的家屬所傳遞出來的堅持理念，讓自己的職志有了燃起信念的動能，勇敢出發。貴人相助下幸運地紛紛收到職場的善意回應，最終還是得回歸找出自己想投入的第一份工作。幾番考量後，確認選擇每日北上通勤的共通條件外，接下來考量社工專業在組織中的團隊任務，以及期待能有

專業督導引領的目標下，選擇到智障者家長總會成為職場新鮮人。

迎向毅力與耐力的考驗，展開超過 20 年的交通通勤生涯

雖然選擇留在熟悉的臺北持續歷練專業成長機會，但又心裡掛念當時面臨空巢期的家人，因此 AB 型堅持且固執的性格又發作了，默默在早出晚歸中展開每日 12 小時的工作生活與近 3 小時的交通通勤，過程中經歷了大臺北地區捷運斷線、臺鐵信號失常的 3 個月，以及懷孕 10 個月的站立功夫，一直到現在支撐著體力與信心維持的通勤習慣，其實背後最大的支持動力源自於家人的體貼支持與路程中許多智青及家長群組的溫馨問候，我也相信堅持初心是專業助人者的重要信念！

從每次的學習中做好準備，善盡小人物的職責

當年憑藉著一股想呈現身心障礙社工有其發展性的信念，一方面希望所從事的工作能被親友與師長認同專業的社會貢獻；另一方面也期待有機會讓所學貢獻到實務現場工作中。但對於一位只有近一千小時身心障礙領域實習經驗的畢業生來說，除了得更積極在每一次的面試機會中盡力把握從以往志工、實習及研究經驗中，統整出自己可以做好的職前準備外，也感謝恩師熱誠分享身心障礙實務的專業發展目標。從早療個案管理員的角色開始學習，努力把握每一通電話的溝通會談與每一次家訪的紀錄整理；另外提供家庭支持與規劃團體活動時，為了能與講師充分溝通找到共鳴之處，也需要認真學習理解跨專業術語並學習彼此尊重，但又要不忘體現社工專業的觀點，因此每一場的對話都是重新反思自我實踐社工專業的挑戰。

隨著職務角色進階到督導級主管職務，出席會議除了要能摘要發言重點，做好筆記外，還需要即時完成討論紀錄提供管理者參考；另外也需要能維繫跨聯盟間的合作互動、溫和溝通但堅毅態度的體現，所幸當年以圖書館為家整理筆記的習慣、徹夜登打論文訪談逐字稿的經驗，以及長期記錄親子生活日誌等踏實性格的養成，幫助自己能按部就班勝任組織交辦、擔任外聘督導、審閱學生報告或審查評鑑委員角色的職責。

社工專業停看聽

　　社會工作是我當年選填大學志願時的優先排行榜，加上完成資訊管理輔系學分後，體會到相較於未來要面對程式設計與資訊系統的工作，與人的面對面互動交流應該是我更喜歡的職業。之後，經歷了社工研究所 3 年直接服務的實習與個案訪談見習的適應，更確定了投入社會工作的職涯，再加上家人尊重且支持態度的期許下，更能義無反顧投入所好。以下回顧投入社會工作的適應階段，以及努力扎根，為未來專業實踐的準備。

體察社福工作的普世價值

　　社會工作是一門助人的專業，還記得從事早期療育個案管理員時，多數的家長們總熱心地認為我們是愛心的志工，甚至關心我們未來的人生大事，會不會因為看見太多孩子的不完美會害怕生小孩。其實支撐專業工作者角色的不只是專業的自我認同，社會大眾的角色形象認知無形中也深刻影響到邁向專業發展的機會。幸運的，我所工作的家長組織中許多幹部就有睿智遠見者，相信且重視家長與專業缺一不可的合作關係。

找到助人專業的同理支持與陪伴準備

　　身為社會新鮮人的初期，面對慌張求助的家長，我們總得有更多的耐性傾聽父母的心聲，無論是從門診奪門而出手上緊握資源單的主要照顧者，或者是害怕被關注、缺乏社會支持的年輕媽媽，用看待家人的心情一起關心、陪伴及面對，勾勒出我從小聽見媽媽有智慧地處理大家族家務事的印記，父母熱心為鄰里與學生排除生活困境的身教，成為邁入社會工作過程中重要的扎根價值。

學習專業對話過程中的識讀教育

　　社會議題的推動常常需要很多的自我對話與彼此的交流，從對話中尋求核心價值的認同，進而願意貢獻專業協助案主解決面對的困難。學習將

議題轉換成新聞稿、整理議題推動大事記,以及參與社會倡議行動,都是推動議題過程中累積下來的倡議策略。

在智總的工作中,隨著智障者可能面對的法律與醫療議題,透過召開跨領域的諮詢小組,尋求問題處理的專業建議,並在對話過程中取得認同支持的共識,進而回應到各專業系統中持續進行倡議、廣宣或再教育機會,提供社會話題的發酵機會,唯有多些認識、少了排除,才能展現專業自信發聲與學習尊重彼此相互貢獻的效益。

整體回顧,熟練了幾項助人專業的基礎條件,有助於在邁向專業歷程中累積下更多元的協調整合性。

1. 重視人際溝通互動態度與技巧。例如:與服務對象建立信任關係、協助案主權益的價值澄清與問題申訴。

2. 養成整理資訊的技能與習慣。例如:整理資料或查詢資訊的能力、資源網絡的溝通互動技巧、統計資料報表的分析探討、整理會議討論資訊的摘要能力。

3. 呈現方案執行評估與成果分享。易讀化是潮流趨勢,提供給使用者與社會大眾容易參與的方式,有助於增加雙向對話機會,進而延伸或創造出在社會生活情境下的共鳴性。

4. 練習對於公共政策的形成觀察。從個案服務中不只是找到解決問題的方法,更要關注結構因素可能帶來的拉力,影響著議題發展方向的聚焦。

幸運地在家長組織的工作中,有機會可以徵詢到使用者代表的想法,但追求專業實踐的過程中仍不免面對一些社會結構因素的現實挑戰,也嘗試從專業成長過程中找到平衡之道。例如:

1. 人少、事多且經費不足的狀況下,社工專業從行政籌備、執行到核銷往往一手包辦,因此需要培養出工作效能與獨立工作的能力。

2. 從跨專業的合作經驗中要努力找到自己的專業角色與專業定位的發展空間。

3. 從事個案管理工作過程中除了案家問題的解決外,也要重視體制層面

的影響，需要培養出夥伴一家親的合作情誼，著手經營與維繫跨單位間的資源。

4. 在建構資源網絡過程中必須重視發展出使用者與社工間的相互尊重與合作意願，才能擴展出更多資源連結的機會，進而建立起服務模式的累積。

　　最重要的是，要堅持相信每一個人都應該要獲得基本權益維護的保障，把握機會倡議發聲，也持續關切對於社會議題的評論分析，與找到自己價值核心堅持的信念與力量。

邁向實踐專業之路

　　社工專業是一門科學，也是一種藝術。從進入第一份工作至今，回顧多元角色的轉換，從第一線個案管理員努力熟悉所承攬方案的工作事項，透過吸收相關專業訓練課程開始，學習更多社工專業可以發揮的職掌。進入督導階段的初期，從出席會議中觀察學習前輩們成為專家的樣貌，逐步發展出對於專業貢獻內容的自主性思考。成為主管後除了要面對內部人事物的授權管理外，在外部培力專業實踐的階段中，得不斷透過自我對話機會，從探索專業認同中確認願意捍衛更多理念價值的堅持。隨著職涯發展的延續，協助聯盟單位與行政系統相關夥伴延伸出諮詢、顧問、委員等專家形象，最珍惜的任務仍是扮演督導、同儕、家長幹部及案主們的支持夥伴。隨著自主角色的多樣性，努力整合更多學習經驗找出個人風格的特色，善盡本分，做好自己！

發展合作關係及支持個案服務的專業角色必備條件

　　投入專業工作擔任個案管理員的階段，在每一次的家訪與對話過程，努力將所學理論應用於認識服務使用者個人發展週期與任務在生活情境中所面臨的困擾，擴充生態觀點了解身邊重要他人的多元觀點與關切事項，嘗試帶領服務對象看見待克服的生活壓力，嘗試累積服務經驗與專業

基礎，開始統整發展出理念認同且熟悉的專業化評估觀點，作爲引導專業服務方向重點的依據，進而連結資源系統突破和克服議題。多年來，在帶領新進人員或擔任外督的過程中，除了以專家角色協助提供專業見解，指引出待解決事項與提醒面對議題外，也提醒需要從多元系統觀點發展出對於微視個人、中視社群與鉅視政策的需求評估分析，並動員內外在資源連結合作的改變成效，引導合作夥伴走入生活處境實況與環境因子的對話中。從這些實務經驗的交流互動中，發現了身爲個案工作者的風格與特質：

1. 喜歡與人互動與分享生命經驗。
2. 願意且敢去家訪，對於家庭成員的互動溝通與家庭動力有敏察力。
3. 具備從談話中找出分析觀點的經驗，能從討論過程中學習觀察身心狀態。
4. 不害怕寫紀錄，能發展出個人撰寫服務紀錄或成果報告的優勢。
5. 努力耕耘經驗的累積與技能的提升，能找出自我在團隊中的專業特色。

　　另外，個案討論的過程中若面臨跨域合作時，過往較聚焦在釐清每個單位的權責功能與建立分工模式的討論，討論議題以問題解決的突破或資源遞補的開發爲主要目標。然而，近年來面對智能障礙者母親育兒議題，過往普世觀點的印象中認爲障礙母親是親職功能不佳的照顧者，專業觀點容易著力於找到補充角色或替代性資源，以降低照顧風險或提升照顧品質，但忽略了相信障礙者也有爲人父母的權益與機會。若能在陪伴過程中不僅是關心限制與問題，看見人的角色與價值，回歸從夥伴關係和服務對象找到生活努力的目標，以及重視成爲父母的公平機會，或許更能客觀看見服務使用者的生活想望，與支持每一位服務對象在生命中發揮多元社會角色的實踐機會。

從事倡議工作的準備態度與捍衛正義的起步與堅持

　　社會工作所強調的社會正義原則奠基於保障服務對象的生活權益，除了捍衛基本生存權與權益維護外，也需要考量服務對象日常生活面向與生

態因素影響下的變動性，因此關心社會整體脈動發展趨勢與社會福利議題之間的關聯性有其重要性。此外，服務的提供須同時關注直接與間接服務的介入面，強調個別化與生涯發展銜接性的需求回應。從倡議團體的服務經驗也較常以動員各方經驗或資源以回應法源依據，發揮相關單位的權責任務，以達到問題的處理或需求的回應為使命，因此強調政府與民間夥伴關係的合作，落實使用者代表與提供者權責義務的對話。進而在面對跨專業、跨領域、跨行政系統的實務挑戰下促成資源整合的機會，將有助於發揮以下專業角色的機會：

1. 勇於接受挑戰，具備能接受改變的習慣，或曾經有經歷不同處理事情方法的正向經驗。
2. 願意捍衛公平正義的實踐，一路澄清自我價值理念。
3. 磨合團隊工作默契，但勇於表達自己專業的任務。
4. 接納、同理及體諒服務使用者生活上的困擾，表明願意陪伴支持的專業承諾與付諸行動，堅持下去。
5. 能與更多社群主動分享看見改變的成果。

合作的影響：永不放棄的堅持

隨著專業角色的精進，扮演資深社工過程中，面對發展專業過程中面臨的課題與挑戰，例如：自我認同的迷失、找不到回饋與信心、缺乏同儕夥伴相互激勵、支持度過低。成為督導初期，雖有口頭期許，但未有正式清楚的權責歸屬，影響團隊合作的認同感，也曾經經歷了代理重大任務中匆促上手，面臨多重壓力；另外，也因為缺乏被督導支持的參照經驗，在自我摸索中緊張前進；成為督導角色外，開始經歷與品嘗同儕關係改變過程中權威與權力角色的改變，也面對管理角色要進行工作回饋評核時欠缺檢視標準，失去須沉澱轉換與內化機會的累積。因此，身兼行政主管與專業督導任務時，除了專業知能與技術的精進發展外，協助助人專業者找到自我專業角色的認同與檢視自我成長課題，尤其成為兼職的專家支持身分後，我更提醒自己抱持開放態度來經營專業界線的拿捏，例如：

1. 發展出令人安心、放心的情感投入。
2. 尊重彼此的觀點，願意開放交流同理經驗。
3. 回顧曾經接受的正面及負面的督導經驗。如哪些是你期待表現的？哪些是你避免重蹈覆轍的。
4. 抱持健康態度，同理受督導者的複雜感受。
5. 等候但不遺棄，陪伴自我整合的過程。
6. 面對無法掌控的結果，須面對專業角色有限。

　　整體來說，社工專業的發展歷程需要有反思與回饋的領悟，從觀察與互動過程中找到合適自己的風格與相處自在的方式，保持認真學習的機會，才能有更多統整性經驗的深化。

專業外的生活話題 ── 給社工人的自我激勵

　　堅持在社會工作領域中，除了自我的專業成長興趣外，組織督導給予的多元嘗試機會也是累積持續自我成長很大的動力。而恩師周月清老師所體現認真用功累積專業知識，傾聽使用者聲音與捍衛平權觀點，深深影響我自我激勵保持動能持續前進。回到母校兼職課程的過程中，更有使命感帶領年輕學子體會社會福利與自己生活的連結，希望培力出更多元接納社會的公民素養。長達 30 年在社工職涯發展的空間中家人體諒支持、孩子體貼提醒，以及原生家庭父母相信人性的慈善身教，支持我善盡社會角色與人同行的機會。

　　我一直相信助人專業的先決條件是為自己尋求在生命中的支持系統，相信是一股力量！另外，對於穩定工作較資深的工作夥伴除了致力於勝任方案執行與提升服務成效外，未來在培力或累積學理應用的統整能力上也可以繼續再努力發揮。

13

改變眞的不是一件容易的事

畢國蓮／財團法人天主教福利會安置主任督導

入行的背景

故事好像都是這樣開頭的……。我家有五個人，爸爸、媽媽、姊姊、弟弟以及我。在我讀小學時，母親就擔任我小學的義工媽媽，直到我念大學她依然擔任志工；而在平常生活中的她也是一位鄰居們口中熱心助人的好人。或許是受到母親的影響，當我念高中時我所參與的社團也是以服務性質爲主的社團。假日我們會跟著學姐們在街頭義賣，平日的晚上我們會輪流去兩間不同的育幼院課輔，或許因此埋下了第一顆社工魂種子。

在決定大學要念哪一所科系時，我也毅然決然的填上社會工作系！上了大學後，我仍然繼續參加服務性社團，寒暑假到偏鄉辦營隊活動，同時透過系上課程的規劃，也在校外參與地方法院觀護人大專輔導員的志工工作。我常想並不是自己有多大的助人情操，反而是在高中、大學的求學階段中，每每與這群孩子、青少年相處，常常在他們身上看到許多感動，同時他們也教了我許多東西，有些是新的觀念（我跟社會最新資訊的連結大概都是來自這些正青春的少年）、有些是挫折（被青少年莫名的排擠、被小孩推倒在地上演起多爾滾等，這些都讓我從挫折中學會成長）、有些是純眞的本質（直接告白說「好久才來看我們，我會很想念你們耶！」）。

大學擔任觀護人輔導員時，我負責一位因吸食強力膠而被保護管束的

少年，因著幾次陪他與父親談話的過程，讓我更深刻的體認一件事，「改變」的確是一件不容易的事。雖然過程中我們都會期待某些改變的發生，但不代表我有能力或是權力讓它發生，我所能做的僅是一種「陪伴」和「支持」的工作。我一直深信一個人在其人生的路上，一定會有某些「改變」的發生，或許我不會親眼看見，但是若在他需要有人支持他時，的確也出現了那個人，則無形中便增加了改變的力量。這樣的想法也一直支持著我開始從事社會工作，尤其是當我在遇到低潮或是工作倦怠時，這樣的信念是讓我繼續向前走的力量之一。

準備成為社工

大學畢業後，我的第一份工作是在縣市社會局的青少年中心，主要的工作內容是提供青少年服務的諮詢工作、保護安置工作和性交易（亦即現在的性剝削）少女的陪同偵訊等。沒多久為了因應縣市社會福利社區化的趨勢，我的工作也跟著調整，從原本青少年領域的「個案工作」，轉為以「社區」為服務對象的工作，服務的對象包含老人、身心障礙者、婦女、兒童及少年，工作方式除了個案工作，也包含方案的推動以及志工的培訓等。在第一份工作中，我感覺自己似乎可以運用在學校時老師們所教導的知識理論，因此在個案工作的報告或是社區活動的辦理大致上都適應得不錯。

大約服務一年半後轉至其他縣市的家庭暴力暨性侵害防治中心擔任兒童少年保護組的工作，此份工作的組織和制度較為健全，工作內容也有專責的分工，期間更參加許多的在職訓練與個督、團督等，因此在實務工作上也覺得自己的專業知能有所成長。然而越深入保護性工作時，我也感受到一陣一陣的挫敗感不斷地湧現，有時候是來自午夜夢迴時突然想到「如果我那時候跟○○○這樣說……，會不會比較好呢？」一股深深的自責讓自己很懊惱。然後另一種更深的無力感則是來自網絡間的合作，進而對整個兒少保護體制及政策的怨懟。

　　曾經我在一個星期內為了一個兒少保護安置兒童來回花蓮 3 次，而這個孩子在我接手後已經轉換過至少 4-5 次的安置環境，讓初為兒少保護社工的我深深覺得，這個受到父母親虐待的孩子，在原生家庭中已經受到最親密的家人對其生理和心理方面直接傷害，當我拿著政府的令旗強制介入處理時，決定將他帶離家中，原本是基於兒童保護的立場，但卻因為服務後送資源的不足或是提供不適當的服務，似乎對這個孩子的心理又再度造成二度傷害。當然更多時候，我其實是不知道這樣的服務提供，對其未來的生活所造成的影響又將是哪些？因此我覺得自己在社工的專業上實在有好多的不足及欠缺，也在那段期間重新整理自己的狀態後，決定重返學校念研究所。

如何成為稱職的社工人

　　在念研究所的期間，我為自己設定的研究方向是「兒少安置」，起心動念是因為對這些被安置的兒少保護個案有深深的不捨及愧疚。於是我試著努力把這三年半的實務工作經驗做一些整理，也翻閱國外相關的文獻，讓自己可以有邏輯、有架構的去歸納或分析我的工作經驗，試圖把我在實務工作中的技術層面及障礙概念化，以便把自己的視野開拓，更從整個社會制度去思考如何解決實務工作中所面對的困境。我的論文題目是「歷經長期機構安置的兒少保護個案結案後的生活經驗初探」。

　　至今我還是兒少安置機構工作的一員，除了把我帶入研究生涯的那些保護個案外，在我做論文研究時訪問的 6 位安置兒少對我有很大的影響。因為聽著這些孩子們（雖然他們都已經滿 18 歲了）侃侃而談他們的家庭狀況、安置經驗及目前的生活時，我發現自己是坐立難安的，當我聽著他們在敘述目前的生活狀況時，不管他們最後都告訴我「克服困難」、「走過來了」、「熬過去」、「靠自己的力量」等話語，我還是感受到在這些話背後所嚐盡的人情冷暖與辛酸，我其實是非常不捨的，我總是在心中數算著 18 歲的我那時在幹嘛？當時 30 歲的我又在做什麼？儘管我在外面遭

受多大的挫折與風雨，回家後一切都有了遮蔽。那為什麼他們要承受這樣的生活呢？

社工生涯印象最深刻的經驗

　　研究所畢業後一年，我正式進入兒少安置領域工作。記得我在面試的時候，機構的總督導問我之前都是在公部門工作，準備好進入民間單位嗎？我那時跟督導說了我在上一份工作時，與一群兒少保護同事心中有一個夢想的「小花之家」，可以讓身心受到創傷的孩子在小花之家安心穩定的生活長大，在那裡他們可以重新感受被愛、被修復受傷的關係。督導說：如果妳可以寫得出方案來，那我們一起做。於是這一待，執筆寫這篇文章時，我已經在機構第 16 個年頭了，現在還是進行式！在實務領域裡，當我說我在兒少安置機構工作時，問了年資，對方會接著說：「哇！這麼久呀！妳知道在兒少安置機構做社工一年可以抵 3 年耶！妳怎麼可以待這麼久呀？」我也常想我是如何被留下在這裡的？

　　有一個孩子，我曾經是他家防中心的主責社工，他經歷了幾任社工，也轉換了至少九個安置處所（包括寄養家庭與少觀所），而我工作的機構正是他最後一間兒少安置處所。我一直在想是怎樣的機構可以接納這個孩子？原因無他，真的是因為「愛」！但這份愛很不容易，他需要整個團隊有共同的信念及使命，因為要獲得孩子的信任很不容易，孩子會透過各式各樣的偏差行為來試驗你，也會不斷地用言語刺傷你為他付出的關心，如果在機構工作時你一個人單打獨鬥，很快的你會被打敗，帶著一顆受傷的心逃離。但當整個機構所有的人，不論是社工、生輔員，或是擔任行政庶務的工作人員，還有機構的核心領導者，決定動用整個村莊的力量來重新養育這個孩子時，這個孩子就真的有機會再一次長大！然而也不是每次在面對這些困難個案挑戰大人的極限時，機構中的每一位工作者都能走過關卡。

　　有一次一個才小學三年級的孩子，他高張的情緒伴隨而來的強烈攻擊

行爲讓每一位照顧他的同仁屢屢感受到心疲力盡，每一次我們團隊都用盡各式各樣的努力及資源化險爲夷。但還是有一位照顧者提出了質疑？他問我們已經這麼包容這個孩子了，他還是一直出現同樣的行爲，難道我們不能讓他轉到下一個機構嗎？當時我的督導是如此回應，她說：

> 這孩子曾經受過的傷害都不是我們任何一個大人曾經遭受過的，即使我們看似一次次接納他的挑戰行爲，對他來說或許還無法感受到足夠的安全感——相信自己不會再被拋棄。如果我們還能夠照顧他，那我們就需要再繼續堅持下去，因爲他的輝煌事蹟也不見得可以順利找到下一個安置處所，即使找到了，下一個機構需要花更長的時間來修復這個孩子的創傷。但是我們工作人員相較這個孩子是有優勢的，我們可以選擇我要離開機構，而且我也有能力在離開機構後好好的生活。但我們（機構主管）要好好的處理工作人員在這份工作上所受的傷，千萬不要讓同仁帶著傷離開，因爲他會對這份工作失望。即使最後選擇離開，也要知道我們是因爲有能力才選擇離開，可以讓自己先休息一下，因爲這些孩子真的很困難，不是我們不夠好所以才離開。

在這裡，我不僅感受到我的主管對於這些困難安置兒少的無條件接納，更讓我感受到是真心對待每一位同仁，也不斷地實踐所謂的「賦權／充權」（empowerment）。

學校老師沒教的一堂課

回到社工教育的現場，還記得寫論文時曾經看過一本書《教授爲什麼沒告訴我》，出社會後也流行著這麼一句話「學校老師沒教的一堂課」。感覺是要訴說工作後才發現你可能需要的東西，是念書時老師沒有教到的，因此才會如此的辛苦，或是透過工作你才能真實的體悟一些道理！但

我卻沒有這樣的感受，或許社工系是我的第一志願，因此大學時我也很認真的在每堂課程裡努力的吸收知識（但不代表著我沒翹過課喔！）。然後工作一段時間後再回去念研究所，又是帶著我對實務工作上的困惑，所以每當看國外文獻時，儘管面對艱澀的語言文法我還是埋頭苦讀，對於新的知識或是理解不同國家的政策作法時心中是感受到雀躍的。也因為如此，我深深覺得「教育」是很重要的，「師者，所以傳道、受業、解惑也。」但社會工作是一門藝術，是一門助人的專業，所以知識理論的基礎很重要，課堂中的演練以及實習也很需要，這些都能奠定我們成為一個專業社工的基礎配備。

但有一個特別的課程內容，沒有被列為一門課，對我來說卻是非常重要的。這門課是──老師的身教。我一直很感謝我在大學及研究所的三位老師，他們各自在社工不同的領域裡都是受人敬重的老師，她們是鄭麗珍老師、楊培珊老師以及陳毓文老師。對我而言，她們不僅在社工專業有厚實的學術研究，也對社工實務工作有扎根的經驗，然而身為學生的我從未感受到她們的驕傲，反而是更多謙卑的態度，以及對學生們無條件的接納，這份接納是持續不斷的，即使我畢業許久，當我在工作中、生活中，甚至是家庭關係裡發生問題、出現低潮時，她們都非常的願意傾聽我的聲音，陪伴我、支持我。若我在社工生涯中，也曾經讓接受我服務的案主感受到我願意聆聽及陪伴他們走過生命的低谷，我想那是因為我在老師身上感受到這些，我受到這份深刻的影響，因此我也成為這樣的助人者。

給社工人的一段話

最後，我也很想分享一段話給想踏入「兒少安置」領域的社工，或是正在閱讀此篇的每一位。安置是兒少保護的最後一道防線，會來到安置機構中的每一位孩子背後總會有那麼一段艱難的歷程，不論你認識他時，他是張牙舞爪亦或是躲在牆角，那都是因為他們受傷了，他們其實不想成為那樣的自己！但「改變」真的是不容易的事，想想此刻的你是不是也有一

些習慣好難改變呢？所以我們所能做的僅是一種「陪伴」和「支持」的工作，或許在陪伴的過程中，我們無法看見他的改變，但若在他需要有人支持他時，的確也剛好出現了那個人，則無形中一定會增加改變的力量。願你我都能成爲他們生命中的「那個人」！

14

從白衣天使到社工人

黃錦鳳／臺南市私立天主教美善社會福利基金會執行長

第一個夢想 —— 白衣天使

護理工作是我最初的職業選擇。記得 18 歲時的護士節前夕，在學校的禮堂裡接受校方為前去醫院實習的我們舉行加冠典禮時，我們謹慎地宣誓：「余謹以至誠，於上帝及會眾面前宣誓，終身純潔，忠貞職守，盡力提高護理專業標準……。」當時心中暗暗期許自己，能如南丁格爾一樣秉持愛與關懷，幫助受苦的病患。護校畢業後又至護專就讀，以精進護理知能。

眼看距離白衣天使的夢想越來越近，但想上大學的渴望卻越來越強烈。於是在護專畢業、取得護理師證照同時也去考插大。選擇科系時，腦海中湧現一幕影像，在醫院實習時，看到社工們對病人及家屬的服務，心生感動，原來醫病外，也需要陪伴與資源介入的支持！自我評估本身特質也適合與人有連結的工作，決定以社會工作為目標！進入東海大學社會學系夜間部就讀後，白天跨系選修社工系的課程，也利用暑假期間去醫院當職代護理師，打工賺取生活費之外也維繫既有的護理知能。3 年後順利取得社會學學士學位，戴上方帽子。

從職校體制一路考試，才得以完成就讀一般大學的夢想，我想這是自己能堅定目標往前走的成果。

大學畢業後依生涯規劃，圓第一個夢想，到醫院任內科加護病房護理師。在加護病房工作，每天離死亡很近，或許當時太年輕，每送走一位病人內心總是很失落，有時還帶著自責、內疚。在屆滿一年時，照顧的老奶奶在急救半小時後宣告不治，做完臨終護理、送走她後，我的情緒再度崩潰！於自忖難以再承受之下萌生去意，提早進入第二個職業——社工。

我是社工師——從「問號」到「驚嘆號」

1995 年時期，社會學系可以從事社工職務，醫療社工是我的第一選項，但社會學系只算是社工系的相關科系，想進入醫院很困難。多次失敗後，轉而朝社福領域努力，終於得到第一份社工職務——育幼院社工。

這是一所剛成立的兒少住宿型安置機構，收托對象是 0 到 18 歲遭遇不幸的兒童及少年。院生因被遺棄、疏忽、虐待、父母入監服刑、被性侵等因素被安置。我這個新手社工遇見他們，每日 24 小時的交集，碰撞出生命中非常特殊的火花。

第一年在育幼院的工作讓我懷疑自己是不是「社工」？我的第一位案主是三個月大的棄嬰，父不詳，媽媽是精神障礙者，家人收到社會局社工通知後，決定交給社會局辦理出養，因此寶寶先安置在育幼院。我曾在嬰兒房實習過，對照顧嬰兒有把握，但從社會局社工手上接下孩子時，自問身為社工的自己，接下來我該做什麼？能做什麼？

育幼院成立之初，院裡僅有副院長和我，二人在電腦桌前處理公務時，也邊泡牛奶、換尿片照顧寶寶。外出洽公的項目之一是依循嬰兒健康手冊時間表，帶著寶寶去衛生所打預防針。之後陸續有學前、學齡、青少年的服務對象入住，這時我的工作角色又增添有廚房媽媽、教保老師、課後輔導老師……等頭銜。當然這些都是草創初期為了節省人力所分擔的職務代理工作，在收托人數增加，工作人員也增加後，就各司其職了。

擔任 3 年多的兒少安置機構社工期間，所面臨的內心掙扎除了「社工本職外的多元工作內容」與「人力不足增加輪值夜班的不佳勞動條件」這

二項之外，更大的專業挑戰是這些不幸兒少的心理及行為輔導。這對於剛踏入社工職場的我來說，面對這群缺乏愛的孩子，說謊、爭吵、打架、偷竊、逃學、逃院⋯⋯等問題行為的處理，挫敗經驗多於成功經驗，當時沒有打退堂鼓的最大原因，是我看見這些遍體鱗傷孩子的需求，我願意陪伴他們、給予最基本的人身安全。

在和孩子們朝夕相處的日子裡，我找到助人工作的價值，獲得工作上的成就感，印證了德蕾莎修女說的一句話：「愛，就是在別人的需要上，看到自己的責任。」我們為自己所選擇的工作賦予意義，有貢獻、有歸屬感，就能對這份工作產生熱忱，持續走下去！

有了第一份兒少社工的服務經驗，接著我又順利跨入身心障礙福利服務領域，不同領域有不同的專業服務，我得重新學習。除了組織內主管的帶領與前輩同事的分享外，同時積極參加研習進修，從實務經驗中逐漸了解心智障礙朋友及其家庭的需求，為他們連結相關資源，解決所遭遇的困難。

2001 年，順利通過了社工師考試，正式取得社工資格，讓自己更加堅信：我要成為一位專業助人的社工師！雖然不是社工本科系出身，但對於社工的專業教育中少了「社工誓言」覺得頗為可惜。社工師有專業倫理守則，也建立完善實習制度，假如在踏出校門實習前，能有一場如醫師及護理師宣誓的儀式，是否會增強莘莘學子對社工專業的使命感呢？

跨專業溝通協調

每個人或多或少都應培養一些休閒興趣，用於豐富生活或打發時間都行。我在懷孕期間學習「打毛衣」，一棒一棒串聯起一段一段的毛線，雖然最後沒有達成織一件小背心的目標，但也成功織了二頂帽子。

打毛衣的編織過程，猶如身心障礙領域社工的跨專業溝通協調工作。毛線縱橫複雜的交錯織法，就像社工需要與不同專業人員合作，有醫師、護理師、職能治療師、物理治療師、語言治療師、營養師、心理

師、教保員等，社工都是很重要的溝通協調者，須將各方意見整合彙整給服務對象及其家屬，要具備良好的整合協調能力，才能由各專業的點到織成線，再成為面（成品），為服務對象擬定全方位、具體可行的最佳處遇策略。

在各個專業本位主義間磨合與協商，是具有挑戰性的，更考驗社工跨領域的協調能力，該如何與各專業人員間建立良好的互動關係，更是有助於資源的取得。一位處處散發服務熱忱與專業的社工，就足以令人感受助人工作的良善，自然也形成正向專業團隊合作的工作氛圍。

團隊合作以群策群力

非洲諺語：「一個人走得快，一群人走得遠。」正可說明團隊合作的重要性。任何職場都強調團隊合作的重要性，尤其助人工作更是需要一群人一起努力。社會工作的三大工作方法：個案、團體及社區，都需要與資源連結單位群策群力，才能朝共同的目標前進，基本上能力好但不擅與團隊工作的人終究是孤單的。

初入職場時要先做好份內工作，再處理人際關係；當晉升到中階主管時，除了把事做好，並且要具備待人接物、建立信任與合作關係的能力，才能把團隊帶好；而有機會擔任高階主管時，更要期許自己果斷做事、用心帶人、具宏觀視野與策略性思維。在社福領域需要能團隊合作的工作者，這才是服務對象、同事及組織的重要人才。

神父與唐寶寶的生存權

來自瑞士的吳道遠神父（Fr. Hugo Peter）是一位宗教家也是哲學家。我和這位外籍神父共事 20 多年來，深刻體會助人工作真正受惠最多的是自己，每一位受助者都是協助自己成長的人生導師。

記得在早療中心服務時，陪伴一位育有唐寶寶的媽媽，她擔心有可

能因基因問題而會生出第二個遲緩兒，面臨是否要再生一個孩子的兩難抉擇。神父得知我的困擾，提醒要尊重每一個生命存在的意義，不要將優生學視為理所當然！這段經歷如無形的力量，支持著我在早療服務路上的信念——尊重每一個生命！也讓自己多年後懷孕時，不再過度擔憂寶寶的健康，而是多了祝福與期待。

在早療社會工作中，這樣的生存權觀點，同時挑戰著唐氏症篩檢的議題。英國唐氏症者海蒂‧克勞特（Heidi Crowter）曾提出捍衛唐氏症者生存權的倡議——「不要把我們篩掉！」（Don't Screen Us Out!）每當自己服務一個又一個家有唐寶寶的早療家庭時，心中總是遵循吳神父期待大家落實的使命：「社會的多樣性如同大自然生物的多樣性，均是來自上天的祝福。我們要將『尊嚴～讓人人擁有』落實於服務上，並把服務的觸角，擴張至在地生活社區裡，讓更多的人感覺到被接納和尊重的喜悅，藉由更多的社會參與，活出有愛的生命故事。」

身心障礙福利倡議——「反倒退求生存」

在瑞復益智中心與身心障礙者家庭工作的過程中，遇見許多值得敬佩的父母，也看見父母堅韌的心，是身心障礙孩子永遠的支持力量！每次在推薦照顧身心障礙者的模範母親或父親時，總有機會陪著他們把照顧的心路歷程，藉由推薦函將故事說給社會大眾明瞭；也藉由媒體報導讓民眾能體會，家有特殊孩子所必須一輩子承擔的生活壓力與困境，這對社工而言也是最好的社會倡議工作。

在 2002 年 5 月 10 日，有機會到臺北，在立法院參與人生中第一場抗議活動，由中華民國智障者家長總會所發起的「反倒退求生存」，主要訴求是抗議政府預計提高身心障礙補助費的資格門檻，例如：新增動產 200 萬元及不動產 650 萬元的限制，如此會影響有些家庭因為新制而無法獲得政府補助款，增加經濟負擔。

因此，智總號召全臺的身心障礙團體與機構一起出席抗議，遞交陳

情書，終於獲得政府善意的回應。雖然只有短短一日，對於第一線社工而言，那種與服務使用者家庭攜手揮汗呼口號的經歷，此生難忘，也為助人工作留下深刻的成功經驗。這段活動記事也被記載在一位育有心智障礙者的勇者媽媽——陳節如女士所寫的《為愛，竭盡所能》一書中。

心智障礙者自我倡導

在多年的身心障礙服務工作中，經常秉持著最重要的核心價值：社工首先應看到的是「人」而非「障礙」，協助他們為自己的權利發聲，才能真正令其擁有尊嚴的生活。

從1997年我國《身心障礙者保護法》通過，到2006年聯合國通過《身心障礙者權利公約》（Convention on the Rights of Persons with Disabilities, CRPD），再到2007年《身心障礙者保護法》修正為《身心障礙者權益保障法》，整個心智障礙專業服務發展有了重大改變，將服務計畫主導權逐漸交還給服務使用者，社工角色成為「協助者」，藉由各式充權策略，讓發言權回到心智障礙者身上。

這樣的服務翻轉，發生在現階段機構與社區式日間服務每天的日常生活中，從支持他們能自我選擇、自我決定到自我負責，社工的專業服務也更往前邁進一大步。在美善基金會的小作所服務中，服務對象可以直呼教保員與社工的名字，教保員與社工不再把服務對象稱為「案主」，而是以服務使用者或服務對象，直呼其名，亦師亦友的關係，用生命陪伴生命，彼此共好，專業助人關係也展現出不同樣貌。

「老子」的思想與智慧

身為社工人，要很清楚自己的優勢與弱勢及克服挫折的信念。不論在一線助人工作或二線行政管理職，都需要運用溝通協調技巧。我很喜歡「老子」的哲學思想，老子《道德經》第七十八章：「天下莫柔弱於水，

而攻堅強者莫之能勝，其無以易之。」是我奉行的圭臬。天底下的東西，沒有比水更柔弱了，但是能攻堅克強的東西卻不能勝過水，因為無法改變水的屬性。具備「復原力」的人才是堅強，只要懂得柔軟，無論遇到什麼困難，即使感到挫折也能立刻恢復原狀。堅強的人因為有「復原力」所以能夠重新振作。「復原力」是接納困難，利用反作用力再繼續往前走，也就是讓自己有暫時休息的「充電時間」（田口佳史著，卓惠娟譯，2016）。舉例來說：安排一場療癒自己的旅行、看場電影、舞台劇、追劇、讓自己運動暴汗、打掃做家事等，經過這些充電時間，讓自己恢復平常心。

助人工作者經常背負著服務對象及其家庭需要協助的弱勢困境，服務過程也伴隨許多壓力，當面臨失敗經驗或困難時，真的要把自己的「心」照顧好，盡早使用復原力讓自己堅強面對困境，才不會輕言放棄社會工作。

正向思考是一道光

在管理者的職務上，經常要處理組織內的人事或者服務對象、家屬、政府部門的意見反映。處理期間，總覺得自己像掉入黑暗的山洞中，無助、焦慮、沮喪、懷疑，擔心哪個環節思考不夠周密。而正向思考就是我黑暗的日子中，在山洞口出現的一道光！我選擇運用它幫助我克服這些負面情緒，迎接每一個挑戰。

在我們一生當中，會遇到形形色色的人，與你友善的人，是你的助力與人生養分；與你衝突的人，也須視為成長的挑戰，會為你帶來不同的思考與逆境養分。這樣的觀點，透過自我暗示，內化成為你的思考模式，也影響你能正向面對挑戰與挫折。最終，你將成為一位樂觀積極的人！

參考文獻

陳節如口述，陳昭如執筆（2017）。**為愛，竭盡所能 —— 弱勢權益推手陳節如的奮戰之路**。臺北：圓神。

田口佳史著（2016）。**示弱的勇氣 —— 老子教你學會真正的堅強**（卓惠娟譯）。新北：野人。

15

漫漫長（彳尢ˊ）路、慢慢長（业尢ˇ）路

劉瓊芬／財團法人天主教臺南市私立蘆葦啟智中心組長

入行在茫然中選擇

回首將屆 20 年的社工路，靜下來思考 20 年前的自己爲何選擇踏入社工這條路？其實也沒有什麼遠大夢想，反之更貼近事實的絕對因素是「因爲念了社工」。

當年在選擇就讀科系時，說是興趣嗎？這問題至今可能還是沒有明確答案。因當時都還沒有任何的接觸與了解，又何來興趣可言！當年僅單純抱持著好奇的心做了這個決定，而雖然家人表面不說，但藉由親戚間的言談中透露出，這個決定引起家人無限的想像，更在想像中伴隨著許多焦慮與擔憂，因爲「什麼是社工？以後找得到工作嗎？工作是有薪水的嗎？是要去奉獻的嗎？要去管別人家的事嗎？」許許多多的不了解與揣測不斷蔓延與發酵，而我針對這些擔憂與疑慮，也無法給出一個說詞或答案。雖然這些擔憂在當時無法有一個令他們安心的回應，但家人仍舊尊重我的決定，更或者是也無法改變我的決定，進而就這麼看似順其自然地踏上了社工這條路。

在 4 年的大學教育中，更是在懵懂中學習。課堂中老師用心準備和努力分享的案例，對一個處於 20 歲階段的我而言，除非案件夠驚悚與特殊，否則也似乎很難想像到底發了什麼事。然而走著走著，就這麼進入

第 3 年,也就是每位社工人開始與寒暑假告別的時候。實習猶如社工人的「做十六歲」[1],開始進入模擬戰場體驗作戰,就這麼茫、盲、忙的過完了 1,400 多個日子。

成為社工人 —— 在懵懂中自決

　　準備結束學生身分時,4 年前家人的種種擔憂持續掛放在心中。因此我告訴自己,此時要讓彼此都能夠安心的方法就是,從學生身分轉換為社會新鮮人時必須順利的找到工作,讓自己的生涯能夠無縫接軌,至少能先回應「以後找得到工作嗎?工作是有薪水的嗎?」這兩大魔王。因此,在結束學業前三個月,啟動求職之務。然而,社會工作領域多元,為何會投入在身心障礙領域中,其原因也相當單純,唯因個人對身心障礙中的精神障礙人群感興趣。起初興趣焦點乃專注於,對精神障礙疾病而出現的各種表現與特質的好奇,而這樣的想法也引起家人第二波的擔心。而這次的擔心不再隱隱發酵,更多了一些顯見的反對聲浪,到此想必不用多說,多少可猜測擔憂與反對的原因:「什麼不選,你選擇要去接觸精神障礙者?不危險嗎?這樣好嗎?」感性上來說,因為是家人,所以我知道反對的背後

1　編者按:「做十六歲」是臺灣民間的成年禮。每逢農曆 7 月 7 日「七娘媽」生辰,家中有未滿 16 歲的兒童,必須參與祭拜,以祈求平安成長。家中有兒童年滿 16 歲當年,在七夕的數天前就要開始準備各項牲禮、油飯、四果、麵線及紅龜粿等;不同於一般祭拜神明的是,祭拜七娘媽會另外準備鏡子、梳子、胭脂、針線及香水等女妝用具,還有鳳仙花、雞冠花、圓仔花、樹蘭、玉蘭等妝扮花朵。儀式進行時,「做十六歲」者先祭拜織女後,由七娘媽亭下匍匐鑽過去,男孩起身後由左邊繞 3 圈,女孩由右邊繞 3 圈,代表「出婆姐間」。「婆姐」相傳是「臨水夫人」的女婢,幫忙照顧兒童長大。「出婆姐間」意指兒童已經長大成人。最後再把「七娘媽亭」焚燒獻給七娘媽居住。「七娘媽亭」以竹片和紙糊成,高約 1 公尺,繪製五顏六色,頗為華麗。「做十六歲」當天,孩子的外公、外婆須贈送新衣、鞋帽、項練、手錶、腳踏車等,表示祝賀嫁出去的女兒的孩子已經長大成人。「做十六歲」儀式可以在家進行,或是到有主祀「七娘媽」的廟宇參加集體儀式。

是帶著許多擔憂；理性面而言，這當中是帶著對精神障礙者深深的歧視，而所有的歧視也都來自於不了解及刻板印象所致，因此當時的我在聽見反對聲音時，採取二不政策，即為不反抗、不妥協。我相信，在真正踏入職場後，若能更清楚具體分享自己的工作內容，自然能夠促使家人漸漸一起看見精神障礙者的樣貌，進而放下心中的憂慮及不了解而產生的恐懼，畢竟 99% 的恐懼大多來自自己的想像。

正式進入職場後，實然對我產生一場震撼教育。震撼我的不是這群精神障礙朋友，震撼我的是印入眼簾看似新穎的建築，當中卻是層層關卡，在每位工作人員身上則配有一串通往各關卡的自由之鑰；震撼我的是眼前不論生理性別，大家都頂著一頭相當清涼的小平頭，而我只能從生理特徵及團體服顏色區辨性別；震撼我的是在這當中有一百多人共同生活著，在共生的硬體環境中，每天彷彿都進到另一個世界當中；震撼我的是「自己選擇，自己負責」，因此當時的我不能打退堂鼓。然而，日子也飛快的過了 2 年，在那 2 年中我看見及體會許多的人生與家庭百態，時而服務對象會透過言語告訴你、透過眼神傳達給你：社工我想回家；更時而會有家屬殷切祈求地說：平靜日子得來不易，千萬不能讓他／她回家。然而身為社工的我，我該踩在哪一條線上？我該如何判斷？我又該怎麼做？當一方的平衡可能產生另一方的失衡時，我的案主又將是誰？

結束與全日型安置機構的緣分後，有幸的如自己所願，無縫接軌順利的進入身心障礙日間機構服務，機構內服務族群雖以心智障礙朋友為主，然因與公部門的合作，除原機構內這群心智障礙朋友及家庭外，也可接觸到在社區中各障別的身心障礙家庭。在許多障礙者及其家庭中看見，從孩子一出生知道是障礙者後，所需面臨的挑戰與困難，是投入諸多有形資源都無法全然解決的挑戰。因此，也在過程中時而須提醒自己，社會工作就是關注一個人從出生到死亡的一項使命，在對個體的關注中，也必須看見與思考主要照顧者的立場。

二個職場占據了我社工職涯 6 千多個日子，過程中也曾身處在疲憊與倦怠的風暴中，諸多因素的交錯及影響下，自己一度成為身心障礙領域的

逃兵。然而，回想當年，應當感謝當時的督導在我徬徨猶疑時，沒有給我任何答案，只告訴我「如果你想對身心障礙領域有深入了解，就讓自己留下；如果你想對社會工作領域有更多認識，就勇敢去嘗試。」在這沒有答案的回饋中，反而讓我能夠靜下來思考自己內在的聲音。最終，我選擇繼續投入在身心障礙領域當中。也因著這樣的選擇，促使我得以看見近年身心障礙服務體系的轉變與發展，更在親身參與過程中不斷奠基寶貴的實務經驗。

職涯經歷 —— 在彼此的生命中成長

　　若問踏進過多少家庭，感受多少生命故事，我還真無法細數，但問歷程中最深刻的記憶，莫過於陪伴「他生命中的最後一哩路」。故事是這麼發生的，他曾經是那麼的輝煌騰達，但他的行為在過去那個年代，可說完全無法符合社會價值。年老之時需要他人照料時，血緣關係上的子女不得不必須承擔起一切，服務初期挫敗重重，抽絲剝繭尋探蛛絲馬跡後，終於與子女取得聯繫，然而可想而知子女的反應與反抗，被掛電話只是服務中的微辣前菜。在自以為努力終有被打動，盼到一次不再將話筒狠狠掛下時，迎接而來的是一頓激烈嘶吼謾罵的辛辣主菜，當中夾雜著對他過去行為的仇恨、對體制的不滿、對服務者的不理解，如強颱狂風暴雨的侵襲，絲毫不給一點空間與機會。然而，該說是皇天不負苦心人嗎？更或者家屬祈求的是盡快畫下句點，可以回到平靜的生活，答應願意一起為他的事情搭起合作的橋梁。

　　在他生命走到盡頭之時，我們負起對彼此的服務承諾，我們各自承擔起雙方應該扮演的角色與任務，夕陽終落，所有的所有也隨強烈焰火揮之而去。在我們相互道別後，有個聲音緩緩的出現：「這些是處理他身後事的款項。」此時的我帶著滿頭疑問探尋進一步想法，孩子們回應，雖然我們還是無法接受他，但在過程中我們都在看，也都在想，如果連這群外人都願意伸出援手了，基於跟他的血緣，我們也該付出一些。此時的我也

頓住了，種種感受在心中翻滾，甚至有一隻黑惡魔在腦海中飄過，如果早點這麼想是不是就不用磨耗大家這麼多的心力。所幸黑惡魔很快的離去，因我知道這樣的決定又何嘗容易。我想，服務的過程專業面議題終究得以解決，但來自情感面的膠著，服務雙方都需要時間磨合，需要等待契機的到來。因此在許許多多的家庭故事當中，在服務過程當中，看似服務方的我，實然也被不一樣的生命故事滋養著。

稱職的社工人 —— 在證據上講可以講的話

倘若自問歷經 6 千多個日子，對社工角色是否已有明確方向，我能肯定的說「還沒有！」只是現階段的沒有，不再帶有徬徨與摸索，更多來自體悟與了解到社會工作是一條永無止盡的漫長道路，因著時代與服務趨勢的改變、政策的發展，諸多因素牽一髮動全身，不管是面對服務家庭或大環境生態體系，工作者也時時在挑戰中適應變動。近年社會陸續發生多起令人遺憾的社會案件，捷運無差別殺人案、伴屍多日、長照悲歌等，引起社會大眾的恐慌及憂慮，排山倒海的反撲聲浪也反映出大眾對安全需求與盼望。因此，近年也讓民眾相當有感，快速的在推動各項福利政策，我想這背後最終是期待身處在這塊土地的人們彼此都能安心、安居。

然而，在這條看似需要各方一起努力的道路，卻在第一線的社工界出現一個聲音與惶恐：「每當社會事件發生時，社工必被檢討。」每個社工人都努力的投入在工作當中，也期許自己可以幫助到需要被幫助的家庭。但社工是人不是神，這句口號有時似乎真的只是口號。然而並非要說社工不得被檢討，但檢討更非一味地只將焦點關注在究責。當媒體熱點與政治焦點一過，又有誰看見比任何人都不願遇見自己服務家庭受害，但自身卻已千瘡百孔、遍體鱗傷的社會工作者，身處於什麼樣的心境與感受。因此，面對諸多不管來自服務案主、案家，或來自大環境內外部體制的聲音，不經時而讓我想起老師曾說過的一句話「要在證據上講可以講的話」，這 11 個字的高度，影響我在看見一個現象時思考的邏輯與脈絡，

強化我在有任何情緒感受時提醒自己，要在證據上講可以講的話，唯有客觀依據才能幫助自己站在穩固的基石上捍衛權益。

老師沒有上的那堂課 —— 在問題中尋找平衡

問題有全然解決的一天嗎？改變就會是好的嗎？

過去的我認爲只要努力，只要有足夠的資源，問題就可以獲得解決。現在的我會說，生活就是在面對與因應諸多問題中前進，因著問題讓每個個體必須適應生態中的不同挑戰。有時看見、聽見正處在第一線努力衝刺的夥伴們，帶著深深的無助感，疲憊地說著面對案家不願改變的無奈。此時的我會想，我相信每個人都期待往更好的道路前進，但在通往更好道路的過程，需要面對許許多多的不確定性，而任何的改變也都將打破既有的平衡，重建過程的艱辛與不確定性，必然成爲阻礙前進與改變的關鍵。因此，身爲社會工作者的我們，是否也該給自己一點時間與機會思考，當我們投入其中，要以什麼樣的角色立場介入。期待每位社會工作者都能成爲家庭的陪伴支持者，而非戴著專業高帽的干涉者。

給社工人的話 —— 在共生中共好

近年新世代的崛起與投入，使人相當有感於新世代的創新思維，與運用 3C 科技推動服務的發展性。各種天馬行空的發想與嘗試，對新世代而言猶如日常一般的發生著，而這也可說是新世代的優勢之一。但在快速變動的節奏中，也漸漸發現，人們在無時無刻都有可能觸及到新事物的步調中，時而難以停下腳步思索生活周遭發生了什麼事情，而這樣的狀態也撼動著服務的品質。曾在一次分享中淡淡地說：「倘若助人工作者對人沒感覺，循○寧怎麼吃都沒有用。」看似一小段玩笑話，但其中埋藏著對服務的憂心。我想，從事服務人的工作，在專業範疇與界限當中，對人有感、對事好奇應是服務的基本配備，倘若助人工作者對服務對象所處的生活

沒有任何感覺，想必是難以看見被服務者的需要。在無法看見需求的服務中，又談何服務品質與價值。

專業養成的歷程中，時而透過參訪等交流方式進行專業學習。每一次的學習都帶著挖寶的心情前往，期待從中有更多的看見與學習，雖然其中也碰過許多次壁。記得在一次資源拜訪過程中問起，資料可以借參考嗎？該位業界資深前輩說「只要不涉及個案隱私，你們要看什麼都提出來，我不擔心資料被帶走什麼，但我擔心被帶走後沒被好好運用。」而後有幸的再與該位前輩接觸到時，我進一步問起當時的想法。他與我分享了一段至今深深影響我的價值與信念。他認為當今的服務單位及體系相當多元，雖然對服務帶來許多益處，但之中也看見因著競爭，資源間少了相互扶持與共好的元素。而在願意分享的背後，對其而言其實只是單純地想，個人再怎麼願意，組織再怎麼龐大，絕對沒有一個人或一個單位，敢有自信的說能夠將服務投入到每個需要的人當中。因此，倘若無法服務所有需要被協助的人，那麼每一次的分享與投入，不也在培力更多後輩或單位長出自己的能力，如此大家才能夠為所關注的群體一起努力。而這樣的思維與信念，也讓我深切思考並感受到，雖然競爭使人成長，良性的競爭也能促使彼此往更好的道路發展，但服務更是需要在共生中彼此共好。

16

做你自己——一個仁慈的天使，
沒有什麼是做不到的

劉培菁／弘道老人福利基金會

從小我就和老人家特別投緣

受父母身教的影響

我出生在臺中市大坑山區，家境小康，父親從事板模土木工程，媽媽是個外燴師傅，父母與人為善、急公好義，儘管家裡並不富有，但他們對社區事務出錢又出力，爸爸是社區守望相助隊隊員，媽媽也在社區宮廟當志工，鄰里的婚喪喜慶總有父母幫忙的身影。大坑山區每逢下大雨道路就會因為雨水沖刷而有積土，經常造成交通意外。求學階段印象最深刻的就是爸爸的車上會放著各式挖土工具、三角錐，常在送我和弟弟上學途中停下來清路邊的積土，我總怕上學會遲到，但爸爸說：「車上有工具，這樣的工作我常做，一定比別人做更快，如果每個人都只顧自己不管別人，有人因為這樣發生危險就不好。」我和弟弟為了加速完成清理積土的任務，也會一起幫忙，然後三人一起看著被清完的土堆，充滿成就感。爸爸也常因為這樣的行為被街坊鄰居讚揚，那時候很佩服爸爸，也希望可以跟爸爸一樣用自己的工作技術來幫助人。

與奶奶深厚的感情及教會事工的啟發

父母在我和弟弟小時候經常會到外縣市工作，等工程結束才回家。我和弟弟就由奶奶照顧，所以我從小和奶奶有著很深厚的感情，也常和她一起參加社區老人會的活動，和一群爺爺奶奶去進香旅遊是我小時候很美好的回憶，旅程中這群和藹可親的長輩總是噓寒問暖、關懷備至，所以從小我就和老人家特別投緣。高中二年級時奶奶因中風影響語言和行動能力，生活起居需要人照顧，我下課和假日都會陪伴照顧她，深刻感受到奶奶因生病從照顧人到必須被人照顧的無奈，她總會說：「人老了就沒用了，洗澡、上廁所都不能自己來，還要麻煩別人，真歹勢。」當時的我只能安慰她，卻什麼也不能做。奶奶最終在我高二下學期過世了，這是我第一次經歷親人往生的無助感，對生命的起落充滿困惑，每每想起奶奶就會不捨痛哭，甚至害怕聽到救護車的聲音。某個週日，高中國樂社的學長帶我到教會參加主日崇拜，牧師的講道讓我很感動，透過聚會、查經小組、參與教會的社區服務事工，喚起我人道關懷的靈魂，轉化了我對奶奶過世的哀傷，也受到教會青年團契裡一位讀社工系姊妹的影響，我選擇就讀東海大學社工系，以成為一位專業的助人工作者為目標。

與弘道老人福利基金會的緣起不滅

1997 年 6 月我大學畢業，一直沒找到喜歡的工作，9 月我在電視上看到維他露基金會贊助弘道老人福利基金會（以下簡稱弘道）招募到宅關懷志工的一則廣告，廣告代言人李艷秋化身為關懷長輩的志工，當李艷秋說：「孤單老人不孤單，因為有你。」鏡頭帶到孤單長輩的笑容，這一幕讓我想起奶奶，於是我記下電話，心想：「就算沒有機會到弘道工作，我也要來當老人服務志工。」就在看到這個廣告後的隔天，一位在弘道服務的學姐告訴我，他們要找一位會編刊物的社工員，我因為大學參加系學會有編系刊的經驗，經當時的郭東曜執行長面試，於 1998 年 2 月 2 日到弘道報到，開始了我在弘道豐富的老人社會工作生命旅程，至今已邁入第26 年。

準備成為社工人

認真學習每一學科奠定理論基礎

從小我的功課就好，不需要父母擔心，念社工系也是我自己的興趣所在，但讀書不只要有興趣，動機也很重要。大一參加國中同學會，一位念清大電機系的同學問了我一個問題：「要幫助人，有愛心就好了，為什麼還要學 4 年，不是很浪費時間嗎？」這句話激起我要認真鑽研社工專業的動機，所以大學 4 年，每一學科我都認真學習，上課勤做筆記，持續貫徹從國小就養成的「課前預習、課後複習」習慣，所以即使我參加系學會、社團、教會活動，但是每一學科的成績仍維持在甲等以上。我個人覺得，成績是其次，老師會不會教也不重要，重要的是，自己有興趣就會多閱讀，讀越多就會觸類旁通，能將理論融會貫通，形成越讀越有興趣的循環。

透過課外的實作累積實務經驗

大二我加入系學會，增加自己籌辦活動、團隊協作，還有與外部廠商溝通的能力，也藉由系學會擴展自己的人脈，建立和師長、學長姐良好的互動。同時也跟同學一起參加「義務張老師」的訓練，充實自己的會談技巧。大三參加學生輔導中心的「攜手計畫」，到附近國中帶中輟學生成長團體，晚上在學生輔導中心設於東海別墅的「校外諮商中心」工讀，這是學校針對租屋在東海別墅的學生所提供的免費心理諮商服務，由臺中榮總的社工師、精神科醫師駐點值班。沒有學生預約諮商的空檔，我也會利用機會和這些專業人士聊天，向他們請教專業方面的問題，吸收他們的實務經驗。雖然每週二天的值班，往往結束回到宿舍都已經 11 點，但這樣和實務界的對話是課堂上學不到的。

大三升大四的實習，我們有 10 位同學申請到臺中市社會局的府外單位「青少年福利服務中心」實習，因為太搶手了，最後透過實習老師的協

調，包含我在內有 4 位同學被錄取。機構督導多數時間在社會局，只有每週一固定來進行督導，其他時間都由中心的工作人員協助我們，給我們幾位實習生很大的彈性空間自主學習。我很珍惜這協調而來的機會，有同學卻因為沒有督導盯著就睡覺偷懶，但我在中心的圖書室看了許多青少年相關的專業書籍，也花時間跟中心的學生互動，那二個月的隨機訪談，讓我更能對青少年的想法和需求與曾修過的「青少年福利服務」課程去對照和印證。

大四我開始規劃自己的求職方向，我雖然對青少年和老年服務領域都有興趣，且檢視自己大學的實作經驗與青少年有關，然而奶奶因病過世的遺憾讓我更想為長輩做些事，加上當時的社會氛圍因為老人虐待、獨居老人猝死等議題及《老人福利法》修法，我覺得老人福利服務更符合社會的需要，所以便以老人福利服務機構社工員為自己的職涯目標，並到臺中市立仁愛之家擔任志工直到畢業。當時仁愛之家沒有社工員職缺，不禁讓我有些失望，但擔任志工期間從工作人員學到的服務技巧，卻幫助我到弘道工作後能更快地上手獨居老人的關懷訪視業務。

如何成為稱職的社工人

向服務對象學習，不以專業自居

我一到弘道老人福利基金會擔任社工員，隨即投入獨居老人的訪視業務。當時弘道積極在各縣市推動「志工人力時間銀行」，以鄉鎮為單位成立志工站，並由在地志工站的志工每週 1-2 次到宅關懷獨居長輩，我的工作就是拿著公所提供的獨居老人名冊逐一進行訪視，評估長輩的需求，並訓練志工、媒合志工與督導志工的服務品質。有位未婚獨居的范爺爺，上校退伍，在眷村裡不與鄰居互動，我總共敲了四次門，直到第四次他才願意開門讓我進去。爺爺說他一開始覺得我是詐騙集團，但後來也很好奇我為什麼不死心，每個禮拜都來，所以才開門。第一次的訪視我花了 2 個小

時，多數時間都在聽爺爺說故事，也引導爺爺跟我分享他的生活狀況，但爺爺說的一句話讓我至今都記得，爺爺說：「小姑娘，妳長得白白淨淨，肯定沒吃過苦，還這麼年輕，妳怎麼會懂我心裡的苦，又怎麼能幫我？」爺爺這番話像當頭棒喝，我想到的不是長輩常說：「我吃過的鹽比你吃過的米多！」這樣倚老賣老的話，而是感受到一個獨居長輩覺得不被理解的無奈。

在社工的養成教育裡，我們都知道「同理心」的重要性，透過專業訓練可以純熟地操練「同理心」，但如果不是打從心底地做到與服務對象同行，向服務對象學習，我們可能會因為與服務對象的差異、參考相關研究統計對特定人口群的分析報告擬定的服務計畫，讓我們的專業訓練反而形成和服務對象更大的隔閡。因為專業工作者「相信自己擁有的知識和技巧是有限的，亦不是唯一可以幫助服務對象的資源，而服務對象的人生經驗、生活智慧及個人改變的經歷也是可以及需要運用的重要資源。但是社工需要『專業地不扮演專家』。」（甘炳光，2023）特別是在老人服務的領域，長輩自己才是專家，因為人人都會老，但多數專業的老人社會工作者都比服務對象年輕，還未完整經歷過老年期，充其量就是從研究統計知道老年學的知識，所以我們要更謙卑地從長輩的生命脈絡引導長輩善用自己過往歲月的經驗來協助長輩。

對所守護價值信念的堅持

2000 年弘道與養護機構合作「老人中途之家」方案，針對有緊急安置需求的弱勢長輩提供最長三個月的住宿式照顧，由弘道透過募款支應這些長輩在機構的安置費用，機構則以公益價照顧這些弱勢長輩。社工員要負責收案評估、補助費用的審核、照顧計畫的溝通，還有募款，這也是我負責的方案。我們常接到政府或其他社福團體轉介路倒、失能被遺棄、失智走失的長輩，每個長輩都有造成貧困無依處境的故事，許多是年輕時不負家庭照顧責任，年老失能無法照顧自己，家人也不願意照顧。當我透過媒體報導要募集這些服務對象的照顧費用時，曾被一位記者拒絕，她認為

長輩這是「現世報」，根本不值得救助；而長輩對於兒女的遺棄，自己也不願意提起告訴，即使眞的有長輩提出告訴，最終也敗訴。那時普世的價值就是「可憐之人必有可惡之處」，老人家因爲年輕時沒有負起家庭照顧責任，所以相對也不能要求家人在他需要被照顧時承擔責任，或者年輕時揮霍沒有儲蓄的習慣才造成現在貧困潦倒的處境。媒體、法官、社會大衆都扮起了「判官」的角色，依據一個人年輕時的努力來評斷他是不是「值得」被幫助，而我卻認爲助人工作者是從人道主義出發，從身而爲人的價值與尊嚴來評估，不管他年輕時多麼胡作非爲，我們只看他現在的需求是什麼。爲了捍衛這樣的價值，我們積極和媒體溝通，獲得部分媒體認同從人道主義的觀點平衡報導，呼籲社會大衆和我們一起幫助這些長輩，也爲這些長輩在生命急難的時候撐起保護傘。

跨專業合作以滿足服務對象多元需求

　　社會結構變遷，服務對象的需求多元複雜，不管哪個服務領域，身爲社工都要有從「個案工作」、「家庭工作」延伸到「社區工作」的能力，因爲「個人生活在系統中」，我們要幫助服務對象維持他與各系統的平衡，就要建立社區資源網絡，網絡裡肯定有不同的專業，透過不同專業的合作才能滿足服務對象多元的需求。2006 年起我們在社區推廣銀髮體適能健康促進服務，爲健康、亞健康、失能長輩分別規劃「銀髮有氧、銀髮體能、銀髮平衡、銀髮復健」四種運動課程，當時我是弘道中部服務處的主任，團隊裡包含我自己都是社工背景。爲了推廣這些健促課程，團隊開始要與運動指導教練、職能治療師、物理治療師、護理師合作，初期不同專業間常有摩擦，身爲主管的我必須去協調跨專業的合作，發現大家都容易陷入專業本位主義，也擔心自己在社區裡被其他專業取代。但當跨專業合作的機制被建立後，團隊朝著共同目標前進，並共享服務成果，其實反而有助於各自專業的成長。

　　2018 年後，長照 2.0 的政策更是強調不同專業間的整合，長照 2.0 的靈魂角色——個案管理員被賦予「跨專業整合與資源連結」的任務。個

管員來自不同的專業背景，社會工作養成教育讓我們相較其他專業具有洞察服務對象社會心理需求的能力，也更擅長發揮綜融的能力與不同專業合作。但我仍想提醒許多社工背景的個管員，在投入長照工作後，很容易過度依賴政府「特約名冊」上的跨專業資源（長照四包錢，都是與政府特約的「正式資源」），而忽略開發與連結服務對象所在社區網絡的「非正式資源」，這些社區資源多數並未與政府特約，但能滿足服務對象在「體制外」的需求，更有助於身為一位社會工作者達成「助人自助」的使命，不造成服務對象依賴資源，也幫服務對象建構更完整與彈性的社區資源網絡。

因團隊的支持而壯大

2019 年，我同時獲得二個社工專業人員表揚獎項，一個是衛生福利部的「資深敬業獎」，一個是臺中市政府的「薪火傳承獎」，能獲得這二個獎項基本資格是「服務滿二十年」以上。在弘道老人福利基金會邁入第26 年，很多人常問我難道從沒有想過離開嗎？其實是有的，但我想從「資深敬業」和「薪火傳承」來分享我如何克服自己的社工生涯低潮。

經常反思與自我覺察，勇敢面對自己的脆弱

1999 年 2 月，我服務的第一位獨居長輩孫奶奶過世了，因奶奶唯一的女兒在美國無法趕回來處理奶奶的後事，所以由我和一位同事及服務奶奶的志工，跟著榮民服務處的輔導員一起整理奶奶的遺物。奶奶保留許多參加活動的照片，還有我第一次跟同事來交接，因為還沒印名片，所以手寫給她自我介紹的紙條、機構的簡介，我帶給她的書、雜誌，她都看過還寫筆記。我翻著翻著，忍不住偷偷掉下眼淚。奶奶是我從同事手上交接過來的第一個服務對象，所以我很常來看她，她學識淵博又健談，個性脾氣和我自己的奶奶很像，和她的互動常讓我想起自己的奶奶，她的過世也喚起我高中時期的遺憾。那天我想了一個晚上，內心充滿奶奶過世時的無助

感，覺得自己沒幫奶奶做什麼，奶奶卻過世了。服務老人沒有成就感，最終還是要面對死亡離別。

　　隔天上班在我決定跟執行長提離職前，我先找了和我一起處理孫奶奶後事的同事聊聊，我跟他坦誠奶奶過世對我的衝擊，跟他說如果服務老人終究要面對死亡，那對我來說是很煎熬的。同事帶我細數我接手服務奶奶的這一年做了什麼，然後也回饋奶奶之所以會細心保管我給她的那些資料代表她很珍惜，同事帶我看見這一年服務的意義和價值，讓我找到留下來的勇氣。我們的服務無法讓生病失能的長輩好起來，也無法讓長輩不死亡，但我們能做的就是陪伴長輩「一起道老，精彩美好」（弘道老人福利基金會的使命）。這個事件不僅讓我沒在服務滿一年時離職，也成了我後來在協助夥伴面對案主死亡時能量的來源。

因為有團隊所以自己變得更好

　　2005 年，我接任弘道老人福利基金會中部服務處主任，那時候第二任林依瑩執行長上任，帶領弘道走向創新、開創，業務量大幅度增加，隨之管理幅度也增加，我每天有很多行程，一天 80% 的時間都投入在工作，10 年的主任生涯，儘管業務穩定推動，但我卻離一線服務越來越遠。因為工作壓力大，我的身體也出現狀況，體重年年攀升，經常暈眩，後來跟執行長討論後，我從主任調整為組長，管理幅度和主責業務都減少，我又有更多時間到一線服務現場，剛好那時候是長照 1.0 和長照 2.0 的銜接期，我因為參與更多一線服務工作，所以更能從實務面回應政策，也帶領團隊在滾動式修正政策、競爭的長照服務市場中創造三穩（人力穩定、財務穩定、服務穩定），同時能兼顧營運績效和優質服務。

　　自 2021 年弘道因「職業安全衛生法」與專業的健康管理顧問公司合作「臨場健康管理服務」，我自己也取得「甲類職業安全業務主管」證照，透過每年的體檢和工作負荷問卷調查，除了由職場護理師進行關懷衛教外，我還連續 4 年辦理「健康管理比賽」，透過自己的以身作則，在以中高齡為主的團隊帶動健康減重與規律運動的風氣，而我自己也成功瘦

身，雖然工作依舊忙碌，但體力和精神狀況卻比過去更好。

　　每年弘道都會在4月下旬辦理內部績優員工的表揚「金柑獎」，在2023年的10年資深員工表揚，有5位來自不同服務處的夥伴在致詞中感謝我面試他們進來並帶領他們成長。在台下的我心裡很感動，其實帶團隊有許多挑戰，但面對內外部環境的挑戰，因為有團隊，讓我更有能量也變得更好。

從工作與人生中提煉的智慧

　　我在弘道老人福利基金會歷經三位執行長，也代表弘道的三個發展時期。第一任郭東曜執行長奠定了弘道的發展基礎，當時人力精簡，我負責許多開創性方案，讓我很紮實地鍛鍊社工員的多元能力：方案設計、個案管理、公關募款、志工管理等，使我勇於挑戰新任務。第二任林依瑩執行長帶領弘道走向創新、開展，除了失能失依的後段照顧，此時期的弘道積極地投入前期預防照顧，我也從一線社工員成為高階主管，帶領的團隊成員從9人到212人，成為主管的過程並沒有足夠的培育，靠的是自己勇於承擔還有情境學習。人力的增加、管理幅度擴大源自於承接政府補助方案，這個階段也是我累積大量人脈的時期，不管跟公私部門或企業，都建立了互惠的夥伴關係。第三任李若綺執行長持續帶領弘道開創服務，但主力更放在弘道的「組織健康與組織聰明」，建構出弘道的策略地圖和優化組織架構。此時的弘道因應《長期照顧服務法》實施、長照機構設立的法規規範，弘道也建立長照服務體系，與公益屬性的社會服務業務分開，我也成為臺中長照機構的主任，負責長照機構的發展與營運。長照機構以政府補助、服務收入為資金來源，有別於過去以價值理念進行募款來維持機構運作，這個階段的我需要大量地檢視服務數字和財務報表，並從大量的數字分析擬定營運和服務發展，就像開店做生意一樣，要兼顧「產（生產）、銷（行銷）、人（人資）、發（研發）、財（財務）、資（資訊）、法（法律）」等管理面向，這幾個管理面向在《長期照顧服務法》

於 2017 年實施後，對許多傳統非營利組織產生重大挑戰，我雖然在長照服務領域很資深，但也需要歸零學習，突破自我框架，迎接人生下半場的新挑戰。

我其實很幸運找到一個優質組織能夠實踐助人工作的價值，但一路走來面對內外部環境的挑戰，靠的是自己的使命感，這使命感不僅是對服務對象也有對組織，這「使命感」學校教不來，卻是我面對組織的變動、工作與家庭雙重壓力時，仍舊能以開放正向態度持續在老人服務領域耕耘的動力來源，也是弘道老人福利基金會給我的養分，讓我成為一個「活力、開放、勇敢、踏實」的助人工作者。

給社工人的一句話

社會工作是一個「生命影響生命」的工作，服務別人也要隨時觀照、關照和光照自己，分享我很喜歡的聲樂團體「美聲男伶」〈I Believe In You〉的一段歌詞：「*Let your love lead through the darkness Back to a place you once knew...Be yourself, an angel of kindness. There's nothing you cannot do...*」（讓愛帶你穿越黑暗，回到你曾經知道的地方……做你自己仁慈的天使，沒有什麼是你做不到的。）

參考書目

甘炳光（2023）。社工：不一樣的專業——社會工作34講。香港城市大學出版。

17
不要小看自己的影響力

陳貞如／財團法人台北市立心慈善基金會附設
新北市私立三重溪美社區長照機構主任

入行的背景

普通高中畢業的我，高中 3 年對於未來的職涯選擇其實只有隱約的方向，和很多會選擇社工系的學生可能差不多，數理方面不太行，對語文科系好像也沒有多大興趣，社工系這個未來可以跟人一起工作的職業，看來應該不會太難找工作，成為我選填志願的選擇。

20 多年前，大學畢業後考量北部的工作機會較多，專業支持度也較為足夠，就決定留在臺北求職。4 年的學習加上二次的實習，其實對於自己是否能成為稱職的社工並沒有十足的把握，只能投出履歷試試。求職的過程還算順利，在沒有特別選擇領域的狀況下，因為同學而得知這個職缺，當初面試的主管引發了我投入老人領域工作的興趣，於是我就進入了臺北市第一家公辦民營的老人服務中心成為社工員。

準備成為社工

大學 4 年的學習，奠定了成為社工人的基礎，成為助人工作者的學習歷程，很多時候是走在重新認識自己、開啟自我覺察的路上。獨居長輩

是我第一個一起工作的對象，在接觸之前難免會抱持著些許刻板印象。第一次的家訪，我深深記得督導再三跟我確認，眞的可以獨自完成嗎？不知道哪來的天眞與自信，我帶著單純的心思，心想不過就是去拜訪一位年長者，在看似聊天的過程中完成所謂評估及關懷訪視的任務。現在回想起來，還挺懷念在那幾年與許多長輩的美好相遇，聽他們滔滔不絕跟我分享工作成就、家人互動、感嘆人生際遇、經驗與智慧等，我想是那份願意傾聽、陪伴的眞誠，讓他們願意跟一位素昧平生的女孩傾訴。

當時除了獨居老人的個案工作業務，我還參與每月一次的外展服務，帶著一群志工每月探訪榮民伯伯共居的宿舍，透過團體活動，增加他們彼此間以及與外界的社交互動，他們來自大江南北、臥虎藏龍，每個月的活動，累積我在團體工作的實務經驗。我的角色是打造一個舞台，讓每個願意參與的人有發揮自己價值的空間，擅長攝影的、熱心招呼的、泡茶遞水的、喜歡表演的、靜靜欣賞的……，每個月一次的下午茶相會，在每個參與的長輩與志工夥伴心中留下溫暖。

這樣的日子經過幾年，該說是幸運嗎？手邊沒有遇過太棘手、需要緊急介入的個案，多半是時間到了得重複完成的例行工作。他們大多只是主動選擇獨自居住的生活方式，少部分因爲早年的種種因素與家人關係衝突、疏離而獨居，當個案狀況改變了照顧需求，才會衍生種種需要協助的議題，這樣的工作是我想要的嗎？自己能夠發揮的好像越來越有限，倦怠感於是慢慢地浮現，努力調整面對的同時，也開始思索該如何調整方向，或是有更適合自己發揮的空間。

因緣際會之下，中心的日間照顧社工選擇返鄉服務，喜歡跟長輩互動的我，就這樣踏入了老年長照領域。陪伴案主面對疾病、老化、失能，陪伴照顧者面對生病的家人，如何與家屬、長輩、不同專業領域的夥伴一起工作，如何找到自己專業的位置，才是挑戰的開始。

如何成為稱職的社工人

團隊工作的挑戰

　　在獨居老人服務方案練的是個案工作的基本功，進入日照的團隊工作，挑戰是更加全面的。在長照 1.0 的時代，傳統的照護模式，面對資深的照顧服務員、不同需求的長照家庭，如何在這其中扮演橋梁的角色，實踐讓長輩在日照能夠有品質、有尊嚴安心過生活的照顧理念，一直是得持續努力的課題。日照社工除了直接服務，得肩負團隊帶領的任務，一邊充實照顧相關的專業知能，一邊也得扮演教練的角色，讓一線照服員也能學習調整照護模式，溝通與陪伴、現場實務指導，慢慢地促成改變。面對照顧經驗豐富的照服員，我先學習與他們站在同一陣線，認識服務對象，慢慢找到工作的節奏。這期間很感謝能有機會參與老人福利推動聯盟辦理的失智症照顧指導員訓練，一系列紮實的課程、演練、交流與實習，跟著老師的腳步，有一群可以互相切磋、彼此支持的同學，在工作場域導入學習的應用，讓我從菜鳥社工磨練出可以帶領團隊的樣貌。

持續地精進自己，也向不同的專業學習

　　專業知識是助人工作的基礎，豐富的生活知識也有助於建立專業關係，讓我們更能夠理解個案，更能夠敏銳的發掘個案的需求，有助於方案設計、擬定適切的處遇計畫。

　　長照領域是非常重視團隊合作的場域，尤其在目前產業化的戰國時代，日照社工扮演的主要是個案管理的角色，適時地為服務對象發聲，擔任跨專業的溝通橋梁，面對護理師、職能治療師、物理治療師、營養師、照顧服務員等不同專業人員，我們必須向不同的專業學習，對服務對象的疾病、照顧知識、老年心理調適，都需要有所預備，才能在不同專業間合作，建立對話的基礎，在與長輩、家屬的互動中提供專業的協助。

良好的督導支持系統

典範學習是提升自己很重要且直接的方式，我很慶幸在一個重視社工專業的機構，這些資深的社工前輩們有著豐富的實務經驗，我從他們身上學習溝通互動技巧、與社區交流、資源單位的合作、團隊向心力的凝聚、處事的智慧，期許自己也能夠傳承這樣的文化，從自身做起，帶動身邊一起工作的夥伴。

良好的督導支持系統是維持社工專業熱忱的重要基石，不論專業督導或是同儕支持，有可以商討、交流的對象，可以幫助我們在面臨工作與生活瓶頸時找到解方，找到繼續下去的動力。

自從符合帶領實習生的資格開始，我很願意投入這樣教學相長的歷程，陪伴學生將學習的理論知識應用在實務經驗當中，提供一個可以練習的場域，接觸服務對象，學習方案設計、個案會談、紀錄撰寫，帶領他們學習自我覺察，練習對問題提出解決的方案，從理論知識中找驗證。看著他們從生澀到長出自信，期許對未來的職涯發展產生一點點的幫助，我相信這是一個善的循環。

同理、陪伴的功課

面對兩難的課題也是一次次經驗的學習。我們因為手裡掌握資源，在評估及服務提供的過程中心裡有一把尺，如何敏銳地覺察問題背後真正的問題，何時可以放手讓案主自決，在不危及生命安全的前提之下，如何保有生活品質，有沒有可能透過一點一滴的努力，等待時機到了，找到改變的契機。

記得我們曾經長時間地陪伴一位獨居長輩來日照，她在臺灣沒有親人，隨著年紀漸長，退化失智的狀況也伴隨出現，入住機構是最後不得已的選擇。在這之前運用居家服務以及鄰里的支持系統，讓她保有好長一段時間留在社區過自主的日子。我們就像她身邊最信任的家人，提供資訊、結合資源，協助在不同階段的生活安排做預備，也尊重她的選擇，隨著在

家跌倒的頻率漸增，她也漸漸體認到生活得面臨改變，坦然接受了住進機構的安排。

陪伴日照家屬進行結案的準備也常常面臨兩難的狀況，盡心盡力的家屬總希望日照也多幫一點忙，只要是有辦法帶出門就可以送來。但是失能程度過重，長期下來造成照服員的照顧負荷，家屬心裡帶著期待但其實心中忐忑，溝通時站在同理家屬的立場，陪伴他們預做準備，提供後續照顧相關的資源給予選擇，調整服務頻率，多一點的彈性，多一點的時間，等待做好準備，服務就能順利轉銜。

社工生涯最印象深刻的經驗

曾經服務過一位失智長輩，她雖然日常生活功能減退，但每天記得幫自己梳妝打扮，行動力極佳。但時間和空間的定向感都已退化，中午過後躁動不安的症狀就會浮現，十分考驗團隊安撫以及轉移注意力的能耐。

有一天要搭車回家，我幫忙夥伴協助她上車，那一天她手上多拿了提袋，像平常一樣俐落地爬上前座，但突然一個不小心滑落，頭部碰撞受傷，站在她身旁的我，看著意外在瞬間發生，當下真的是心頭一震。回想起如何走過那段日子的不安，心中充滿感恩，慶幸能碰到明理的家屬，對我們沒有苛責，合力陪伴長輩一起復原。這個事件的經歷讓我深刻地學習面對無常，也深感過去所學的不足，人生原來還有更深的功課。

學校老師沒教的一堂課

看起來像是我選擇了社工這份工作，但似乎又像有股力量將我帶往這裡。從小被教育要樂於助人、為善最樂，當成為一份工作的時候，社工人該要長什麼樣子？我也常常問自己。或許因為成長經驗、因為個性使然，我好像多了那麼點願意親近人，也容易讓人親近的特質，因為這份工作，讓我有機會接觸許多不同的人事物，也讓我學會珍惜當下的每次相遇，

不論境遇是順是逆，遇到了都是該學習的課題。每個人都有這輩子要完成的任務，很多時候其實自己過不去的點，自己心裡最清楚明白，有沒有機會跳脫慣性思維與反應模式需要一些契機。社工扮演的是陪伴走一程的角色，若我們有機會發揮一點影響力，從善待自己身邊重要的人開始，學習好好說話，學習同理傾聽，學習帶著欣賞的眼光，當你開始改變，一切就會跟著改變。

給社工人的一段話

不要小看自己的影響力，想引用印度詩人泰戈爾的詩句與社工人分享：

〈用生命影響生命〉
把自己活成一道光，
因為你不知道，
誰會藉著你的光，
走出了黑暗。
請保持心中的善良，
因為你不知道，
誰會藉著你的善良，
走出了絕望。
請保持你心中的信仰，
因為你不知道，
誰會藉著你的信仰，
走出了迷茫。
請相信自己的力量，
因為你不知道，
誰會因為相信你，

開始相信了自己。

請堅持你的信心

因為你不知道，

誰會因為相信你，

也開始自立自強。

在任何時間、任何地點、任何情況。

18

堅信「社會工作眞是
一門助人的專業」

陳信甫／中華民國紅十字會臺灣省分會附設
臺北市私立紅十字居家式服務類長期照顧服務機構副組長

入行的背景

　　回想自己選擇社工的這條路，在高中畢業那年在家人與同學的推薦下，選填了東海社工。對於當時剛踏入青年的我來說，會選擇東海社工，僅僅是因爲從小到大一路都在臺北市念書，好不容易結束了高中指考，考上的大學還在臺中，當時年僅 18 歲的我，一心只想到外縣市去享受大學生活而已，想體驗看看大學生的生活究竟是什麼樣的滋味！

　　時光飛逝，一眨眼大學 4 年很快就結束了，當時即將畢業的我，第一次面臨了除了念書以外的選擇，畢業以後我要繼續念研究所嗎？還是踏入社會，工作賺錢？我猶豫了好久，但始終沒辦法做出最好的選擇，最後，因爲做不出選擇，只好報名東海社工研究所的考試，內心想著「那就考上研究所維持現狀，繼續當學生好了。」但現實很快給了我答案，沒考上研究所的我，最後只能踏入社會工作。

準備成為社工

　　由於畢業了，在等待服兵役的過程中，我選擇優先參加社會工作師的考試，想說透過考取專業證照的方式為自己未來找工作加分，然而事情沒有我所想的那麼簡單！大學 4 年只求順利及格的我落榜了，成績還很差，社工師考試放榜時碰巧遇上了剛考上五間研究所的同學，他這次也考上了社工師，本想尋求安慰與勉勵的我，卻從他口中得到一句很直白的話：「哇！你真的是念社工系的嗎？你要不要考慮轉行算了？」對我來說，那次的經驗是一次沉重的打擊！同學犀利直白的話語深深傷透我的心，我覺得自己有夠爛的！但自尊心強烈的我不想放棄，對我來說若是放棄，就是承認失敗了，那我大學 4 年的時間念社工系幹什麼呢？

　　在服完近一年的兵役後，我準備回歸社會工作，因為大學時期曾經在醫院實習的關係，因此我打算從中華民國醫務社會工作協會、臺灣社會工作專業人員協會上找尋北部醫務社工的工作。因為我很嚮往醫務社工穿著白袍的專業感，我也想起當時實習督導曾告訴我醫務社工的起薪比較高。但偏偏在我找工作的時候，住家附近的醫院都沒有開缺，最後我在距離、薪資、工作內容等條件選擇下，選擇了紅十字會臺灣省分會居家督導員的工作應徵。對於一個剛出社會的年輕人而言，要如何面試？我想我是帶著經驗學習的心情去參與的；當然結局不意外的我沒有錄取。挫敗的感受，讓我感到難過與失落，我決定讓自己好好沉澱心情，數日後再來思考未來該如何是好；但就在我沉澱心情不到數十天，紅十字會臺灣省分會的電話又再度響起，機構那頭告訴我，因為這次面試的新人離職的關係，目前缺人中，問我是否還在找工作？有沒有興趣去工作呢？我不假思索地答應了，只因為我學妹也在那邊工作，至少有個認識的夥伴可以關照。

如何成為稱職的社工人

紅十字會臺灣省分會居家服務督導員是我的第一份工作，帶著虛心受教的心情，我接受了機構賦予的工作任務挑戰，從新北市土城區開始服務。對於居住在臺北市的我來說，要到土城去訪視除了很遠，也很不熟悉，於是我帶著媽媽送我的地圖，騎著車開始了我的工作。在解決了交通問題後，很快的我就必須面對處理工作的問題；由於是在臨時缺人的條件下進到機構服務，所以我並沒有新進員工的蜜月期，爲數龐大的個案與行政工作等著我一一去處理，在一陣手忙腳亂中，我只能邊做邊學，一邊處理著個案，一邊請示著機構督導。爲了盡早適應工作、獨立上手，在工作的第一個月，印象很深刻的是我常常忙碌到晚上 9 點才拖著疲累的身心下班。當時所謂的「責任制」對於一個剛出社會的大學新鮮人而言，這一切是多麼的充滿壓力與挑戰！

剛開始工作不到一個月，我就遇到了服務對象性騷擾及申訴的特殊事件。由於不熟悉問題處理的技巧，於是我請機構督導協助我處理問題；當事情處理完成後，爲了證明自己可以勝任這份工作，認清自己已不是實習生而是一名社會工作者，我告訴自己必須努力壯大自己，於是我開始一邊工作，一邊準備社工師考試。在工作期間，我努力地充實自我，當遇到工作上的困難與挑戰時，我會主動積極地請教資深同仁或督導，並努力學習與工作相關的知識，將服務經驗累積成自我專業；工作之餘，持續準備社工師的考試，儘管失敗仍不放棄，在嘗試報考四次後，終於讓我一圓社工師的夢！

在考取了社工師的證照後，很快地替我自己爭取到了加薪的機會，雖然我的家庭教育告訴我，只要安分守己，努力工作，當個乖孩子就好。但我對於自我的要求不僅僅如此而已，爲了追求自己想要的生活，我告訴自己除了努力工作外，我渴望得到「薪資的安全感」與「工作的成就感」。

所以在我工作的第三年，我提出勇氣告訴機構主管，我對於自己的工作現況不是很滿足，尤其在薪水的部分，我很希望能夠保有最基本的生活

安定感；恰巧當時機構正巧遇上大規模的人事異動，督導離職了，而我在當時緊緊的抓住了這個機會，坐上了督導的位置，也回到了臺北市工作。回想起來，很感謝紅十字會臺灣省分會對我的重視與栽培。

為了報答機構給予我的肯定與機會，一路走來我始終如一地待在這裡，從長照 1.0 至 2.0，累積了服務經驗，參與了政策改變，掌握了服務的脈絡與精髓。我一步一腳印地成長著，也逐漸從坐在台下聆聽的社工員，演變成為上台演講的社工師，發揮督導教育、行政、支持的功能，引導新進社工熟悉、適應長照服務的工作，看著他們如同當時的我一樣成長、茁壯；此外也因升格為督導，參與了決策、方案業務的管理，讓我有了對外與公部門（政府單位）、學者委員及其他機構（長照服務等業務往來單位）溝通交流的機會，讓我得以在不同的視野下，拓展我的社會工作實務經歷，逐漸發展成為一名稱職的社工人。

社工生涯最印象深刻的經驗

在我的社工生涯，失敗的經驗有很多。回想起來，讓我印象深刻的似乎都是跟考試或是評鑑這類的事情有關，除了初次踏進社工圈的社工師證照考，我考了四次才終於考上；2015 年我在臺北市優良社工「衝鋒陷陣獎」也落榜；數次的機構評鑑也曾被委員數落過不熟悉指標內容、資料準備得太差等。最近一次失敗的經驗，是 2023 年，我入圍了衛生福利部專業人員組──社區長照金點獎「A 個案管理人員」，但最終僅有入圍，沒有得獎。上述這些過往的經驗，對我來說內心的失落在所難免，在當下我其實常常會反問我自己，我這麼努力了，為何最後還是沒有達到我想要的目標？

但最終我都會告訴自己「失敗為成功之母」、「每一場比賽總有輸贏」，放眼下次會更好。對我來說不管是評鑑制度、社工師考試，還是社工表揚的活動，就像是一場競賽一樣，作為選手的我必須努力準備，用盡全力去爭取每一場賽事（工作）。雖然結果不一定能盡如人意，但總希望

能將這些失敗的經驗當作是一場學習，讓這些學習過程化成我的知識與經驗，使我得以成長、蛻變。

當然，也因爲有著這些失敗的經驗累積，才能讓我在持續堅持的這條路上有成功的機會！在 2012 年堅持不斷的我終於如願的考上了社工師，還記得當時考上的喜悅讓我開心地大方請同事們吃飯；2016 年在我痛失母親、人生最難過的時刻，我終於贏得了臺北市「衝鋒陷陣優良社工」的肯定，讓我媽媽在天上知道我是一個優秀的社工師；2022 年帶領著工作團隊得到了臺北市衛生局「優良 A 單位」的肯定，在表揚典禮上分享著我們成功的經驗；2023 年我入圍了社區長照金點獎等等。我始終堅信著，若是沒有上述那些失敗的經驗，就不可能造就出現在的我。

從事個案服務工作迄今，歷經長照 1.0 到 2.0 政策的轉變，從居家服務督導員新手上路，一路走來我面臨了許多的問題與挑戰，以及各類型的服務對象與家屬，我很感謝他們成爲我工作生涯中的導師，帶給我不同的服務經驗學習與成長，從反思到實踐，我站在助人前線，靠著運用社會工作最基本的服務態度「眞誠」與「同理」，解決了無數服務案件問題，包含：申訴事件、意外事故處理、跨專業團隊溝通合作等。雖然這只是一個看似基礎的服務態度，卻是我所認爲在我數十年的工作生涯中，最實用的知能。

「社工是人，不是神。」這是以前我在念書的時候就很常聽見的經典台詞，在我開始工作後，我眞心的領悟其中的道理，認清所有的問題並非都是社工的責任，並非一定能獲得成功解決。在服務的生態系統中，包含了：服務對象、家庭、跨專業、政府部門等等，所有以案主爲中心的資源角色，每一位都扮演著關鍵的角色，就像一個棒球隊的組成，缺一不可！所以別再一肩扛起，只要善用「眞誠」、「同理」，竭盡所能地協助服務對象，就算最後可能不一定稱心如意，但這所有的服務過程紀錄，也將成爲社會工作實踐中最爲寶貴的學習與收穫；這些都是我從與服務對象交會所累積的實務智慧和信念價值。

學校老師沒教的一堂課

　　工作迄今已 12 年，我也從一個衝鋒陷陣的熱血青年社工，轉變成為單位主管，回想這一路走來的歷練，感觸很深刻，從工作中我所得到的最大收穫是跨專業領域的合作，跳脫本業社工人的思維，進行跨領域學習，透過與不同專業的人員在工作中的交流，我不斷的思考著社工專業到底是一個怎麼樣的存在？而我的答案是：他是一個可被信任的資源整合者、串聯者、陪伴者。

　　印象很深刻，從社工系畢業時，很多親友會問我念什麼科系的？聽到社工系時，很多人都會說那很有愛心，是一份助人工作，也有人會說那是志工嗎？我想聽到這些敏感的話語時，社工系的學生八成會反駁「我是社工，不是志工！」但到底我們的專業在哪裡？

　　工作第一年，身為居家服務督導員的我，由於剛畢業，年輕的外表下，從事老人服務的助人工作備受考驗！在長者的眼中，我就是個剛畢業的小朋友，在工作上面對年紀與父母親相仿的照顧服務員，他們也認為我只是個孩子，而且照顧服務員有著執行長者照顧技巧的專業，身為社工督導的我又會什麼？憑什麼指導他們呢？曾有同為居家督導的護理師對我說過：「我們護理有著專業照顧技術的學習，也會資源連結與運用，作為社工的你有什麼專業可以勝任指導照顧服務員？」這句話深深的刻印在我的腦海，我當下很想反駁，為我自己的社工專業發聲！但年少又經驗不足的我實在說不出口。打從那次的經驗起，我便不斷地找尋對社工專業認同的答案，同時也為了爭一口氣，向世人證明社會工作是一份助人的專業！

　　於是在工作的這十幾年，我除了考取社工師證照，也參與了各式課程的學習，從不忘記學海無涯、專業知能養成的重要性！我深知自己有著許多的不足，尤其是在不同背景跨專業領域的部分，須強化學習；透過在工作中跨專業團隊的分工，我在長照工作認識了許多不同專業背景的人員，包含：醫師、護理師、物理、職能、語言治療師、營養師等等，透過複雜性個案問題的處理，學習著學校老師從沒教過的事，包含：照顧服務的移

位技巧、居家無障礙環境的安全議題、輔具評估、傷口照顧、意外事件處理、急救技術、感染控制等等，從這些實務經驗的累積，慢慢的讓我自己成爲一個專業的助人者、問題解決的專家，而當服務對象或照顧服務員獲得問題解決的同時，那種被家屬、照顧服務員認同的信任感，自然而然的毋需多說，足以證明了我身爲社工的專業存在價值。

因此，當我有機會在實務工作中扮演著機構實習督導的角色時，我常常會將這樣的經驗告訴實習生，在學校你們必須好好的學習社會工作的專業知識與服務技巧，但在機構實習的有限時間內，請你們一定要好好珍惜這個認識長照服務、職業探索的機會，不管你喜不喜歡社會工作，又或是你喜不喜歡長照服務，社會工作的實習制度是一個相當寶貴的學習經驗，它可以幫助你認識這份助人的職業工作，作爲你未來決定是否選擇投入的參考依據，就算你可能選擇不投入，但至少你可以知道，現今的長照服務究竟在做些什麼？

給社工人的一段話

「助人前線，溫暖無限」。全臺灣的社會工作者在各個不同的專業領域服務著，他們幫助著許多的弱勢家庭、服務對象，陪伴他們一同解決問題與困境，這讓同樣身爲社工的我感到安心，至少未來當我遇到問題時，我很清楚在這社會的某個角落，會有個專業的助人者、陪伴者在那等著我。

雖然迄今我仍不斷在思考著，或許我們不如同醫師、律師等職業角色在社會中有著崇高的專業存在感，但相信願意選擇成爲社工，且持續在這條路上付出的你，能夠爲這個社會服務，努力工作，善盡你的一份心力，你就值得獲得一份肯定！就像是一盞明燈一樣，能陪伴著遇到困難而迷失、不知所措的人們，找到他們所需要的出口，讓我堅信「社會工作眞是一門助人的專業」！

19

我社工、我榮幸、我感謝

李梅英／社團法人中華民國士林靈糧堂社會福利協會

今年，是個人邁入老人長照領域第 30 年。從大學畢業投入住宿式老人福利機構擔任社工的第一份工作，到後來更多元的在老人住宅、社區老人服務、日間照顧服務、失智專區照顧等社工直接、間接的助人工作經驗，形塑了個人的內在：我社工、我榮幸、我感謝。

做了，就會喜歡

每年都要接受一次社工大一新生的訪談：「當初為何要讀社工系？為什麼要進入社工行業？」其實，跟許多人一樣，當時在屏東鄉下長大的懵懂迷茫的高中生，只知道一定要上大學，並不知道未來自己想要的是什麼；當時在醫院擔任護理師的姐姐說：「我在醫院看到社工很不錯耶，工作很有意義，妳要不要讀社工系？」於是大學聯考後的志願卡上，就是各個社工系的排列組合。

4 年的社工專業養成畢業，因不想造成南部家中的負擔，畢業前有機會就面試好工作，到老人養護中心當社工。一畢業，無縫接軌到職場，揭開了社工生涯的序幕。當時我的老闆是幼兒園的經營者，她說：「我要找社工是因為政府要求養護中心要聘專業社工，我不知道社工是什麼？能做什麼？妳大學學了什麼，妳就做什麼吧！」會計主管事後告訴我：「老闆一直在面試社工，我們那時推測，妳大概最多待一個月就會陣亡。」長者

家屬最常的回應是：「社工喔！那不是沒有薪水領，啊不是志工嗎？」

在那個老人長照領域極少社工前輩的年代，思考著：「社工能做什麼？」每天參與 40 多人的護理照服交班、每天巡房 200 多床跟長者寒暄。發現：「確定社工在養護機構的角色定位、找出與其他專業人員（護理、照服、物理治療、會計、總務、廚房）分工合作的工作方向與方法是重要的。」但更重要的是：「老闆要知道社工可以做什麼？」

於是開始思索在大學我學了什麼？哪些是社工專業的優勢？從募集各式物資給 100 多床的低收長者，讓老闆看見社工的能量，進而同意外聘學校老師來進行個案督導，帶領角色方向；接著帶領外籍看護支持團體、本籍看護人際溝通團體、進入社區管委會協助社區文書事務開始，運用團體工作、社區工作方法讓老闆、讓團隊知道社工能做什麼，再來回到 200 多床長者的精神生活品質提升、家庭支持服務及案主權益保障的個案工作；看著長者的笑容、聽著家屬回饋的感謝，發現：不是喜歡社工才來做社工，而是做了就越來越喜歡，越來越看見：工作即助人、助人即工作，是多麼美好的安排。

因而，當時有人問：「在這樣的老人養護機構內，我看來都是坐輪椅或臥床的老人，沒有生命的盼望，妳那麼年輕的小姐，為什麼可以工作得那麼快樂？」我想的是：「工作的成就感是不能外求的，要靠自己定義及尋找。」我把每位長者剩餘的生命當作一張 A4 的白紙，不管這位長者還有多少年要回天家，這張白紙上是屬於每個人的時間格，當我辦了一場慶生會（雖然長年辦下來我不太有切蛋糕的喜悅了），對於長者而言，白紙上在這個慶生會的時間格會填上彩色，我陪他聊天懷舊，這個時間格上又會再填上彩色，一直累積下來，當長者回天家時，他在最後這幾年養護機構的生命裡，就不再是一張白紙，而是有點點的彩色生活，這不就是最大的成就感嗎？

做中學，學中做

　　過去，因住宿式機構的運作特性，長者生活層面的滿足，涉及許許多多的柴米油鹽醬醋茶，有時會聽到初入社會或初入機構的社工講：「這不是我的專業該做的。」的確，機構生活上的大大小小瑣事不少，要嚴格來看，也沒說錯。但若是社工願意把那些事當作跟長者建立信任關係的途徑（例如不讓長者苦等維修人員，幫心心念念要換檯燈燈泡才有照明的長者換一下燈泡），那麼，似乎是不是誰該做的，不是那麼樣的絕對分法，轉念而已。

做中學

　　大學社工專業的養成是重要的基石，然而面對老人、家庭的長期照顧議題，卻發現所學的廣度遠遠不足。首先是低收入戶長者各縣市的公文往返的撰寫學習，進而關於長者的疾病照顧、用藥與復健知能，是馬上面對的課題；再加上機構運作的其他事物（老闆發現社工有無限的可能），於是一段時間兼任了出納：學習會計科目編列及出納財報的登錄；兼任總務：學習各項建物及設備的維修保養、補助款申請及政府採購法的操作。看似不是社工專業的工作，但從做中學了知識。回頭看，自己從工作第6年開始至今，社工生涯中不斷的在開辦新的服務模式及新的服務單位，皆是這段時間做中學的養成，造就了社工專業服務發展及能見度的提升。

學中做

　　剛進入養護中心工作的前幾年，臺灣的失智症照顧知識尚未普及，對失智長者的精神行為症狀不清楚，常常以為長者實在是「很盧」，也造成工作團隊大小衝突不斷。當機構開始有第二位專業社工及開放社工實習時，終於可以有讀書會（開始讀的是：個案管理、老年護理學），也可以有時間參加許多研討會，加上外聘專業督導的指導及學校社工實習老師的交流，深化了老人長照社工的專業知識，於是努力將書本上看到、研

討交流聽到的，嘗試學了就做，在機構內推動創新方案。尤其是進入社區工作時，不侷限於現有服務樣態的框架是極為重要的；看見社區長者的多元需求，心思意念想到的是如何滿足需求？健康、亞健康、失能、失智的長者及其家庭，每位長者都有屬於自己的人生故事，每個家庭都有家庭歷史事件，學習了社區照顧的理念，如何落實？於是和社工夥伴們一起創新研究：發展銀髮友善社區方案、針對社區失能長者的外展健康促進方案、十分鐘照顧圈方案、媒合照顧咖啡館服務方案等；想要創造長者無礙的生活：發展計程車司機背扶老人方案。創新發想的同時就要規劃此創新服務模式的研究及未來分享，抱著失敗了也有寶貴失敗經驗的想法，結合學者進行行動研究，進而進行整理發表，企圖為臺灣老人長照的專業服務發展留下軌跡。

意外總是在意料之外，都變成養分

　　當然，社工生涯中，並非都是一帆風順。我的職涯中，有兩次被告上法院的經驗（結果是告訴不成或撤告）。第一次是一位長者因福利身分被取消，連帶影響到其能接受的福利服務，長者一怒之下告了主管機關、單位的主責社工跟擔任主管的我，民事賠償外加偽造文書的刑事告訴。當我帶著主責社工去到分局被偵訊時，拿著「被告」的通知單，到後來開檢察庭前撰寫答辯書，一整個過程我都覺得很莫名其妙加上浪費生命，看著初出社會的優秀社工，因被告通知單寄回南部的家，要面對父母的質疑：「為什麼當社工當到被告上法院？」很無語問蒼天的情境。

　　第二次被告是老人住宅的長者跌倒，委託律師對公部門及經營管理單位提出民事賠償告訴，因為是主責的營運管理者，我又去了分局及民事庭，法官開頭就說：「我先前問了長者，他說你們的服務非常好，他很喜歡，所以還介紹人住進去，但他說要提出告訴，讓你們警醒，在美國若發生這樣的事，機構都要關掉的……。」一樣是很無語問蒼天的情境。

　　什麼是支持我走過這段歷程的支撐力量？當時所屬單位的服務長者好幾百位（含住社區自家及老人住宅），有時，我早上6點多提早到辦公

室，即使窗簾拉上、門關上、只開桌燈，依然不斷有不同長者陸續敲門：「主任，那麼早來呀……。」然後遞一份早餐、泡一杯牛奶、給一杯麥片。平日，有些長者要出門，會來敲我辦公室的門：「主任，我要出去了。」回來時，再來敲門：「主任，我回來了。我們是家人嘛，我出去回來都要說一聲才對。」就是這樣人與人間最真誠的關懷，服務提供者及服務使用者之間，那點點滴滴自然流露的人情味，是很大的支持力量，也是不會枯竭的力量來源。

生命的課題，思維翻轉與更新

上班第一週，一位長者緊急送醫，護理人員推床急促的腳步聲、長者雙眼緊閉、臉色蒼白的面孔從我面前經過，是我進入職場第一個震撼教育。在當時，低收入戶無親屬的長者醫療切結由社工去醫院代簽，常面臨醫療團隊問我：「要不要切（指氣切）？不切可能很難活下來，切了大概就是那樣了（指臥床靠呼吸氣維生）。」我常面對天人交戰，如何是好？或當低收入戶無親屬長者往生時，後事均是委託合作的葬儀社辦理聯合公祭，我要代表機構參加公祭，瞻仰儀容，拍照後進行補助款申請核銷。偶而會突然跑來去世長者的中國大陸親友來臺尋親，要帶著他們在一堆骨灰壇中尋找自己的親人，一壇一個人生、一個故事的落幕。

之後轉換到社區老人福利服務單位，在社區獨居老人服務中，處理列冊獨居長者生活安全議題、破門後急送醫，或是死亡事件等，一次很大的衝擊是：鄰里通報，警消破門後，發現兩位長者死亡、僅存一位長者疑似失智，回報主管機構、面對媒體詢問、議員開記者會質疑等，直到案件處理到一個段落，再次感慨：助人的工作從來不是有愛心、熱心而已……。真實的，更多是對生命、對善終的體會。因而針對 Erikson 的生命週期理論，個人感觸極深：長者在生命最後階段涵蓋著統整（integrity）或絕望（despair）的心理狀態，如何協助長者成熟地走入正向及肯定其生命意義，方能獲得統整，是極為重要的核心工作。

在工作第三年即開始帶領團隊，當主管後，大約都是多元需求與複

雜的個案，家屬才會由我直接會談；會談中，抽離了案主、家屬的外顯行為，看見他們內在深層的不滿足、憤怒、沮喪、失落、自我價值低落的否定與掙扎、照顧困境的捆綁……。有一次聽著一位進入老人保護系統、疑似思覺失調症的長者控訴鄰里街坊及老朋友如何陷害他、傷害他的兒子，憤怒的陳述中，更多的看到他過去生活歷史事件中的點滴，是如何影響著這位長者的生命品質，被困在牢籠裡面那個孤獨不安的靈魂，是那樣的無力與無助。

因而，由微視面來看，更加發現靈性對一個人生命品質是多麼重要的一環，應視為老人福利服務及長照服務社工的工作重點方向。從鉅視面來看，一直在想：面對超高齡、極高齡社會的來臨，高齡者的自主、尊嚴，家庭功能的維持與支持，在政策面，臺灣要準備的是什麼？跟著臺灣社會變遷，農業社會、工業社會及資訊社會不同世代的人均逐漸進入老年期，凸顯了老年異質性極大，我們要的是什麼樣的高齡社會圖像？高齡者的自主、尊嚴如何達成？科技導入安全、社會參與及日常生活面向，從數位落差、到數位適應、到使用數位的一代的智慧長照、共生社區（會）會是解方？似乎，沒有單一方案可以因應，而全方位的解決方案，需要跨界、跨領域的合作。如此，一直在以人本精神、以家庭為中心、以社區為基礎的高齡社會，對需求端敏銳掌握的社工專業，在這樣的合作平台中，會是什麼樣的角色？

給社工人的一段話：掌握社工優勢，展現專業自信

跨專業團隊合作

老人福利與長照服務領域的實務服務現場（不論是居家式、社區式或住宿式的服務），很常和其他醫事專業人員共同工作，除了最常見的護理師外，尚有職能治療師、物理治療師、營養師、藥師、醫師等共同合作。在其他專業都追求使用關鍵績效指標（KPI）展現服務效益時，常聽

見社工夥伴們反應：「這太難了，叫我具體，啊我就很難具體量化呀，每個人情境都不同……。」是的，每個人情境不同，但不代表照顧計畫的設定無法訂定具體目標，也不代表無法寫出具體的執行方法，在這個思維的前面，個人更著重的是：社工專業在這樣的跨專業團隊合作中的優勢在哪裡？

　　個人很特別的經驗是，更多的專業自信累積是在擔任老人長照領域代表，加入長照 2.0 跨專業合作的許多研討會議或工作小組時，來自其他專業的專家學者及家屬們非常具體的肯定社會工作專業的某些強項：「你們社工的社區資源連結太強了啦，我們沒法……。」「喔，那個家屬很難溝通耶，怎麼講都講不聽，那要轉給社工去啦……。」「欸，拜託社工幫忙溝通一下，長輩又不要復健了啦……。」印象非常深刻的是在一個研究失智症家庭的權益保障議題的跨專業工作小組（成員有醫師、護理師、社工、律師、會計師、服務使用者本人、家屬），任務即將暫時結束，在感謝各個專業的努力及付出時，參與的家屬特別針對社工表達：「社工真的很重要，如果沒有你們的陪伴支持，我還在擔心萬一我比我先生早走，他怎麼辦？還好有你們，這些後續照顧安排我比較放心，就不會一直擔憂了……。」

跨領域合作

　　另外，多年來跟跨領域的合作經驗中，大多擔任的角色是實證場域淬鍊的提供方，如何奠基在「以人（家庭）需求為中心」的理念下，總結歸納一線的直接服務經驗後，能夠表達明確的需求、溝通協調不同專業及不同領域多方不同的觀點（協調的基礎是同理及接納各方不同的角色任務）、彈性調整可導入的合作方向及執行策略、不怕失敗地進行內部資源整合落實執行。這樣一連串的過程中，緊緊抓住的是社工專業倫理中維護人性尊嚴的核心價值，運用的是社工會談中內化的同理技巧，展現的是社工價值中的尊重原則，方能去實現倡議的可能。因而，個人一直認為，相較於其他專業領域，社會工作的專業訓練是很重要的價值體系與執行方

針，很適合在跨專業及跨領域的合作平台中，擔任穿針引線的關鍵角色。
社工人，我們可以更有專業自信。

結語

　　一直認為社會工作專業訓練不僅是很棒的專業知識體系，更是可以運
用在個人生活、家庭、職場及生命深度及廣度的認知架構。從學理上單純
字義的了解，到長久實務工作的淬鍊下，回頭看這個專業養成的過程及知
識體系，會更能明瞭：專業從來都不是訓練有素的 SOP，而是更多真正
的關懷、尊重、接納的美。

20

當一個夠好的社工

黃綵宸／煦光社會工作師事務所社工師

為什麼當社工？

與社會工作相遇

踏入社會工作算是誤打誤撞，考大學那年因著分數與自己可以接受的科系名稱選擇了「社會工作系」，就是單純的覺得自己不愛數學，再刪除了一切跟商業有關的科系名稱後的最佳選擇。卻未曾想到讀了社工系之後，越讀越有興趣、實習後更堅定的想要當社會工作者。回頭想想，或許跟小時候的成長背景有關。

人們怎麼特殊？有著什麼境遇？

單親加上 9 歲以前在臺北市萬華區成長的經驗，可能是促成我對社會工作有濃濃興趣的背景。在我孩童時期所處的社區環境中，常會接觸許多生活困苦[1]的人們，當時的我只覺得這些大人雖然生活得很「奇怪」，並且似乎生命中充滿許多意外，但他們對我跟我的母親很良善。直到長大後，我的母親才跟我說社區中那些大人的故事，回聽這些故事與經歷讓我

---

[1] 「困苦」也不是小時候的我會用的詞彙，而是長大後回想的用語選擇。

非常的驚訝。例如有幾個阿姨是在茶室工作，後來跟茶室中的日本客人結婚後遭到家暴，離婚攜子返回臺灣；又有個曾經一起玩的鄰居姐姐在 19 歲那年意外墜海；一位熟識的鄰居奶奶早年喪偶後獨力撫養 6、7 個孩子們長大，但後來幾個孩子陸續發生一些意外，她仍然每天如常的照料家中一切、買菜煮飯，看到我會對我微笑、關心我。又例如有個常一起玩的鄰居弟弟妹妹的爸媽離婚了，他們很傷心但也很調皮，常常被他們的祖母修理……。一直到我讀了社工系，我才知道原來我從小就自然地與「特殊境遇」的人們接觸與相處，並且發現原來有一個行業、有一門專業是可以陪伴這些人們。這個專業工作與我的成長背景的連結，更加深我對這份工作的認同感，然後更知道為什麼我在投入這份工作之後，與各種不同的家庭接觸時，總是不那麼有隔閡，甚至服務家庭的成員們會覺得我很好親近，我想很大可能性是與我童年的成長背景有關。

如何準備自己？

學生時期的類社工初體驗

進入大學沒多久，看到熱情投入服務社團的學長姐的身影，除了感覺生活多采多姿又很有意義之外，我也很快地意識到社會工作是一份高度需要經驗累積的工作，因此個性外向、對許多事充滿好奇，以及想要累積更多實務經驗的我，毫不猶豫地投入校內外的社團活動。

大學時期常常整個寒暑假就投入兒童與青少年營隊、學期中投入課輔或者參與青少年外展志工、學校活動辦理等，在過程中有許多的挫折與成就，發現不同面向的自己。例如辦理活動的經驗中，被學長姐矯正指導的經驗，以及實際上帶領活動或與孩子們接觸的經驗等，我體會到跟人的工作真的需要許多的彈性，不能只想著要用某個方法或手法去執行任務，要想許多可能性和備案；另外也發現我的好強、自我中心的觀點與看法會帶給別人壓力，特別是處在任務壓力下的我會顯得焦躁與不安，以及太過在

乎外界的評價與眼光。但對於當時情緒覺察與敏感度還未打通的我，常常選擇逃避自己的情緒與壓力，有好幾次把自己弄得好累、緊繃與充滿失敗感，必須從中調整自己再站起來。

然而也可能因為勇於嘗試及失敗的經驗夠多，倒也在過程中慢慢地累積成就。我透過這些實際的經驗與體驗，內化成與人互動的知識或方法，從中修正與調整，也因為勇於挑戰與負責，得到師長、同學、朋友的信任與讚許。這些經驗加上實習社工的過程，讓後來要成為一名全職、密切與人互動的社會工作者來說，有著莫大的幫助。我體驗到彈性、接納、包容、不放棄、幽默、找方法及資源等在社會工作中的重要性，並且從我所相信的價值去驅動我的工作動力。

掙扎與困難

現實生活的猶豫與選擇

成為社工後大約 2 到 3 年左右，我開始思考：「我是否有機會去看看別種領域的社會工作？」另外，也不免與其他專業工作的同學或朋友們的「成就」比較，我內心想著：「一直當社工，薪資好像就靜止不動了，這樣能做多久？」或者「我要一直這樣下去嗎？有沒有其他的工作機會和選擇？」但或許是當時年紀還輕、自認還有時間思考這個議題；還有在經過深思之後，發現自己懷有對於社會工作的專業認同，對比其他朋友或同學的工作，常常覺得自己能從事有意義又有興趣的工作真的是非常的幸運。就一邊猶豫、一邊努力的提升自己，在社會工作中往前行。

在模糊的「成功」中匍匐前進，從「失敗」獲取養分

近身與服務對象工作的歷程，常常需要思考什麼叫做「成功」的服務與個案工作。就算自己不思考，每當來到個案研討、服務摘要撰寫、結案的時期，又或者是評鑑、考核、評選等機制都不斷地叩問這個問題：「我

的服務成功嗎？」

在工作中周旋在質化與量化的績效指標裡，要那麼地貼近與同理每一個來到面前的人、相信每一個人的生命故事是獨一無二的；但同時又要能在貼近後退一步，在工作中抽離、審視自己的工作成果、成效，並找到一些可以歸納的邏輯或規則。常常投入在生命故事的當下是那麼的感動，然而後退一步或者遇到指標檢視時，開始猶豫自己所看到或者所定義的成功是不是真實的？這些疑問跟隨著自己，一路上遇到各種不同的服務對象，有不同的變化與調整，並且也有不同的答案。

直到有一天發現自己突然像是位移到一個視角，重新詮釋成功與失敗。那個視角是：

> 他的生命還在繼續，也還繼續為他自己努力著，不論他努力的狀態是否是世俗所定義的成功，但是只要他還在路上，拉長來看，很多事情我不用著急，也不用為他定義，我能做的是看到這個服務對象的優點與力量，然後用一些資源與方法讓他在這個優點與力量上繼續的維持或發揮。

當然這樣視角的轉變並非一下子就翻轉與改變的，也不會突然的發現自己有變化，而是在某個時刻發現自己對於衡量成功的視角與過往有所不同。那個新的視角是融合了服務對象的生命與生活體驗，不單單是用我個人自己的生命經驗、教育背景、主流價值來評斷成功或失敗的視角，還有許多我本來定義或者主流價值告訴我的「失敗」，也因為視角的改變，理解這些人生命的經歷是一種養分，這讓我對於不同的人們多了「允許及接納」，更喜歡看到每個獨特的生命能夠依循著自己的步調緩緩前行。與服務對象同行的滋味真的很美好。

什麼叫做稱職？

誠實的面對與覺察自己

年輕的時候，我追求許多理論、知識、專業的成長與進步，把握各種課程與培訓的機會，但更多時候好像這些理論與知識我都抓不住，感受到自己學到的東西停留在表淺的地方，好像這些學習就停留在認知、知識的層面，我要花很多力氣去達到或者學到那些東西，沒有（或者是抗拒）往自己的內在走去。

就如前面段落所提及的，我的好強與在意評價這件事，曾經很阻擋我的覺察，一度我覺得靠著努力充實知識或技巧，加上一點天分（我天生有當社工的親和力），就可以勝任這份工作。

因此覺察自己在類似的地方跌倒，往往可能是一段時間之後的事了。自我覺察的這個歷程沒有很舒適，從一開始很難以接納自己（懊惱我怎麼這麼沒用），一直到能夠與這些不舒服與挫折相處、接納甚至是改變自己，則是在社工路上不斷要修練的地方。

看見與覺察自己的奇妙之處在於，覺察得越多、體會到越多，就越能夠收編一些自己的偏見、自我中心或者不能接受自己出現的情緒，然後看待眼前的服務對象時，更能夠理解這些不容易的內在之路，陪他們一起翻越崎嶇蜿蜒的路，或者有時要忍受繞路或迷路而不加以評斷，然後就體會到那些曾經在書本上看到、在課程上聽到的知識，轉換成自己獨特的經驗與體驗。

知道何時該讓路，成為服務對象生命中體貼的嚮導

當我持續在自己的生命覺察，保持自己對自己、他人生命的好奇，接著就是與服務對象同行時，要學習讓路、不搶道、不奪走對方的駕駛座或方向盤。讓服務對象能夠行駛或行走在自己的道路上，而我就像是體貼的嚮導，體貼的意思是能夠了解並重視對方真正想前往的目的地或方向，依

照對方能夠負荷與負擔的方式，幫助對方在這個路程中可以往他或她想要（不是我想要）的方向邁進。

服務中的體會

雖然單親，卻是完整而有愛的女性

我在單親中心工作的期間，最喜歡中心那群單親爸爸或媽媽帶著孩子們一起到中心活動的場景與聲音。初期經營這個中心時，心裡覺得這個園地提供了這些家庭所缺乏的，每次辦了活動，看見這些成員們彼此支持，或哭或笑，都會感覺到特別滿足。隨著與這些家庭貼近的經驗，我才發現這樣的看法是太自我中心與單一的。

印象很深刻的是某一位喪偶的單親母親，經歷先生自殺身亡沒多久的她，第一次牽著兩個孩子來到中心的模樣，她讓自己看起來既開朗又堅強。她是那種在分享自己的單親歷程時，還怕別人聽了會覺得太沉重、會轉而安慰其他成員的人。

她用超強的意志力讓自己生活在「常軌」上，過得比一般家庭的照顧者還要用力！她花了許多時間與精力賺錢要讓孩子可以學習各種才藝，她說望子成龍不會因爲沒有爸爸而停止，因此她用很嚴厲的方式管教孩子。

另一頭，她的孩子則是跟我們說他不敢哭，他也不想念爸爸，他說提到爸爸，媽媽就會傷心，但是他寫功課寫得好累，他說媽媽告訴他不可以抱怨功課很多很累，因爲媽媽也很累。

有幾次在中心就發生她與孩子衝突的場面，我們總是要兩方進行協調與陪伴舒緩情緒。有一次在中心情緒暴衝的她當眾打了孩子。單獨跟她談的時候，她才告訴我們她的脆弱，還有她知道孩子很累、很辛苦，但她不能選擇放鬆。她說就是因爲她的狀況很特殊，所以不能讓孩子在一個不好的起點，她要讓自己跟孩子變得更堅強。她一邊說、一邊強忍著淚水，我們則是陪她默默地流眼淚。之前我們總是看到這個女人的緊繃、嚴肅與高

壓，很為孩子心疼。社工會談的目標也是增進她的親職能力以及調整教養方式，我們想補上她所缺乏的能力，我們想幫助她跟孩子的親子關係。

在這些事件之後，我們開始調整自己的步伐、轉變我們的眼光與態度，我們看到她的完整而不是缺乏。透過我們對這個單親母親的支持與理解，也發現她的愛更有彈性，慢慢地我們可以與這個女人的生命更靠近。我們的接受、靠近與欣賞也作用在她與她的孩子之間。又後來，我們看到當初那個 6 歲的孩子已經即將邁入大學，心裡浮現的喜悅是難以言喻的。

想給社工同行夥伴的建議？

當一個「夠好」[2] 的社工

借用溫尼考特（Donald W. Winnicott）說的夠好（good enough）作為比喻。我覺得當一個夠好的社工是很重要的，我不會也不必是最好。但是隨著我越往內在探險，越從自己與別人的故事中交錯且成長，我知道我夠好，我的服務對象也是夠好。

其實我們所接觸的人們，他們的生命故事都是那麼的獨特，甚至常常經歷許多令人難以想像或承受的苦難與境遇，我們又能夠處遇、治療他們什麼呢？我覺得我總是需要認出他們的勇敢、堅強與不放棄！他／她們有些人在困難中，卻仍然在我們的面前，繼續的往前走，即使那些姿態不見得是我或者一般人所能認同的。我們能做的是，帶著欣賞與尊敬的心，傾聽與理解，不是為他／她們的生命下指導棋、不是很快地看出劇情或案情

---

2 編者按：「夠好」這個概念是借用英國小兒科醫師兼心理分析學家溫尼考特（Donald Woods Winnicott）（1896-1971）提出的「夠好的母親」（the good enough mother）理論，描述一位母親（或其他替代照顧者）在嬰兒成長過程的早期，能恰到好處地完全滿足個體的需求，並適時協助其獨立。由於嬰兒在成長過程中，需要學習如何包容與忍受挫折的發生，因此，個體需要的是一位夠好的母親，而非完美的母親。

會如何發展，也不是要提供什麼偉大的處遇與評估，而是陪服務對象看到只有他／她們能認識與辨認出的屬於自己的北極星。

　　然後，最重要的是，喜歡與接納每一時刻的自己，而我們自己的生命要不斷的成長與更新。

21
我與家暴服務同行的那些日子

童映雪／社團法人彰化縣生命線協會督導

成為社工人的因緣

回首自己在家庭暴力被害人服務領域待了 20 年，在中小型的民間團體待這麼久，確實非當年的我所能預期的。猶記得我剛入職一年左右，某一天跟著主管出差，返程路上，主管問我預計在機構待多久，我直言至少要 5 年吧（因為機構人事考核中有年資獎，每 5 年一個獎項），學校老師都鼓勵不到一年不要輕易就離職，這樣未來找工作不容易，所以我想至少領個 5 年年資獎吧！哪知光陰似箭，我即將領到第四個年資獎了。

排除法進了社工系

在升學主義的求學歷程中，我曾經想放棄念普通高中，送出志願卡前國中老師臨時來電提醒了我，讓我改填志願順序，因此錄取私立高中。當然，對於我的家庭條件來說是一大考驗，但後來有很多長輩的支持，讓我順利就讀私立高中，想當然爾不能辜負父母的付出與期待，後來順利推甄錄取大學。我在選科系的時候，我只確定不想選的，經同學推薦，我選擇了社工系，聽說可以助人。對於當年不想讀商、法、文的我來說，社工系或許就是個很好的出路。

每個學習經驗的體驗都很珍貴

社會工作是一個需要與人互動的專業，是一條跟自己個性相反的大道，過往學習資源確實比較不足，我也害怕改變，大學正式開學前一天夜裡，我遇到百年地震——921 大地震，在學校的努力下，我的第一學期是在臺灣第一學府裡就讀。在他校寄讀的日子中，我和幾位推甄錄取的同學一起參加返鄉服務的團隊，臺北、埔里幾次往返服務受災的兒少。第二個學期後，我和同學一起參與系上老師在學校當地社區的老人團體活動，持續 3 年多的學習，從觀察、想退出、被學姐鼓勵、繼續參與及交棒給學弟妹們，這是一個直接在社區帶領團體的實務經驗。在各種因緣際會裡，讓我和班上同學及系上學長姐有更多的互動。

大學時期的自己仍不善言辭，記得曾經在導生聚會時被老師關懷我的興趣，我不知道說了什麼，猶記得是我回應喜歡觀察別人之間的對話之類的，但當時的我表達不是很好，總覺得好丟臉，覺得很難被他人理解我。時隔十多年後，多次在不同場合裡再遇到導師，我可以和導師好好聊聊，即使正式場合，也能有專業對話，我想這是因為有了歷練，淬鍊出膽量與克服了面對師長的畏懼感。

畢業前，我知道自己需要一份工作，本想去部落磨練自己，但身為家中老大，我有股被喚回家鄉的拉力，我面試了第一家單位，工作內容主要是家暴服務，當年的薪資偏低，父親勉勵我先工作，如果有更好的再換就好。於是我開始成為社工人。剛投入社會工作一職就從事家庭暴力被害人服務的工作，回想起來有點初生之犢不畏虎的憨膽。

我需要一直努力不被淘汰

我當時應徵的工作主要負責業務是受暴婦女的追蹤輔導服務，以及113 婦幼保護專線的接線工作。任職初期備受壓力，因為生命線是個以志工為主的社會服務團體，社工人數是少數，加上志工都是以接線 1995 協

談專線爲主，其談話技術自然比初出茅廬的我來得更加純熟。我記得任職的第一個月內主管提醒我要能發揮社工專業，否則會被志工所取代。此話一直深入我心，時時警惕自己得在專業服務上持續成長、精進。初期我把這句話當成警語，告訴自己「我要成長、不斷地學習，不讓自己被淘汰，因為淘汰的不僅是自己而已，也會讓母校因我而蒙羞。」往後的工作歷程裡，只要遇到挫折、困難、挑戰的經驗，眼淚擦擦，我會反問自己在這些挫敗裡可以學習到什麼，我得努力不被淘汰。

我父親曾經說我的個性比較適合公務員，我當時不太理解，但我想可能當時的自己過於拘謹、不懂應變。約莫 7-8 年前曾有志工夥伴對我說，當年不敢跟我說話，因為我在培訓志工期間很嚴謹，有什麼話比較不敢跟我說。在工作第一個 5 年的我，確實比較拘謹，確實比較不懂應變。我曾在第一年被一個憂鬱症的受暴婦女覺得我經驗不足，不夠理解她。我確實很受傷，但我沒有放棄，我利用假日參加自費課程、閱讀書籍，參加內外部的教育訓練後，我都會習慣回去整理筆記，重新再閱讀一次。在工作初期，我的專業除了內外部各種的訓練之外，我也需要靠自學。多年後某一天那位受暴婦女再次來電求助，結束電話前兩分鐘，她才認出我的聲音，最後回應我：「妳變得不一樣了！」我自己也從對話覺察到自己的會談能力提升了。原本讓我覺得備受挑戰的案主，回頭的一句話讓我知道，我不會輕易被淘汰。爾後幾年開始整理成功案例去分享，那些分享的經驗，更加讓我知道自己升級了。我有所感自己的人生歷練少，確實需要花很大的力氣去體驗和覺察這個環境與世界，對於剛入行的我來說，第一個 5 年的受訓、閱讀與整理所學筆記的方式，都是不斷在內化專業知能的方法。

與優勢觀點的相遇成就現在的我

我覺得我能在現在的工作走這麼多年，除了一路上的貴人之外，接觸優勢觀點讓我蛻變非常多，也是成就我的關鍵之一。剛投入社會工作將近四個多月後，因縣政府與我的機構要加入優勢觀點個案管理模式之訓練團隊，我從初階訓練、進階訓練，加上每個月有指導老師——宋麗玉教授、

施教裕教授蒞臨服務單位來指導，一年半後我就代表機構發表成功案例，初次的經驗給我很大的信心與成就感。我認爲自己不是個活潑的人，在陌生場域裡還是個容易怕生的人，爲了發表，我得好好練習對大眾講話，歷經多次的案例發表，從中我獲得很多正向回饋，這些回饋促使我正視自己的優勢。

我記得剛開始工作一、二個月，我需要在內部督導會議上提案討論，我提問幫助受暴婦女要幫到什麼階段才能結案。我喜歡這個模式不僅在於有個理論基礎與實作方法幫助我去理解、服務個案，怎麼做才對案主是有幫助的，尤其針對家暴被害人而言，當時有評量工具可以幫助新手的我去操作，藉由外部督導密集式地帶領我去看見案主很細微的改變，例如：沒笑容變得有笑容、不注重打扮變得願意好好裝扮自己、被動變成主動……等，由小改變引發大改變的連漪效應，同時也幫助我這個助人者的角色有所覺察自身的能力與限制，而對於生命／生活意義、人與人之間的互動關係有所醒悟。

初期我無法好好去看見自己和他人的優勢面，硬著學、努力學，一旦有了成功經驗，我就開始對自己有不同的自我肯定與覺察，從模仿語言，內化而轉爲自己的語言，從模仿優勢他人，內化而開始對自己優勢看待。對我來說，因爲「相信」而「看見」案主的改變，而在案主身上，則因爲「看見自己的改變」而「相信自己的優點」，在這雙向復原的歷程之中，案主復原了，而我更是從中獲得專業成長與自信。檢視自己在學習 5、6 年後，更深入了解案主的復原軌跡，我在幾個成功走出暴力陰影的婦女身上發現，信仰對案主的助力，也讓我開始思考信仰（不論價值信念或宗教）對人在其困境之中產生的力量，這也是啟發我思索信仰的重要性，進而喚起我個人對於信仰的確認。

工作幾年後更了解自己的特質，尤其討好的特質、容易忽略自我的感受，尤其還不是熟手之前，遇到被指正時，我很容易挫折到默默掉淚沮喪，後來我才發現我不夠愛自己。我藉由書寫自己的經歷來整理自己的心情，在每一次書寫當中，最後都會找一句正向語言來祝福自己。含淚疼惜

自己是最常做的，很常覺得自己很玻璃心，但某一天，我接受自己就是個玻璃心，但我希望可以變成強化玻璃，即使有裂痕，但我能逐漸堅強而勇敢。我想正視自己的不足，也是愛自己的方式。我當社工員的年資不到一年時，幸好有學習優勢觀點，深入去內省自己的專業能力。這些反思有時如同照妖鏡，把自己照得非常顯露無遺，轉個念，就是一面鏡子，照映與投射著我們自己內心深處的惡與未知，檢視這些投射與照映之處，就會發現更不一樣的自己。從工作中累積自信與量能，確實也建立更多的自我認同與專業認同。

機構至今仍在推動優勢觀點模式，學習優勢觀點模式對我的職涯來說，就像是定錨，讓我在其中有所覺知、覺察、定焦這份工作的意義，更從眾多的個案生命故事中看見生命的變化無常。我曾思考過，如果我沒有做社工或沒有在個案工作中看見生命的可貴之處，或許我就不是現在這樣的我。

職務轉換的衝擊與淬鍊

系統觀的養成

這幾年的專業學習與實務實踐中，我看見家庭動力，有對家庭的頓悟，每一個關係、每個家庭議題都是彼此牽動，系統間的影響力牽一髮而動全身。在工作中所學運用到自己的家族間的各個家庭系統來看，能有更寬廣的見識，在利他中而自利。回首這 20 載的職業生涯裡，我歷經了家庭暴力被害人服務模式的演變，從早期婦女保護個案追蹤輔導服務，2010 年陸續推動家暴垂直整合服務模式，幾年後再推出家暴一站式服務，到近年的家庭暴力整合式服務，這些政策的推展，我看到政策實踐是越來越紮實，需要關注的焦點從個人系統延伸到家庭系統觀點。這些歷程的轉變，每個階段都有過渡期，在這些過渡期當中我的工作團隊裡也有流動，不論哪種變化，只有越來越辛苦的工作。這些變化中，我的職務角色

也在滿 5 年後開始不同。

你想成為什麼樣風格的督導

　　在因緣際會下我認為自己是因為資深而被提拔為督導，當年我是心裡排斥，但並未說出口，在我焦慮的期間有同事跟我說：「妳原本就是地下督導了，所以妳一定可以的（這個地下督導有類似師徒制的同儕督導關係）。」我初任不久，一位公部門的前輩在某一次談話中送我一句話：「當上督導之後就會體會到高處不勝寒，不容易有朋友，吃飯也不一定會找妳。」其實，當年我還不太懂這句話，但我當作是一個警惕。我不得不說自己是幸運的，機構無法教育我如何當督導，但願意推薦我去參加家暴督導的培訓課程。在培訓的期間，陳宜珍老師就問大家：「你想成為什麼樣風格的督導？」這句話深深烙在我心，從基層社工升為督導，期待成為一個具有支持功能的督導。但回顧自己這 10 餘年的督導歷程，要完全具備並非輕而易舉，因為督導尚有教育、協調、行政、監督等功能，民間團體的家暴督導要面對的不僅是內部的主管，還有對公部門，因此已經不單單是夾心餅的壓力。

　　我在督導身分的第一個 5 年裡，隨著社工逐漸資深，我就感受帶領資深社工實屬不易，同時因為正逢服務模式的轉變，一案到底的壓力，以及我對體制的恐懼及其帶來的影響力，無力感也隨之上身，再加上面對高壓及人力流動而須同時肩負培力新手社工的壓力之下，我時常感到胸口沉重。當年幸好有外部督導翁慧真老師的引導，讓我度過一次又一次的挑戰，讓我學會如何帶領團隊。「每一個挑戰都有其意義，不能侷限只看困難和被剝奪的地方。」我提醒自己勇敢面對每個挑戰和壓力，督導角色在夾心餅的位置，時常面臨妥協、不妥協的處境。我往往儘量想辦法取得一個比較折衷，對機構或對社工的衝擊較小的方式。但有時也會迫於無奈，選擇順從。因此，我在督導職務上第一個 5 年學習被討厭的勇氣、接受自己的不足處，但同時也更加看見自己的優勢與潛力。

向上管理與內外一致的平衡

成為督導的我，初期最怕的是遇到嚴厲的外督老師，但也因為在這個位置，讓我看待人事物的視角會比較寬廣，當然也有不同面向的學習，「向上管理」是另一位外部督導謝儒賢老師教導的。我在內部學習向上倡議，剛開始 5 年獨自一個督導與兩位長官爭取相關員工福利，進入督導職務第二個 5 年中，我開始有了同儕督導們的支持，共同激發主管促使機構能成為學習型組織的發展，催化機構內部的督導制度，以及協助機構建立社工核心能力的訓練架構。當然倡議並非一蹴而成，有時也仰賴天時地利與人和之下促成。在這個階段，我和同儕督導的責任不僅是為了個人職責所在，同時也提醒並建請長官能重視資深社工的培力，站在機構的立場去思考儲備督導的培力制度，也站在資深社工的立場激發有學習目標的動機。

督導確實要有不同於社工的思維角度，高處並非不勝寒，而是需要更為冷靜的視角去思考工作與團隊的需要。在內部與外部的資源滋養下，我面對工作團隊的帶領上有不同的體悟，團隊夥伴須為共同目標而努力，在面對困境當下彼此能一起發洩情緒、相互安慰，回歸到身為人的本能情緒反應，藉由互相取暖，也能有不同的平復，而不僅只有角色的要求，我認為這樣的社工才會有溫度。

家暴督導與家暴社工都屬於很忙碌的狀態，尤其民間團體的家暴督導更是，因為除了面對社工之外，也多有自己接個案的機會，要能理解個案的變化與每個不同時期社工可能遇到的個案類型，所以須保有接案的經驗，才能更貼近社工的處境。但也因為期待自己能面面俱到，時常讓自己陷入身心非常疲乏的狀態。我記得曾有一位同儕寫祝福小卡給我，有一句話寫著：「妳可以讓自己自私一點。」我有種被人穿透的感覺，我反思自私一點的用意，其實是希望我放下內在神格化的自己，學習照顧自己、內觀自己的身心狀態。貼近自己須學習處理自己的情緒，也需要建立自己的方法：向人訴說、書寫、拜懺、打坐、短期一個人旅行……等。在這個領

域講求效率，常常處在心不安定的狀態，因此禪修對我更是一種提醒與自我修復的方法，不時反問「自己的心在哪裡」來提醒自己活在當下，儘量貼近自己，而不是一直沉浸在非理性的自我內言（self-verbalization）裡。

我曾經幾度遠離支持性督導初衷，經過碰撞、受傷和癒合與整合中，漸漸拋棄「督導需要正經、嚴肅」這樣的偶像包袱，比較能在夥伴面前展現真實的自己，包括情緒和想法，站在比較平衡的夥伴關係中，調整這樣的督導關係，同時也能做我自己，力求內外一致性，這個一致性的調和方式有助於降低承上啟下的壓力。要正視自己會被討厭、自己一個人吃飯的情境確實是沉重的，我在信仰裡獲得部分的解壓，偶而從社工身分轉換為假日道場的義工，練習把自己的身段再放軟、柔和一點，因為身段太硬，很傷身，更傷心。不一致的內耗是很傷的，我剛好吃素，習慣一個人吃飯，正視被討厭是正常的，正視之後反而獲得更多接納自己的勇氣。自己稱職與否，難以自論，但我知道自己是個認真且盡責的社工（督導），在每個工作當下，我已經盡到當下最好的自己。

深刻的服務經驗

那些挫敗但又值得成為借鏡的經歷

從事家暴社工都會遇過被施暴者威脅的經驗，最深刻的經驗來自一個新住民的男性配偶來找其太太，我與這位施暴者會談，但他不知道我是服務他太太的社工，基於一般接案程序與其會談，雖有同理到他，軟化了他的防衛，在其準備要接受事實而要離開的瞬間，其情緒稍微又暴躁起來而辱罵與語帶威脅，說其有能力在路上處理掉社工等語。當天送走了這位配偶，但後續幾天他仍陸續來辦公室找人，也鬧到縣政府社會局。這個後座力很強，我心理感受到無比的壓力，每天只要看到類似身型的人都很防衛，也害怕被跟蹤，壓力大到我都準備想寫遺書，預防遭遇不測，但我始終未讓家人和同事知悉這些壓力。幸而當時縣政府承辦人把該案轉回縣政

府自行處理，聽說該男性配偶因擾亂而被帶到派出所訓斥。自此事件後，我開始思考替代性創傷等助人者的自助方法等，買書、上課等方式來面對自己的身心反應，從課程中了解替代性創傷及自我照顧的方法，在書裡也看到很多助人工作都會有的議題，原來我並不孤單。

身為家暴社工，做惡夢似乎是常有的事，日有所思、夜有所夢，惡夢就是顯露自己白天的壓力。我最深刻的第二個挫敗來自案主的輕生，當時的情境是案量多，每天幾乎都工作 9 或 10 個小時以上，一度被家人質疑我晚上是不是兼差，因為我幾乎未跟家人說工作上的事，甚至連假日都要繼續加班的時候，其實難以兼顧每個細節，無法在有限的時間內去接住每個人，尤其是沒有拋出求救訊號的人。當你面對案主無預警的輕生消息，確實很容易陷入我有沒有失誤、我有沒有該做而未做的自責。我花了一整年時間用我自己的方式來消化這個失落，失落來自於自責，最後一次聯繫我是不是還可以多做點什麼……。其實最後一次聯繫我已經做當下我能做的因應了。

我認為只要是認真的社工，不用外人檢討，就會因為失去案主而陷入自責的情境裡，因為我們看見的是人，不只是工作對象而已，這是沉重的負擔。家暴體制希望每位社工能接住每個人，但似乎沒有好好思考身為人的社工一天再怎樣也只有 24 小時，工作之外需要休息、其他日常的安排，才能有足夠的力量去面對每個個案。就像醫師都無法保證治療好你這一次的病，更不敢保證下一次你不會再生病。當你還隱匿其他病症，沒有好的醫病關係，醫師也無法下最好的處方。社工遇到沒有被服務意願的案主，即使努力多次仍有限，確實難以訂定貼近案主的服務目標，在這個領域裡很常遇到服務兩難的情境。

服務對象生命韌性令人讚嘆

當然，我並沒有因為被威脅而打退堂鼓，或因為失去一個案主而自責到退出，因為我在這些日子裡，看見更多的是不同案主的生命韌性；看見暴力循環中痛苦的鳳凰浴火重生；看見歷經受暴離家又返家，之後在助人

的歷程中看見自己真正的渴望而離開暴力關係；看見周旋在配偶與兒子間三角關係裡的婦女，歷經自殺住院治療，藉由深度服務與團體動力來影響案主走出自己獨立的生活的故事。這些成功經驗的背後，帶著自己與服務對象相互碰撞後的結果。很多時候，社工需要用力把案主拉出來，有時候社工需要溫柔且堅定地鼓勵案主，並等待案主的改變契機到來。社工是引渡人、引路人、提燈陪伴者、催化者的角色。

家暴被害人服務模式在某時期，因應一案到底的模式，家暴社工常被質疑只看得到案主的人身安全，其他都沒注意。這個現象我特別有感，除了家暴還看見了什麼？一個家庭有人施暴、有人受暴、家庭成員目睹暴力，家庭暴力與關係議題無法切開，如果只著重個人的安全，自是難以終止或趨緩暴力再發生，尤其是親密關係暴力。

我曾與一位婦女在結束服務前，邀請她跟她的女兒一起用餐，這個女兒回饋我說：「我沒遇過像妳這樣的社工，可以這樣服務我媽媽。」我接受這樣的回饋，因為該婦女有憂鬱症，我在她投靠親戚期間定期面訪，藉由散步的方式進行會談，藉由家訪了解與支持系統的互動關係，在她每次低落而主動求助時，接住她的情緒；面對她反覆回去暴力環境去探視她擔憂的已成年小孩，我接受她的選擇，並在她再次受傷而有輕生意圖時，連結精神科醫師鼓勵她住院治療，住院期間保持互動的機會，因為危機就是轉機，她看見了自己的不一樣；在她再次與先生團聚後仍持續被貶抑的崩潰當下，我積極傾聽與引領她看見自己的能力與優點；在她支持薄弱時，引入團體工作，讓她接觸相同境遇的團體成員而不會感到孤單；在她後續復原狀況比較穩定時，我鼓勵她回來團體分享擔任小幫手，適時分享自己的經驗。結束服務前她還是與憂鬱症共存，但已遠離暴力環境，仍守護著她想守護的人。

從這位婦女身上我看見傳統束縛，面對算命師給予的建議（如果妳離家，家裡的人非死即傷），我當下沒有立即駁斥，而是在她一次次的突破後，與其討論眼前的改變並未如算命師所言，一次又一次驗證生命可以自己掌握，最終她擺脫算命師算出的生命格局。面對來來回回抉擇的案主，

我不能輕易放棄，因為每一個新的來回，案主勢必已有不同的心境變化，在可控的安全之下可以陪其冒險，才能有蛻變的契機。婦女的改變也影響著我，因為這股力量，更讓我驚嘆生命力的堅強與韌性，以及找到如何因應各種宿命因果論的正向經驗。

但凡不能殺死你的，最終都會使你更強大

　　社會工作是人群服務，是高度與人接觸的工作，我從一個差點有社交恐懼的人，在職場裡歷經不同階段的貴人指導，從工作中累積經驗而奠定自己對於社會工作價值的認可。近期參與一場研討會，會中有人分享尼采這句話「但凡不能殺死你的，最終都會使你更強大。」我幸而在保護性工作中倖存下來，我存在、我擁有、我看見、我值得。社工與服務對象相似的處境與心境，面對生活（工作）各種挑戰，如何面對及調整，正呼應尼采的名言。

專業知識不只是為了助人，最大受益的載體是自己

　　「高處不勝寒」這句話對我來說，是角度看待的問題，當年的苦，已成為現在成長的養分。看似奴性、逆來順受與積極學習的軌跡裡，我反觀自己這些年來，也是印證優勢觀點六大原則中「個人有學習、成長與改變的能力」。以下這幾段話是我社工生涯成長與修練的寫照：

　　　　我在個案服務中看見生命的力量與困境中逆轉勝的各種可能性；

　　　　我在團體工作裡看見不同面貌的動力變化帶來的魅力；

　　　　我在志工管理中看見無私奉獻的精神與誠懇互信的關係；

　　　　我在信仰裡看見光明智慧的引領使我跌倒再站起；

　　　　我在督導身分裡看見擠壓當中自己從不一致的加壓到內外平衡融合的歷程；

我在同儕督導中看見不同實務智慧的展現與彈性；

我在不同的社工夥伴身上看見活力、創意與不同於我的韌力；

我在主管身上看見包容、多元視角與彈性的領導智慧；

我在接受外部老師指導當中看見自己和夥伴的能與不能；

我在與網絡合作中看見信任關係的影響；

我在大體制下看見歷史變遷的軌跡帶來的衝擊、學習與自己的適應力；

我在自己心力交瘁的歷程中看見需要疼惜自己、照顧自己、放鬆自己的提醒；

……。

這些見識正是我 20 年前始料未及的，受益最多的是誰，不言而喻。

學習把握當下

我不喜歡生活有過多改變，但每年我都把自己當成最後一年在過，一天和尚敲一天鐘，不做薪水小偷，不是任勞任怨，而是盡責盡分，如同社工助人，專注當下的會談與互動經驗，從每次此時此刻的生命經驗中堆疊出未來的希望感。我很喜歡李國修的一句話：「人一輩子能做好一件事就功德圓滿了。」

22

社工要讓自己可以永續發展

何雨威 / 現代婦女基金會社工督導

入行的背景

因為自身個性外向、喜歡與人互動，高三思考志願時，最好的朋友分享要選擇可以助人、與人接觸的社工系，我聽了覺得很不錯，後來也順利地考上。剛開始念社工系懵懵懂懂的，不知道自己適不適合、喜不喜歡，直到實習後我才確定自己未來將會從事社工實務工作。

大學在醫院的實習對我影響深遠。醫務社工與家暴社工很像，都需要與許多網絡系統合作，社工必須展現專業能力和自信，才能站穩角色去捍衛案主的權益。當時在乳癌病房實習，也讓我看到女性失去性別特徵後對她的生活、身體意象或婚姻關係等的影響。這也讓我開始對探索女性生涯、性別議題產生興趣。

大四時因著貧窮與社會政策的課程，我理解到政策面的影響非常深遠。我們不能只埋頭苦幹一線服務，而必須在實務經驗裡淬鍊出我們所看到的議題，向上反映，改變結構制度，或是破除文化中的迷思，才有可能讓整個環境更友善，根本地幫助更多有需要的人。我相信在每個位置都可以倡議，不一定要是執行長或是多大的職位才能倡議，即便是一線的社工，也有很多機會可以讓網絡、社區更了解你的案主處境，這也是一種倡議。

研究所時在現代婦女基金會的實習改變了我至今的職涯。記得當時第一次跟訪的個案，案夫沒有動手打案主，但案主非常害怕她的先生，督導透過會談了解到案夫和案主談話時，都會把刀子放在旁邊，案夫講話時眼神不時會飄到那裡，令案主非常恐懼，也使案主不敢反抗，那是我第一次感受到親密關係裡的無聲動力和控制，也了解到精神暴力和控管對被害人造成的效應遠遠超出一般人想像。當時督導對案主的理解與陪伴，讓我看見家暴社工可以發揮的角色功能，基金會「終止性別暴力」的使命，與「以被害人為中心」累積實務經驗進行立法倡議的工作方式也與我的信念契合，所以畢業後就進入現代婦女基金會工作至今。

家暴服務有很多種取向，現代認為家暴是一個性別的議題，跟文化、性別權力不對等或是壓迫等多元交織性有關。2014 年現代引進高壓控管的概念和理論，這樣的暴力很隱微，卻很普遍，甚至不會以衝突形式發生，而是散落在日常相處中的貶抑、壓迫和控制。它會因時間累積而效應加成，剝奪被害人的自由、自主性，產生「加害人無所不能」、「永遠無法逃脫」的認知。這樣的概念對我的工作歷程產生了非常大的影響，我看見即便臺灣的家暴防治系統運作已相當成熟，但仍有許多遭受隱微暴力的被害人身處暗處未被看見，這也是我持續投入家暴防治，未曾更換領域的原因。

準備成為社工

我一路上好像沒有特別為自己準備什麼，但我想重要的是「開放度」和「反思」。你需要不斷地去回顧社工的生涯和經歷，或是你做完了一個很困難的個案，即便很挫折，也要去思考這個個案帶給你什麼、他給了你什麼啟發、他的故事或是與他的互動中你被提醒了什麼，或是在服務歷程中有什麼感受。不論是新手社工或資深社工，都不能放棄去回顧、反思與沉澱自己，然後開放地接受別人的建議與自己的不足，這是能促成你繼續往前進的一個重要練習。

作爲保護性社工，替代性創傷相對容易發生，因爲我們的工作必須深度同理許多創傷個案。我也曾經有過連做夢都夢到案主的時期，情緒感受強烈與案主連動，但後來發現自己變得很容易自責、難過，感到無力又憤怒，就沉澱下來與自己對話、確認自己怎麼了，然後從時間分配開始重新找到工作和生活的界線，才平衡回來。這個過程可能每個社工都會遇到，但自己當下需要什麼以及適合的方式，得自己摸索、經歷，所以我認爲重要的準備是「覺察」，先有覺察，才有機會能幫助自己。

如何成為稱職的社工人

每個社工都需要知道自己的角色和任務，例如一個家暴社工最重要的目標是要讓被害人和家庭免於再受暴力的侵害，如果變成「零」很困難，至少也要減少。所有的處遇最好都是社工跟案主一起討論出來，社工要清楚角色分際和工作目標，這包含社工自身對於助人角色的看法、機構的價值和宗旨，例如我們相信案主是她自己經驗的專家，所以她的經歷、她的所知所爲，這些脈絡對我們來說都是非常重要的，我們與她討論人生的選擇或決定，並提供資源，不是幫她做選擇，而是充權，讓她的選擇被支持，也有能力和自信去決定。我們期許自己陪伴與支持而不去評價，讓她在過程中能獲得尊重，那是她在家庭與婚姻關係裡不一定會獲得到的，這讓她們能夠重新看見自我，從而獲得力量。

社工的專業價值與機構服務理念的梳理非常重要，否則在許多行政要求、快速的介入之下，很容易迷失或折損。因此在成爲督導後，我也努力幫助社工在高壓的工作中整理自己的熱情與初衷，讓更多人留在保護性服務領域。

無論是新手社工或資深社工，永遠要開放自己，保持對人、對事情的好奇心。即便是同一個人，今年碰到的她和 5 年後碰到的她，狀態可能都是不一樣的。好奇不是八卦，要好奇地去理解她經歷了什麼讓她有現在這樣的選擇或樣貌。對於新知或是不熟悉的事情要能夠去接受、理解和學

習，持續地成長才不會變得傲慢。回顧我人生中所有很重大的突破，都是因為接了很困難的任務，然後花了很多的時間準備與練習之後，這些東西才會變成自己的養分和能力。也不要害怕困難的個案，協助困難的個案就是你成長最快的時候。

社工生涯印象最深刻的經驗

我不會覺得有所謂失敗的案件，即使這段介入工作可能沒有達到我當時設定的目標，不代表個案永遠不會有出路，如果下一次再進案代表至少有危險時願意再求助，我還是有機會再跟她工作。我相信每一段歷程的一起工作都有意義，對她的生命和選擇都是會有影響。

我有一個服務最久的個案，是高壓控管非常經典的案例，我陪伴她非常久，因為她有太多議題需要處理，而且長年受到暴力的影響，幾乎沒有自己。我們在關係中來來回回處理她的安全、經濟暴力的問題，我希望她可以畫出界線保護自己，但從未將目標放在要她離開關係。結果我服務 7、8 年後，她提了離婚，我很難形容我有多驚訝。在我結案時，她已經在離婚訴訟中，也搬走了，那時我預期只能處理到七成的很多議題，包含改善財務狀況、讓親子關係界線更健康的面向，她幾乎都去處理了。那時案主對我說：「雨威，妳知道嗎？妳跟我講的事情我全部都有記得，我有放在心上，我只是動作比較慢而已，但是我全部都記得。」在她身上我看到，處遇的能力或技巧當然也很重要，但最重要的是如何用你自己來跟這個人建立關係並影響她[1]。所以一定要花時間跟案主建立關係，一致、真誠地想要理解她、真心地站在她的立場去感受和傾聽，去了解她的擔心是

---

[1] 社會工作者在實務過程中，結合專業的我（訓練、知識、技巧）與個人的我（個人特質、信念、生活經驗、文化傳承等）與服務對象建立關係。實務上，常見的自我的使用（use of self）包括：人格、信念體系、關係動力、焦慮、自我揭露等（Dewane, 2006），藉由自我的使用，社會工作者能與其服務對象建立真誠的工作關係。

什麼、為什麼她現在會有這樣的考量。一旦你做到了這些，即便案主在短時間之內沒有辦法真的有任何改變，但是她會知道你所有的建議，或是你跟她的討論都是以她為出發點，她會聽進去的。聽進去不一定當下就會反應，但未來可能在某個時間點或以某個形式發芽，某一個危急時刻，你的一句話可能會救了她一命。

我的另一位個案，先生對她有非常多日常生活中的控制，印象最深刻的是她的生活裡有非常多權力都被剝奪，但很難舉證。我記得我花了至少10 個小時陪案主一起整理自述狀，讓法官了解我們要訴說的是這位女性在婚姻關係裡有多少權力被剝奪，像是信仰自由、工作自由、行動自由、言論自由，甚至是保有喜好的自由等，並且舉出實際的例子。最後保護令過了，對我和案主而言，都是一個深具意義的里程碑，因為法官的核發代表案主幾十年來難以言喻的痛苦終於能被體制看見，這就是一個最有力量的充權。

學校老師沒教的一堂課

許多社工會覺得網絡合作非必要或並不容易，可是很多家暴案件太複雜或困難，很需要夥伴一起努力。2013 年起我們開始連結社區網絡一起跟案家工作，當時邀請陳雪貞老師來談個案管理，老師說的一句話：「每一個資源都有一個 price tag」，令我印象深刻，套用在自己工作中，就是要轉換期待，每個網絡都有自己的角色、工作和限制，你需要他協助，或你希望他在收案上更有彈性、為個案多做一點，那你需要思考如何溝通會讓他願意。我的經驗是，大家都是助人者，有共享的價值理念，把你們的立場拉到一起幫助這個個案或案家上，向對方說明你願意做什麼以及你已經做了什麼，再把你的困難與他連結，一定需要他的職權、能力，又或者是他的角色才能做到的事，這樣的鋪陳下，對方就會更願意幫你。當然，建立關係也非常重要。建立關係的方式很多，可能是一起合作案件建立情誼，也可能是平時的諮詢或關心，但無論如何都很值得去經營。

給社工人的一段話

　　我認為實習的單位和第一份工作很重要，實習不要懵懂地選擇，可以找一個比較紮實、有訓練架構、有明確使命的單位，最好是在這個領域長期耕耘，可以提供比較完整的訓練和督導系統，你也能從中了解到這個服務領域、人口群是不是你未來期待從事的服務工作。第一個工作也是，第一個督導對新手社工的影響很深，包括社工的基本工作態度、角色，要怎麼看待個案、如何一致。如果還能夠選擇的話，我建議認真思考實習單位和第一份工作的選擇。

　　有些夥伴可能會覺得身為一個社工人，我就要對任何社會議題都很感興趣，且要能夠回應、發聲。我覺得不用要求那麼高，你只要知道自己的興趣在哪就好。例如我喜歡倡議，我喜歡讓更多人知道家暴社工在做什麼，或是我們的個案發生了什麼，所以我願意投注非常多時間去外面演講，覺得自己在改變社會，很有意義，那我就能專注在我喜歡的工作上。選擇一個能讓我發揮專長並支持我的單位，是我能一直走到現在的原因。

　　或許有很多剛開始工作，或已經工作很久而有點迷茫的夥伴，會忘記或找不回熱情在哪，但我建議還是要透過各種方法找回來，例如休息整理自己一陣子、書寫、內督、外督等。另外，提醒自己現在所做的事與自己最在乎、最喜歡的事情有關；用任何方式跟最重要且能讓你繼續服務的事情連結也是一個方法。當然如果真的還是找不回來，或許也可以轉換職務、職位、領域刺激一下，又或是你是真的該休息了，那也無妨！

　　我時常說，社工要讓自己可以「永續發展」，所以照顧自己、了解自己，是我覺得最重要的事。如果你已經有認同和熱情，也想要影響更多人的話，可以嘗試走向督導一職，因為督導的角色其實可以影響更多人，讓更多人和你一起做你覺得重要的事，甚至改變社會環境。社工是很棒的一個專業，無論你在哪個領域、什麼角色，請相信你都在改變這個世界。

參考書目

Dewane, C. J. (2006). Use of self: A primer revisited. *Clinical Social Work Journal*, *34*(04), 543-558.

23

好好存在——追求以人為本的專業實踐

李玉華／勵馨基金會林口服務中心

我很喜歡，也很幸運自己是個社工人！

高中要選系時，媽媽希望我能選擇師範教育體系，因為「當老師」對臺東池上這個鄉村而言，是女生最好的出路和職業保障，而且光耀門楣、階級翻身。但在學校輔導老師的推薦下，我認識了社會學和社會工作這門領域，最後也順利推甄上我心中喜歡的學校。

菜市場的阿姨們總是喜歡比較孩子們的成績和科系，每逢有人問起，我媽只會介紹我讀某某國立大學的法商學院，而自動省略社會工作組。於是我經過菜市場和早餐店時，長輩們會恭喜我要好好讀書，未來要當一位好律師。我澄清我將來是要當「社工」時，只會看到大家疑惑和尷尬的表情，因為沒有人知道那是一種什麼樣的職業。

大學畢業後我的第一份工作，就進入家暴庇護所服務，一轉眼，就要邁入 22 年。我媽常問我（對，又是我媽）：「家暴工作危險又辛苦，薪水不高，又要常加班，你要不要轉行去 7-11 便利商店當店長？這樣去買東西時還能常常看到你……。」這是我們很多社工夥伴的處境，危險脆弱的工作環境，有時又得不到家人的支持，那麼，是什麼信念支撐我們至今呢？

我很幸運不管是大學 4 年或研究所再進修，都遇到認真教學的老師，

不僅是專業訓練的涵養，更是一種生命意義的啟發。劉曉春老師說：「助人者做出來的實務，折射了助人者的存在本身。」向內自省，如何活出自我的眞誠一致，追求生命的意義和完整，成了我和案主相遇的核心關懷。而向外思考，面對複雜的社會問題與人類的共同難題，楊蓓老師的華人系統觀：「因陀羅網」[1]，「一不離一切，一切不離一」[2]，讓我們理解所有現象、萬事萬物之間的相互作用，與重重無盡的變化性。簡單來說，「沒有人是局外人」，如何看待一個社會的文明程度，取決於我們這個社會如何對待弱勢群體的態度及正義實踐。

怎麼做社工：服務與倡議同行

畢業後我進入一處受暴婦女庇護所工作，這是個新成立的庇護所，也是母機構第一個承接的公辦民營婦女庇護所，當時家暴法剛立法通過不久，一切服務模式都有待摸索和建制。以庇護所的安置期限爲例，一樣是受暴婦女，因爲各縣市預算不同，所以能提供的安置時間就有所差異（來自資源豐富都市的婦女可以住 3 個月，反之，資源缺少的縣市只能住 7 天）。面對這種落差和不公平的現象，身爲社工，你會選擇按照規定行事？還是會願意停下來深思，敏感於政策制度會作用在每一個體身上，能從實務經驗中，看見不合理之處，進一步選擇我們的行動策略，積極反饋

1　編者按：「因陀羅網」（indra-jāla）是切利天王帝釋天宮殿裡用珍珠做網目（即網結）裝飾所懸掛著的網，亦叫「天帝網珠」。因陀羅網的特別之處是網目的每一珠均可影現它珠，而且互相影現，結果是重重無盡；一如多塊鏡子放在不同的角度，站在眾多鏡中的你，可見到你的無數個影像。因陀羅網在佛教經典中廣被引論，表達的是：萬物互相包含，縱橫交織、重重無盡、層層疊疊，渾爲一體的殊勝境界。

2　編者按：「一不離一切，一切不離一」出自《華嚴經》「一即一切，一切即一。」一本散萬殊，萬殊歸一本。一是心，一切是法，故經云：「心生種種法生，心滅種種法滅。」一是體，一切是用。譬如一團水銀，分散諸處，顆顆皆圓；若不分時，只是一塊；此一即一切，一切即一。是心作眾生，是心作佛，萬物同源，萬法同宗也。

與修正原有的服務設計或制度，爲案主倡議更合理的權益。

當時我收到某市公文來函，我的案主只能緊急短期安置 3 天、可延長安置至 7 天。對一個離鄉背井、懷中還帶著一個嬰兒逃到臺北來求助的受暴婦女而言，我實在很難想像，7 天後，離開庇護所，她該何去何從？我沒有選擇服膺制度，我往上和我的主管討論，接著展開了一連串公文往返、溝通、個案研討、爭取安置資源的過程。從特殊個案的破例處置，經過很多年許多專家和團體的努力，我們現在有了全國一致的安置規範，讓不同縣市的受暴婦女，不致因爲資源差異，而有不同的服務。

有時候，社工會這樣想：「我只是個小小社工，我能改變什麼？」不，我覺得一線社工最了解案主的處境、最接近社會新的脈動和變化，不要關上你的感覺和觀察，當你感到疑惑和困難時，也許那就是系統需要改變的契機。

療癒／改變如何發生？

我很喜歡一位著名的人本心理學家羅傑斯（Carl Rogers）的觀點，他描寫了我認爲助人工作很珍貴的價值，值得我們爲自己，也爲身邊的人一起努力的方向：

> 簡單說，人在受到接納和肯定時，很自然會對自己更關注。這時候，如果又有人（團體）以同理心傾聽他們，他們聽自己內心的感受，便可能聽得更正確。一個人一旦理解自己，肯定自己，就會與自己當下的感受更一致，變得更爲真實、更真誠。
>
> 當我們提供一個能允許人存在的心理環境，並不是在碰運氣，我們是在利用所有有機生命都具備的一種傾向，趨向完整的傾向。我們是和一種強大的創造傾向連結；正是此一傾向，形塑了我們的宇宙。（《存在之道》，2023）

　　阿月是庇護所的婦女，她總是戴著口罩進入我們的婦女團體課程。一開始我以為她是感冒，後來才知道因為她幾乎沒有牙齒，她感到自卑，說話不是很清楚，也很小聲，所以就總是戴著口罩。她有一個讀國中的女兒和一個5歲兒子，女兒有嚴重的思覺失調症，在庇護所發病時都會出現男聲，其他婦女和孩子會說：「是不是被鬼附身了？」而感到害怕不已。女兒因為生病的關係，對阿月予取予求，無法建立母女的界線，連帶也讓這個家庭都陷入混亂，常常受困於女兒的情緒和病情，而讓母子三人的生活都不穩定，關係糾纏不已。

　　在庇護所，她聽到社工最常說的是：「要認識自己、做自己」，但那是什麼？其實她並不清楚。她只知道每次她的女兒發病時，社工會不斷和她討論、示範要如何回應女兒的狀況，哪些情緒要回應，哪些又要拒絕孩子的勒索及學習設限。在團體中，她學習每週能有自己放鬆和休息的時間，還有和小兒子的相處時間。這些播種，在她們離開家園一年後，慢慢看見一些改變。有一次她很勇敢的接受我們邀請，上台分享自己的故事。對一個過去非常寡言和沒自信的她而言，那是個非常勇敢和動人的時刻。

　　做自己，是什麼？

　　　　住進庇護所時，我的社工教我：認識自己。只給我這四個字，沒頭沒尾，那時的我聽不懂，也不敢發問，在那之前我沒看過一本課外書，更沒聽過這四個字。基於好奇心，離開庇護所後，開始想認識自己，我開始看書，想知道些什麼、想知道什麼因造成什麼樣的果。我很不擅言語，社工教我可以寫下來，我開始寫日記，把心情和感覺寫下來，為了想寫些東西，就會更在意自己的感覺和很多的體悟，發現更多的自己。

　　　　看自己後，開始反省自己、修正自己、懺悔認錯，這是一連串自然的發生，原來做自己的日子這麼輕鬆，不用在乎別人的眼光，我可以自在的做自己，可以相信自己，沒有誰可以傷害我們。這一年我努力做這一件事，我找到了自己，也找回了孩子。

　　一年前的我什麼都沒有了，還留著仇恨和受傷幹什麼，那是多餘的，我也不希望小孩跟我一樣帶著仇恨過下去。就像我們的手機常常空間不足，必須刪掉一些才能安裝，我們一起把仇恨刪掉、把煩惱刪掉，在有限的記憶體裡，一起安裝幸福的未來。（阿月）

社工做什麼：追求一個平等正義的社會

　　社會工作吸引我的另一部分是它強調和關注「社會性」。如何促進社會文化和系統的改變，實現一個平等正義的社會，是我覺得很有意義的使命。誠如羅傑斯（Rogers, 1980/ 2023）對助人工作曾提出的挑戰：「與其為那些因為社會因素而出現障礙的人塗抹膏藥，不如積極去設計一個問題較少的社會。問題的關鍵在於，我們是要發展出一種未來導向的預防方法，還是一成不變，永遠守著過去導向的修補功能。」

　　20 幾年前家暴法剛通過時，我們一邊要做一線服務，一邊要做很多的社區宣導，讓民眾明白「什麼是家暴」、「家庭暴力不是家務事」等基本的人權觀念。這對當時的華人家庭價值，有很大的衝擊。我記得我去一場社區宣導，面對台下 100 多位基層的鄰里長，有人提出疑問，提問中總是會充滿一些戲謔或挑釁：「社工，這樣碰一下就算打老婆嗎？」「哪對夫妻不打打鬧鬧？這樣政府管很寬。」「不能打小孩？那是要父母怎麼教小孩？」「孩子是不打不成器啦……。」

　　面對這些質疑和抵抗，我們需要藉著每一場活動，不斷溝通，也不斷挑戰社會傳統的父權文化，直到一個新的文化、新的價值慢慢形塑。我相信時至今日，大家都能感受到臺灣社會在女性地位和性別平權的路上，有了很大的翻轉和改變，這是很多很多人的努力和付出，我很幸運見證和參與其中。

關於助人的一些反省

最後，我想分享我對助人的一些反省和心得。在我們提供服務的過程，莫忘了以人為本的初衷，維護每一個來到你面前的案主，他們的平等和尊嚴，細細聆聽服務使用者的感受和聲音，不要讓專業心態凌駕了人，也是我們實踐專業價值的根本。

第四世界運動創立人若瑟·赫忍斯基（Joseph Wresinski）神父曾這樣寫下：

> 參與父母親生活中的大小事，在孩子的生命中留下難以磨滅的痕跡，不管是與鄰居的來往，還是與外界的接觸。社工人員、幼兒保育員、來抄瓦斯、電表或水表的人……，這些人一定都用某種態度來對待他們的父母。他們會將目光放在屋子裡的擺設，或是特別注意小孩的穿著和說話方式。孩子們可以感覺到這些人並不是他們的朋友，在他們眼中，這些人不見得是敵人，但他們是另一個世界的人……。（《親吻窮人：若瑟神父與第四世界運動》，2013）

小時候，我父親在我 5 歲時因為一場「海山礦坑爆炸事件」意外驟世，我母親為了要扶養我們三個孩子，本來我們住在臺北，後來就選擇搬回臺東寄居在鄉下的外婆家。為了生存下來，我母親無所不用其極，想了很多方法養活一家。

她聽聞村裡可以申請一種清寒家庭補助，有一天，她交代我們三個小孩，放學後，不要直接進家門，她借用了外婆家的一間小倉庫，做了簡單的布置，顯得很家徒四壁，很清寒。然後，我們就很拘謹的坐在簡陋的椅子上，有個人來進行家庭訪問，我們小心翼翼地回答問題，深怕自己說錯了話，然後我們就得（騙）到了補助。

國中時，因為我成績還不錯，她又聽聞可以申請一種清寒優秀學生獎學金，我始終不知道她消息怎麼這麼靈通，我不知道她又用了什麼方法，

於是我得到了 5,000 元獎學金。我母親用了這 5,000 元買了一條金項鍊送給我，她要我戴著項鍊去上學，我說：「媽，這是清寒獎學金，我卻戴了金項鍊，這樣有很清寒嗎？」我知道這是她的心意，她竭盡所能想送給我的一份愛。這條項鍊，也是我到目前爲止，唯一擁有的一條項鍊。

這些經歷對我長大後，現在成爲一位社工，常常有很大的反省。當我在社福中心實習時，跟著督導第一次去到一個陌生的家庭，要進行所謂的低收入戶資格審查與評估，看著我眼前的家庭，那份緊張、拘謹、生澀、被觀看、被評量的感覺，我心想：一個人和家庭，到底要證明自己有多可憐，才能得到政府那些微薄的補助？社會福利輸送的過程，所謂的專業評估，其實背後常常隱含一個假設：要防止人們欺騙而得到補助，不夠可憐和悲慘的人，是沒有資格的。

我常想，如果這些評估者，曾經坐在那張簡陋的椅子上，他就能明白，無論什麼處境，無論什麼年齡，都是有自尊的。資源的輸送，不應該建立在對人的尊嚴的質疑和傷害，然而很多時候我們卻不自覺。

我想起一位朋友，這樣寫下她對社工和社會福利輸送的心聲，她在未成年時因爲父母變故差點被政府安置，她很幸運自己當時沒有被帶走安置：

> 我覺得，自己伸出了橄欖枝，別人就一定要接受的心態，是一種傲慢。
> 然後政府伸出的橄欖枝，還規定了你伸手的姿勢。
> 不是我在製造階級對立，而是這種對立一開始就存在。

這些故事如同若瑟神父說過：「慈善救濟的限度在於，它或許充滿善意，卻沒有以窮人爲師，慈善的限度也來自它伴隨的各種控制與不信任。」

重新回顧和省思我們的助人實踐過程，甚至方案設計，例如庇護所的環境規劃、氛圍的經營、服務流程設計隱含的意識型態等，如何回到「以

案主為中心」的核心關懷和平等心，或許，我們就能更有人味、更為細緻，而不會把自己工具化，逐漸失去助人的熱情和能動性。

最近我們兒童課後照顧班面臨一個新的需求，剛升國一的孩子們都被要求加強學習，要留到 7 點才能下課。但我們的課後班只開到 7 點，他們就參與不到，也遇不到社工。於是他們提出訴求：希望課後班能延長時間，開到 7 點半，至少他們還能來半小時。他們其實只是想要和社工們聊聊天、抒發在學校的苦悶心情。但這對負責課後班的社工和志工老師們，延後半小時是個很疲累的負荷，照顧好助人者的身心健康也是很重要的事。於是我們想出了「國中限定版」的星空班，由團隊其他夥伴來接力，陪伴這群孩子度過剛升國一生活的壓力與適應期。當我們傾聽微小的聲音、願意保持彈性去回應需求，陪伴的細緻和被好好看見才能體現其中。

社會工作的目的是促進每個人的社會福祉（Well-being），簡單說，讓每一個生命都有權利成為自己想要的樣子，有能力追求屬於自己的幸福感。我在社會工作的專業實踐過程，看見生命存在的可貴、人性成長的力量，我相信只要我們願意培養更多的合作意識、社會意識，一起往共同的利益行動起來，人類的集體智慧定能帶領我們朝向更真誠、更有人味與平等的生活。

參考文獻

Anouil, Gilles（2002）。**親吻窮人：若瑟神父與第四世界運動**（楊淑秀、蔡怡佳、林怡伶譯）。臺北：心靈工坊。

Rogers, C. R.（2023）。**存在之道：人本心理學家卡爾‧羅傑斯談關係、心靈與明日的世界**（鄧伯宸譯）。臺北：心靈工坊。

24
施比受更有福

有夢就去追——我與社工的初相識

民國七、八〇年代，考試定終身仍是一個普遍的現象。當時的我對於未來沒有太多的想法，一切都是聽從老師跟家長的建議，也不覺得有什麼不對。國中畢業後，選擇具就業市場優勢的工科就讀，雖然在就學過程中就發現與自己興趣不合，但仍然是默默的完成學業。直到畢業進入職場，發現職業是影響自己深遠且一輩子的事，這時才第一次認真思考，自己未來想過怎樣的日子，自己的個性、興趣可能比較適合哪種職業，然後參考當時的大學科系插大，選擇社會工作系重新啟動自己的職業生涯。當時也不知道這樣的決定對不對，只是不想讓自己後悔，希望給自己機會，讓自己為自己的人生做一次決定，就這樣我與社會工作有了首次的緣分。

畢業後，開始是在工廠的人資部門工作，恰好有位在醫療領域上班的學長要轉換跑道，問我若有興趣可以投遞履歷，就這樣我與醫務社工結下不解之緣。往後除了換工作地點外，就未曾離開過醫務社會工作領域。醫院是我熟悉的工作環境，它給我養分，任我在這領域學習成長，不僅是專業的發展，更多的是影響我的生命態度，與對人、對事及對家庭的重新認知。

進入職場才知道學校教的不夠用

自我學習補強不足之處

　　進入醫院工作，心中不免忐忑，雖然在學校修習社會工作，但要如何將所學轉換成職場上需要的技能，還是差距甚大。我在學校所學的課程以理論與社會行政相關之課程爲主，較少實務技巧訓練之課程，也未接受與醫療相關之訓練。由於對醫療領域完全的陌生，一開始只能把自己當作學生，桌上備著一本醫療專用辭典，遇到不熟的醫療名詞我就翻字典查詢，再書寫一遍以加強印象，各科別會有一些常見的診斷，久了也就可以大略聽懂醫師的對話，不再那麼害怕。

向專家及跨領域學習

　　除了認識診斷，也需要了解不同疾病所引發的身體症狀爲何，醫療評估與處置、預後狀況等，這些都是社工在整體評估與處遇計畫時，必須納入考量之重要資訊。爲了讓自己快速適應職場，對於致病機轉我主要是跟護理人員請教，並盡可能跟醫師查房，透過跟診查房，不僅可以讓醫療團隊認識社工，也是學習醫療知識的最佳管道。每次遇到新手社工或實習生我都會給予建議，請他們盡可能跟醫師查房，因爲唯有透過親身體驗與接觸所得的知識才是眞實的。

善用社工督導與同儕的智慧

　　在專業發展路上，幫助與影響最大的，還是來自單位長官與同儕的教導。屬於社工服務範疇的個案工作、團體工作，都是有一群熱心的工作夥伴，不辭辛苦的指點並親手帶領，給我學習與嘗試的空間，讓我從陌生到可以獨當一面，從新手逐漸累積經驗，建立信心，也能在社工領域發展屬於自己的特色，進而能與社工同儕分享，這些成果我覺得來自機構與同事的支持，絕對是必要的要素。

跨領域合作社工更有力

啟動捐款者愛心、資源不斷線

　　社會工作依據服務對象分成不同的領域，醫務社工是在醫療衛生保健工作所實施或配合的社會工作，是社會工作者運用知能與技術於醫療衛生機構，從社會暨心理層面來評估並處置個案的問題，為醫療團隊一分子，共同協助病人及家屬排除醫療過程的障礙（溫信學，1996）。醫院社工主要的工作重點大概歸類有三種，一種是經濟補助，一種是協助病友的疾病適應與發展病友團體，另一重點則是推展志工服務。早期沒有健保的時代，醫療費用一直是病人最擔心的事，其中如早產兒或燒燙傷兒童等無勞保身分者，醫療費用動輒上百萬，臨床上常見家長無處籌錢，不得不選擇放棄治療或棄養，這也考驗社工的資源整合能力。民間善心人士相當多，社工除了要解決病人費用問題，也需要匯聚資源讓大家都有機會參與。一般來說可以將個案所需的補助款分散給不同的團體或人士，每個團體提供的款項不一定要多，夠用就好，播種愛心就像是涓涓細水需要長流，線不能斷；社工服務案主，也要跟提供資源者經營關係，為的就是案主的最佳利益。

跨專業的學習保障案主權益

　　社會工作除了要嫻熟本科的所有相關技能外，更需要對跨領域的學識有所涉獵與熟悉，這有助於提供個案全方位之服務。早期服務之醫院鄰近高速公路，車禍導致的外傷屢見不鮮，受傷民眾或家屬面臨的除了傷口治療外，影響後續治療的往往是醫療費問題。當時健保尚未開辦，就醫費用以及後續因病無法工作，或因傷殘、死亡所帶來的問題，都需要一筆費用來支撐。那個年代曾經流傳，卡車司機若撞死一個人所賠償的金額，往往低於撞傷導致傷殘的補償，因為傷殘是要一輩子的治療，這不僅讓傷者陷入困境，也讓司機被汙名化。

實務經驗中確實有過幾次，肇事者就此人間消失，或者委由工會的人出來協調，由於受傷者有一部分比例是經濟弱勢，他們無力為自己爭取權益。社工師在這過程中，除了評估經濟補助的可行性外，更多的時間是如何從法律面提供資源，說明報警、車禍現場圖等的重要性，釐清車禍肇事責任，知道越多法律的關鍵問題，越能協助案主，保障案主的權益；甚或擔任病友權益的觸媒者、倡導者的角色。在多起的意外事件後，受難者家屬柯媽媽發起成立車禍受難者救援協會，並推動完成《強制汽車責任保險法》，讓車禍受難者能獲得基本的保障。

社工與法律的距離

1. 責任通報保護弱勢個案

社工與法的關聯性最明顯的，該屬《兒童及少年福利與權益保障法》、《家庭暴力防治法》、《性侵害犯罪防治法》等，規定醫事人員、社會工作人員於執行職務時，知有疑似上述相關犯罪情事者，應立即向當地直轄市、縣（市）主管機關通報，明訂社工必須落實法定通報責任。因應法令，保護性案件是社工在醫院的主要業務之一，雖然醫院並未因此增加社工人力，但社工卻視之為使命，極力地協助陷入困境的個案，給予周全的保護。

2. 醫療權與善終權社工不缺席

社工服務對象相當多元，除上述法令規定外，在服務的過程中，因不同的服務對象需求，更需要了解不同法令，以作為服務計畫擬定之參考。例如社工常遇到與家庭關係相當疏離，甚或年輕時即因故拋家棄子之案主，直到因病被送到醫院，醫務社工介入聯繫家屬，以進行病情說明或討論醫療決策的任務時，往往得到家屬或子女拒絕探視，不願意提供任何的醫療決策簽署的回應，或表示已申請法院減輕撫養義務與責任。此時醫務社工就得要了解《民法・親屬編》及《刑法》中子女對父母的扶養義

務的相關規定，在情理法中運用社工專業與案主及其子女工作，尋求可解套方案。同時社工亦需要了解《醫療法》、《醫師法》、《安寧緩和醫療條例》、《人體器官移植條例》等與醫療提供及病人權益相關之規定，協助醫師遇到倫理兩難困境時獲得即時之支援，並協助自己在提供服務時的判斷。

掌握社會脈動提升社工能見度

落實家暴法我曾與之同行

　　應該是從責任通報業務開始，醫務社工開始開展小夜班輪值，但醫務社工提供大夜班服務，應該就絕無僅有的。臺北馬偕醫院位處市中心，每到夜晚急診總是塞滿人潮，為了因應與協助處理夜間的病友，以及家庭暴力防治等法通過後，預估家暴與性侵案件主要發生時間以夜間為主，對社工的需求日增，加上原本就人滿為患的急診，期待社工師能夠將服務時段延長為 24 小時。我恰逢其時，自 2001 年起急診有 3 位社工師分成早、晚及大夜 3 班輪值。遙想當時開啟大夜班服務，酸甜苦辣參半。大夜班的服務對象主要以家庭暴力、性侵害個案居多，偶而參雜路倒或醉臥街頭的病友。大夜班打亂社工正常的生活作息，生理時鐘的調整本就不易，漫漫長夜有時會抵擋不住瞌睡蟲的誘惑，當接到照會電話，總是需要一點時間回神，做好上工的心理準備。雖然累，但法剛上路，許多法規跟流程大家都仍不熟悉，需要社工擔任樞紐予以串聯。在那一段時間，我們以社工專業協助團隊執行驗傷採證，以及受害者情緒心理支持，並完成通報等流程，並將執行成效提供政府單位參考。如今因為法令周全，以及醫療單位對於受害者觀念的轉變，友善的醫療環境，讓家暴以及性侵害受害者能勇敢求助，美好的一戰雖然辛苦但卻值得。

實證的必要性

24 小時全天候服務制度執行一段時間後,我們發現大夜班配置一名社工師,在人力成本上並不划算,反倒是假日需要社工的迫切性會更高。為了驗證我們的想法,同仁一起設計了報表,將急診服務量依不同時段、班別予以統計,納入成本概念,最終從人力運用、人事成本、病人服務的需求等方面提供總體分析,並將統計結果提供院方參考,院方採納社工建議,將急診大夜班人力調整到假日白班,讓社工服務能用到該用的地方。

服務幹勁來自於有核心價值

除了保護性個案有時效性,需要 24 小時輪值,以確保即時性之服務外,另一類就是器官捐贈。1990 年代臺灣醫療技術已經有能力進行器官移植,但由於臺灣器官捐贈風氣不普遍,移植器官的需要量和捐贈器官的數目極不成比例。器官捐贈—移植是考驗團隊精神的一種既困難又複雜的工作,每一相關作業都仰賴許多醫護、醫技和行政人員密切的配合,才能順利完成。最初步器官捐贈的宣導和輔導,到整個器官捐贈—移植過程的協調,更需要仰賴專人的負責。我們認為醫務社會工作人員的愛心、耐心和專業的訓練,是主導器官捐贈的最佳人選(葉高芳,1992)。在那仍亟需改變器捐思潮的時代,社工人員就像推銷員,我們不僅在醫院裡宣導,更積極將觸角擴展到社區,哪裡有活動我們就往哪裡去,積極爭取設攤機會。假日我們會在臺北、桃園各百貨公司門口設攤,宣導器官捐贈,或者是在各種的園遊會設攤,社工人員搭配志工賣力的宣導,有人熱情響應,有人見到器官捐贈就速速離去,真不知道那時哪來的勇氣,但當時我們「玩」得很開心。

擔任器捐協調讓社工被看見

除了宣導外,我倒是對於被 BB Call 24 小時隨傳隨到的日子有點不堪回首,曾經電影看到一半被 call 回院,以及晚上睡到一半 call 機大響,從

睡夢中驚醒，半夜搭計程車回院，說沒怨氣是騙人的。但真到現場，仍然是幹勁十足。我發現那力量來自於自我與他方的多重肯定與成就。那個年代沒有協調師，社工就兼作協調，器官捐贈是否順暢執行主要是社工師的協調整合與執行力，社工師必須負責器捐的所有業務，從簽署同意書、安排抽血、送血，到確認檢驗結果是否符合捐贈，以及腦死判定安排、聯絡法警、檢察官，到後續家屬關懷，社工無一不包，移植手術成功後，社工的成就感油然而生。

培養倫理思辨能力提升案主信任

助人工作需要培養倫理敏感度

　　負責器官捐贈業務最衝擊的應該是處理死刑犯的捐贈事宜，從讓其簽署同意書、安排採血檢驗，到半夜安排團隊到刑場接捐贈者返院，所有的行政流程都是社工獨力完成。當時的我不認為這種捐贈行為有什麼不妥當，醫院都是在當事人有意願下才開始接觸捐贈者，也為那些獲得器官重生的病友開心。之後隨著人權意識的興起，以及倫理道德的爭議，讓我開始從另一個角度看社會工作倫理。倫理是一種行為準則也是關係的哲學，在社工的專業範疇中，我們會面臨與服務機構、案主、同僚等不同關係的倫理議題，有時倫理兩難並不是那麼容易被察覺，社工必須要具備一定的敏感度，以協助案主、團隊釐清問題，也避免自己陷入困境。

公平正義與資源有限性

　　倫理雖具備有穩定之特性，但隨著民主政治個人主義思潮，倫理也會隨著時代文化脈絡而顯現其可變之性質。醫務社工常見的倫理議題如資源分配合理性、正當性，如何將來自慈善團體或愛心人士的善款使用到需要的人身上。例如癌症的治療，已經有許多的治療方式，標靶治療、基因療法等，但大部分都是自費且費用昂貴，社工是否要給予補助，或是外籍

移工或無國籍的兒童的醫療費用，在評估使用善款時，也可能讓社工同仁陷入公平正義與資源有限性的抉擇。隨著醫療生態環境變遷，以及尖端醫療技術的發展，醫務社會工作者不乏在醫院中遇到如植物人、長期臥床或呼吸器依賴的病人家屬，在是否撤管以及長期照顧壓力的倫理抉擇，社工在與醫療團隊溝通及家屬會談時，得運用倫理思辨原則，謀求案主的最佳利益。

哪裡需要社工，社工就會在那裡

在天然災變與創傷事件中社工永遠不缺席：在醫務社會工作 30 餘年中，經歷了幾次天災與重大意外事故，921 大地震、SARS、八仙塵暴事件、蝶戀花遊覽車翻車事件、Covid-19 疫情等。921 地震發生時，我還沒有災變的相關經驗，除了配合醫院相關的應變機制救災外，也真正感受到社工社群動員的能量，全國的社會工作人員，不論是身處何處，積極動員，透過中華民國醫務社會工作協會、臺灣社會工作專業人員協會，以及各學校社工系老師的串聯、開會討論、擬定深入災區的工作計畫，以及人力調度等。除了配合醫院救災，我也參與社工社群救災人員的心理重建服務，也學習到災變時社工該如何動員、如何協助救災，以及傷者的心理重建之技能，有助於日後遇到的八仙塵暴等意外事故，讓我可以更有能力去整合社工同仁投入救災。

SARS 疫情對醫務社工的衝擊與 921 地震救災是不同的影響，SARS 疫情醫院更是重中之重，醫院人員救災時也人人自危，有如世界末日，每次出勤都是全副防護裝備，任務完成後心情仍無法放鬆，因為不知道自己是否會帶有病菌，只能與家人保持距離，心中的恐懼是無可比擬的。但經過 SARS 後，對於疫情有了不一樣的認知，Covid-19 疫情期間能以較平常的心情去面對，即時將同仁工作時間安排採取分艙分流的服務模式，在個案服務上即時啟動各類通訊軟體，進行個案訪視與情緒支持，助人情境多變，但社工的服務熱誠是永遠不變。

施比受更有福

在社會工作領域工作這麼長的時間，從懵懵懂懂開始，而今可以比較駕輕就熟的在助人領域服務案主，但我不敢說我已經完全的可以掌握社會工作的實際面貌。社會工作的迷人之處，就在於它的可塑性高、需要極強的應變力與彈性，我們需要敏察時代的脈動，要能與時俱進，要時時精進學習、勇於嘗試與開創新的服務模式。

如果要以一句話摘要從事社工的感想，我還是會說施比受更有福。剛踏入這一行時，我可能不會有那麼深的體悟，但拉開時間長河再回顧，我好像也找不到更合適的詞句。我有機會透過服務個案，而不斷的反思自己，讓我更加珍惜身邊的人、事、物，尤其是家人。讓我可以多一點體貼，願意接納自己跟別人的不完美，尊重生命的特殊性，這都是社會工作給我的見識。

參考文獻

溫信學（1996）。**醫務社會工作**。臺北：洪葉。

葉高芳（1992）。醫務社會工作與器官捐贈。**社區發展季刊**，**60**，136-140。

25

施比受更有福——恩典之路

陳道新／臺南市衛生局心理健康科心衛社工督導

緣起

我出生在一個父母開明的基督教家庭，家庭教育深刻影響我看待人事物的基礎價值。然而與我亦師亦友的親愛父親在我就讀高中時期意外因病過世，這突發的重大轉折，使喜愛生物科學、原確定未來想從事自然生態保育及研究的我，生涯規劃產生極大的變動。有幸結識當年教會團契的輔導——當時服務於財團法人基督教更生團契的蘇悅中社工師，他利用假日及寒暑假帶我到臺南監獄的明德外役監見習及學習受刑人的關懷、戒癮及出監準備工作。我開始思考當人們遭遇困境、挫折，甚至死亡時，若遇到他人伸出援手關懷協助，且陪同走過人生低潮的一段路，是多麼美好的一件事，這段生命經驗促使我決心進入社工這助人專業的領域。

懵懂跌撞的成長

大學聯考後順利進入東海大學社會工作學系，期間獲得許多優秀師長的指導，尤其是王篤強老師擔任我們 4 年的導師，諄諄教誨獲益匪淺，師生感情融洽，故至今仍有定期的聚會聯繫。回想就讀社工系的學習過程中，其實對身為男性、偏向理性科學、邏輯性思考學習模式的自己並不輕

鬆，熟記背誦各項社會工作實務理論，試著了解人類發展過程中複雜的生、心理機制，學著將書本中的知識、課堂中的演練帶到社工實務現場，在這過程中遭遇了多次挑戰及挫折感，幸因自身基督教信仰的助人信念，以及高中時期經歷人生低谷卻幸而看見助人專業的正向價值激勵下，使我在經歷社工基礎訓練、實習及社會替代役的學習後，更加確定自己要投入家庭暴力及兒少保護的保護性助人領域。

職場的學習及淬鍊

驀然回首，轉眼從役畢至今已過去 16 年，深刻體認到在校修課、社工實習時的諸位師長、前輩的教導及經驗談是多麼寶貴，更理解到「師父領進門、修行在個人」這句話在社會工作實務的玄妙之處，當然這個「個人」絕不是指社會工作者單打獨鬥可致。細細數來，這些年任職的各種工作領域、所受理的各類案件、各項工作計畫，以及遭遇了各式各樣的人、事、物，我們共同譜寫出這值得回味的樂章，在此園地將這些記憶深刻且自認值得分享的實務領域片段分享給各位。

陪伴孩子成長

自衛福部南區兒童之家社會替代役役畢後，我確定自己未來希望投入的領域要與婦幼及保護性工作有關。於 2007 至 2011 年在財團法人臺南市基督教青年會社會福利慈善事業基金會承辦臺南市兒福中心 4 年的社工經歷中，由四位社工夥伴組成團隊執行政府及聯合勸募方案，在臺南市南區的喜樹、灣裡社區及高雄市永安區執行弱勢家庭子女社區照顧方案，並有幸於 2010 年獲得內政部警政署所頒贈的全國青春專案績優的肯定。

每天下午到學校放學時間，一群過去被學校視為問題學生的孩子們踏著輕快的步伐走進我們的社區兒少據點，這些孩子在經過社工評估後進行家庭訪視及處遇計畫，逐漸讓家庭內的主要照顧者及社工建立起專業關係，藉由此信任關係為基礎逐漸改善家庭中主要照顧者的親職知能，並媒

合社區在地資源或福利服務進入，使家庭功能得以改善，孩子也不再受到標籤或異樣的眼光對待。我們一起經過許多歡笑、淚水及美好珍貴的時光，經過這 4 年的社區工作洗禮，並與這些兒少、家庭及社區組織的合作互動之後，整理以下幾點實務經驗分享：

1. 兒少社區社工的定位

社工是脆弱家庭兒少在社區資源整合或個案服務的角色，這些功能是學校輔導老師或學校工作人員未能完全提供的。脆家兒少所面臨的問題包括：家庭內的多元需求、人際適應、身心發展等議題，需要媒合各種社會福利資源挹注。社工亦可扮演連結家庭、社區與學校教育體系的角色，增加各體系對彼此的了解與認知，產生合作所必須有的信任，而共同為協助兒少正向發展來努力。

2. 專業訓練及增能

兒少社區工作複雜度及社區異質性高，聘用機構應定期提供專業督導及個案研討以利社工在社區提供服務上專業能力的提升。聘請在兒少婦幼領域上學有專精的專家學者進行督導訓練，採用提案討論或專題報告的方式，使社工對於受助個案的家庭及其問題能有更深入了解，擬定適切的處遇策略。

3. 團隊凝聚及組織認同

甫進入職場的社工新鮮人需要機構營造團隊凝聚氛圍，並賦予社工適合其職能的工作內容及薪資福利，將有助於社工在實務前線提供服務及拓展業務時，不僅有社工夥伴提供協助與支持，且機構組織可藉此深化認同感，提升資深社工的留任率。

4. 取得專業證照

因應社會環境及專業認同，也為了社會工作的專業長遠發展，社工應

努力裝備自己的專業知能，設定目標通過社工師證照考試。社工亦可藉準
備考試過程再次印證、比對社工理論及實務經驗，增長知識與精進技能。

在此項工作中，體認到擔任社區兒少社工畢竟難以承接具保護性需
求的危機家庭或精神病人家庭；處理服務期間發生的危機事件，使我感到
自身專業度的不足及力不從心。由於缺乏保護性及社區精神醫療的專業評
估，也因為機構的業務異動規劃，使我產生轉換職場的想法。

一起走過死蔭的幽谷

2011 至 2012 年間，有幸轉換跑道到國立成大醫院精神部擔任精神病
及自殺關懷訪視員，獲得精神病人及自殺企圖案主及其家庭服務技巧的學
習應用，也深深體悟到：原來有這麼一群人及他們的家人默默承受著精神
疾病及情緒困擾的影響。因為精神醫學對於腦部研究的有限性，多數的精
神病人還是得要學著與症狀共存，也讓服務這些家庭的我學習受理案件後
不總是幫案主思考如何訂立處遇目標及策略，而是先耐心傾聽、陪伴並感
受案主的情緒、了解需求，也將助人者的正能量在這有意義的陪伴過程中
傳遞過去。將此時期的體認彙整如下：

1. 跨專業團隊合作的治療模式

進入精神科擔任社區關懷訪視員，同時也參與急性病房、日間病房及
社區復健中心的業務，發現精神醫療團隊中的各職類：護理師、心理師、
職能治療師、社工師及醫師所交織而成的合作模式，井然有序的標準化作
業，嚴謹的評估項目及流程，為的是幫助案主及其家庭能在精神疾病中找
到平衡點，有別於過去在社區中的網絡合作模式。

2. 學習家族治療模式

這個階段接觸了薩提爾的結構派家族治療模式，讓我對於家庭工作的
體認更加深一層，了解到家庭就像是有生命的有機體，不僅孕育身處其中
個體的身心發展，本身也因成員的權力、關係及角色變化而不斷變動，連

帶也影響著進入家庭工作的助人者，體認到評估及與家庭工作是多麼奇妙而有意義的過程。

3.運用優勢觀點

因為陪伴而進入了精神病人家庭的過程，讓我看到家庭在精神疾病以外的優勢其實很多，只是因為社會的汙名化及不理解，漸漸使案主也看不見自己具有的優勢，身為助人者的我可以催化案主及其家庭看見自己的優勢並運用其找回自信及肯定，參與這過程實在充滿成就及使命感。

我了解到這些案主及其家庭的樣態在助人者服務前，通常已經歷了多年的挫折、衝突及失落……等等，宛若死蔭幽谷的人生，因此往往呈現消極或拒訪的態度，使我產生專業無法發揮，或在何種情況下才能產生變化的焦慮感。卻難以想到面對連自己的人生都已是放棄狀態的案主時，他／她需要的可能只是助人者一段知心且有溫度的陪伴，而這段旅程不一定有多元整合的處遇目標、具體的執行策略，但一定有能感受彼此情緒的真誠交流，也是助人歷程的精華所在。

為被壓迫者發聲

2012 至 2018 年因生涯規劃在臺南市家防中心擔任保護性社工，終於進入保護性專業的領域。對於保護性工作充滿熱誠的我，如魚得水一般的學習各項保護性法規及實務知識，且受理案件後和施虐者或被害人建立關係，評估家庭的衝突脈絡及危機處理，使我看到所謂被欺凌且沉默的被壓迫者因為社工介入，透過公權力、資源、網絡合作及處遇策略，被害人也可以找到原本該屬於自己的快樂及自由，甚至施虐者放下暴力、痛改前非，這過程使我產生無比的成就感。雖然也經歷各種從事保護性社工不可避免的職業傷害：遭受案家成員的暴力威脅、民代關說或社會輿論壓力、過勞超時的輪值模式……等，但最痛苦且難熬的過程還是經歷案主的受暴死亡，不斷湧現的後悔、自責及自我懷疑在在打擊社工的信念，使我萌生

放棄的離職想法，幸好得到督導及單位長官的正向引導才得以留下。以下為我認為從事保護性工作重要的四項分享：

1. 熟習法規、權限及職責

社工應熟讀《家庭暴力防治法》、《兒童及少年福利與權益保障法》、《兒童及少年福利與權益保障法施行細則》、《性侵害犯罪防治法》及《性侵害犯罪防治法施行細則》等法規，且了解保護性社工的公權力行使範圍及執行方式。

2. 善用各項評估工具

因應三項保護類別（成人保護、兒少保護、性侵害保護）的異質性，社工應藉由訓練活用其評估工具（臺灣親密關係暴力危險評估表、兒少保護結構化決策模式、性侵害一站式評估……），以提升危機處理之敏感度、立即性及綜合評估能力，降低再受暴事件發生。

3. 建立良好合作關係

處理家庭內的暴力虐待危機事件絕不可能只靠社工單打獨鬥，從通報端、受案評估、調查階段、處遇計畫執行及結案評估，都需要警、消、衛、教育、勞政、民政及民間單位等各項網絡系統的通力合作，因此建立良好的橫向網絡合作關係可幫助保護性工作執行順利且具全面性。

4. 正向的團隊模式

在壓力沉重的工作環境中，來自同儕及主管的相挺及支持相當重要，尤其遭遇非理性陳情或困難案件時，組織內部通力合作、上下一心的面對及處置，對保護性社工的留／久任絕對是除了薪資福利以外的重要因素之一。

然因為身體健康因素，自認為若執意服務保護性的高危機個案，恐有

危害個案權益之虞，在惋惜中只好暫時離開這個讓我充滿使命及成就感的領域。

學習成為團隊的支持力量

在休息及整備了幾個月後，我仍決定再次投入保護性的助人領域，2018 年底由於強化社會安全網計畫的實施，幸因機緣進入臺南市衛生局成為心理衛生社工督導。因為過去擔任保護性社工的經歷，且於家防中心服務時期幸獲穩健有擔當的督導一路帶領，成為我的學習楷模，得以將兒童及少年保護業務在社會工作實務領域中較為複雜且難處理的工作經驗，轉化成為對新進保護性社工的指引及支持，深知社工督導若能發揮功能，對社工的實務工作技能養成和工作困境的因應，將有莫大的助益。以下為參考過去經驗及文獻所得的三項重點：

1. 行政性功能（administrative function）

在於指導工作者了解並維持機構政策及行政程序，以有效完成機構職責，督導也需提供改進機構政策的意見，其主要內容有分配工作、評量受督導者的工作表現、協調並成為機構與受督導者間的溝通管道、協助機構制定政策等（曾華源，1982）。

2. 教育性功能（education function）

教育性功能並非僅聚焦專業知識的灌輸與啟發，更重要的是督導如何將知識技能轉化為行動實踐技術（曾華源，1982）。

3. 支持性功能（supportive function）

當社工師在職場上遇到嚴重的個案工作瓶頸，或是內心遭受較大的挫折與衝擊時，督導的指導與支持最能幫助社工師走出工作的困境（黃明玉，2008）。

期許自己在此階段可以不斷精進學習，以成為一位稱職且具有彈性的社工督導，透過與受督者的互動過程達成組織的使命及宗旨、確保服務的品質。除增進受督者專業知能的同時，更要透過不同的督導模式和策略，發揮行政、教育及支持性功能，協助並支持受督者，在高壓的保護性工作中找到平衡點及正能量，更得以保障案主及其家庭的權益。

看見凶狠面具後的哀愁

反思這 16 年來的實務經驗，認為「充權社會工作」（Empowering Processes for Social Work Practice）的應用技巧正是適合以家庭為中心、以社區為基礎的社會工作模式，改變以「解決問題」為導向的社會工作，將目標放在協助發現案家系統的優勢及為案主增進其能力的模式，不過分強調以專業、不對等關係的角色進入案主的生態系統，而是藉由關懷技巧、陪伴及啟發，協助案主發現自身的優勢及需要處理的問題，使其自身產生改變的動機，且願意運用系統內可使用的資源，經過催化後提升問題解決能力。相較於過往的邏輯性問題解決觀點容易造成權力關係不均所衍生的僵化關係，「充權」不僅創造融洽正向而近似於夥伴的專業關係，也幫助心理衛生社工在服務加害人的時候，更能營造出創傷知情狀態下的信任工作關係，讓這些常被社會標籤的精神病加害人願意在社工面前放下凶狠武裝，願意由我們陪伴他們走出傷痛、走出生命的哀愁，也修補家庭的裂痕。

結語

本次承蒙臺灣社會工作專業人員協會邀稿，原擔憂以自己淺薄的工作經驗，且缺乏進階社工學理及實務互相印證的成熟度，是否會減損本書期望提供及引導社會工作實務工作者的美意。但思量許久後我仍鼓起勇氣仔細回想並梳理社工職涯，沒想到可以產出這些文字感受。然而自己最想

分享的肺腑之言，且認為其重要性遠超前述的經驗談及工作方法，即是：
我們有幸投入社會工作專業，藉由所學幫助需要之人，為了實現社會公平
正義，得以看到受助者的改變及真誠感謝，讓我體認到施比受更有福的印
證，邀請各位社工夥伴願意繼續為受助者付出，也能持續在這恩典之路中
發現並感受這助人工作的美好。

參考文獻

曾華源（1982）。對督導工作的基本概念和運用。**社區發展季刊，19**，94-99。
黃明玉（2008）。**工作困境與督導制度之研究：以兒童保護社工員為例**。臺中：
　　靜宜大學青少年兒童福利學系研究所碩士論文。

26
一切都有最好安排的社工之旅

吳淑玲／衛生福利部嘉南療養院社會工作科主任

入行的背景與經驗

想想大學畢業至今已經 30 年餘，意味著除了生完老大休息一年外，當社工也即將走入第 30 個年頭，不禁感嘆時間飛逝。回想求學階段，知道自己數理不行，也不喜背誦，因此大學聯考的志願選填就往社會、社工與教育領域選填。後來落點在輔大社工系，也就順理成章去念了。第一份工作是在臺灣省政府衛生處北區心理衛生中心工作，當時該中心受署立桃園療養院代管。對於在大學完全沒有修習心理衛生與精神醫療的我，非常感謝桃園療養院前半年給我相當多學習機會，同時也給了很多的支持。當時雖因爲業務劃分無法進入到病房，但其他社會工作的業務如資源轉介、司法鑑定、心理劇或居家巡迴治療業務等都有參與及學習。但是隨著省政府走入歷史，單位也被迫轉型、重新編組，自己也不得不轉換到署立桃園療養院工作。雖然遺憾，但自己也因爲這樣的變化開始接觸病房相關的個案及團體工作。也是因爲如此環境上、工作業務上的變化提醒了自己工作身分的重要，在一段時間的準備後，於 1999 年順利分發到署立嘉南療養院（現爲衛生福利部嘉南療養院）。

初到嘉南療養院，雖然自己是一個新人，但在桃園療養院學習的養分讓自己很快地熟悉業務、進入狀況，所以跟著當時工作夥伴致力於院內業

務外，也陸續開始承接了一個政府的業務，開辦日間病房規劃、掌管精神病人日間復健、照護的業務；同時順應著當時《家庭暴力防治法》通過，也承接了家庭暴力相對人判刑後的處遇業務，開始了一段忙碌的時期，不過也因此讓自己在進入嘉療的第四年年底時，對於社會工作產生了很深的倦怠感，繁重的業務量讓當時的自己用非常成果取向的視角來看待社會工作，覺得被服務的個案就應該要變好。但事實上，與精神病人工作並不是如此、與家屬工作亦不是如此，介入後的結果往往與這樣的想像有一定的差距。

　　抱著這樣的困惑，自己毅然決然決定轉換跑道，轉換到國科會南科管理局擔任勞資科科員，當初粗淺地認為該職位也是可以發揮社會工作的專業，為單位主管、雇員等勞工服務。但當時正值南科園區剛成立不久的時期，整體仍在積極招商與擴廠，國科會南科管理局即是隨著發展而設立的新單位，整體在工作安排上沒有依據職稱、專業或專長安排，而是被視為行政人員，被安排作為園區停車位規劃及紅綠燈設置的角色，初期真覺得非常挫折。但現在回過頭來想，自己對於行政程序處理、統整的基礎也就是在那時奠定的，過程也許失落，但也並非全無收穫。

　　後來因緣際會回到了醫療體系，進入衛生福利部立臺南醫院。在當時社工仍被定位為行政人員，且業務多是處理經濟補助相關個案。因此在這段工作當中會注重在如何建立業務的標準處理流程，同時透過專業讀書會及個案討論增進個體的軟實力，以期更多地提升社會工作者的專業主體性。在臺南醫院任職期間，雖然在部分醫療糾紛處理上及專業上有被認可與進步，但其他如媒體行銷及醫院環境布置等任務常讓我困擾，因此又在一個美好的機會與安排下再轉回部立嘉南療養院，專精於精神醫療領域社會工作業務一直至今。

社工生涯的酸甜苦辣

　　回想在將近 25 年的精神醫療社工生涯，各種酸甜苦辣參雜，為這條社工的道路增添了各種色彩，種種經歷無法一一論述，以下擷取特別有感觸的部分並分點論述。

精神社工的「酸」

　　在精神醫療服務場域，常看到病人處在急性期而有瘋狂的想法與行為，而在疾病情形穩定後又會面對到許多現實生活當中的壓力、種種的逼不得已。現今社會對於精神疾病患者的社會排除與汙名也仍舊存在，病人與家屬往往深陷於羞愧情緒無法自拔。曾看過病人在這樣無助與無力的情況下選擇用酒精、藥物來麻痺自己，讓自己可以透過物質的方式獲得短暫的解脫；透過自傷、自殺這樣更加極端的方式來因應的病人也大有人在，解決了自己就不需要再解決問題，這樣的情況實在讓人心酸。

　　而近年被廣泛討論的照顧者議題也與前述的情況相同，家屬面對照顧上沉重的負荷量，伴隨著照顧過程當中的無助、無力與無奈，而主要負責照顧的父母照顧者又隨著漸漸年邁而感受到更大程度的照顧疲憊；同時還擔憂著帶病子女、帶病手足的未來；且家庭內部支持的系統往往又隨著家庭發展週期，而出現支持度下降的窘境等等。綜觀精障照顧者的處境，過了多年依舊沒有顯著的改善，從鉅視層面來看，照顧者社區資源的侷限及網絡間不一致的處遇觀點也仍舊存在，使得病人與家庭的處境往往只能留在原地打轉，這樣的情況也讓人甚是辛酸與心疼。

精神社工的「甜」

　　讓我得以在此領域工作 20 餘載，很大的因素是看到病人在醫療團隊的努力合作下，讓其生命得以改變。我在桃園療養院的一次工作經驗是隨同醫護人員到社區評估病人，有次病人拿著長刀在社區「自衛」，母親嚇得躲到鄰居家，我們到達時病人以為我們要對她不利，拿刀向我們揮舞，

在優勢警力及運用醫療 cold down 及轉移技巧下，將病人帶回醫院住院治療。在我到嘉南療養院工作過程中又遇到此案主而覺得驚喜，進一步了解後知道母親因癌症去世，唯一手足住在臺南故安排南部住院。而在住院治療的過程當中，看到病人從嘗試面對疾病到可以妥善地與疾病共處，在疾病的因應上有了顯著進步；同時也看到其在配合相關的復健工作後，逐漸走向復原，到最後順利應聘工作，至今仍在大飯店擔任廚師，這著實令人感動。

當然，每個病人的家庭、環境、疾病狀況不同，治療的目標自然也不同。不過無論如何，都要相信病人是有潛能的，盡可能與其共同討論與思考什麼樣的生活是適合的；同時也注重其個人選擇的權利，因此也會探究什麼樣的未來是他想要的，透過這樣的過程去協助一個個病人再次作為自己生命的主體，再繼續譜出自己生命的篇章。正是這樣的信念與持續付出的過程與結果，對我而言這就是作為一個精神社工感受到的「甜」。看到病人努力復健的過程，看其重新學習面對自己、面對生活，以及面對自己的家庭，無論他的目標是完成大學學業也好、考上照顧服務員也好，甚至是在較基層的單位保全或清潔工作也好，看到病人付出並一步步往好的方向、好的未來發展，那樣的過程都是很讓人動容的。而也正是這些感動，以及看到病人的生命因為自己的陪伴、付出而有了一些改變的那種喜悅，就是自己願意持續在此領域工作很重要的因素。

精神社工的「苦」

不管在哪個社工領域，被紀錄追著跑的生活是每天都在上演的劇碼，在精神專科醫院工作更是打著要永續經營的目標，在要求各職類達到健保申報點值與績效的同時，又要兼顧服務品質下，雖然建立快速與標準化的服務部分取代了深入與案主及其家庭建立治療性人際關係的時間，然而紀錄的撰寫就是一種壓力與挑戰（柯錦雀、吳淑玲，2022），因為績效申報沒有紀錄，就可能會增加詐領健保或偽造文書等刑事責任。每每看到同仁或自己必須晚上或假日來院趕紀錄，總是需要從苦中想些樂子來慰勞

辛苦的自己。

精神社工的「辣」

在精神醫療團隊專業競合下，多由醫師主導相關的醫療決策，在其醫療強烈的「病理觀點」下，認爲精神疾病患者缺乏充分的心智能力與判斷理解能力可以爲自己做正確或最好的選擇，所以需要由他人協助做判斷與決定，此無形間歧視與矮化病患本身的能力及疏忽病患尊嚴（黃旐翎、吳淑玲，2015）。身爲病人倡導角色過程中，溫良恭儉讓的特質實在不適合我們，過程中常需要的是嗆辣、堅定的不妥協態度。

精神醫療社工生涯過程中的體會

以下爲自身在精神醫療社會工作當中的感悟與體會，將一一分點做分享。

專業認可

在醫療團隊中，社工是唯一非醫事人員，醫療社工相關學／協會也曾努力要將醫院社工納入醫事人員，但因相關法規限制未成功。我個人認爲不一定要是醫事人員才叫專業，只要我們的服務得到病人與家屬的認可，比是不是醫事人員還要重要。當然，能取得社會工作師的證照是促成自我以及他人對社工專業認可的第一步。雖然證照並不直接等於一位社會工作者在實務現場的工作能力，沒有證照的社會工作者並不一定比社會工作師還要差，但在法制、實務及薪資待遇上還是有所期待與不同。因此考照並不是一件壞事，證照的考取是一種對自我專業的認可。而對於其他專業而言，社工師證照也是他人初步認識社工專業的途徑。

其次，專業認可除了透過考取證照以外，展現自己專業價值也會是相當重要的。透過專業工作展現證明自己在團隊當中是一名無法被取代的角色，譬如對家屬的關懷，或者是重大客訴或醫療糾紛能夠圓滿的處理，

或者是病人的生命得以改變，這就是我們專業的價值。我一直說精神醫療社工是一個「排除病人復原障礙」的角色，他們的障礙可能來自於病人本身的無病識感或疾病適應；來自家屬關係與支持度、疾病認知或對醫療或案主不適切的期待；來自於醫療團隊都是以疾病眼光而非全人醫療，或因防衛醫療的作爲；另外系統制度之健保制度、身心障礙權益及社會福利制度、疫情規定、看護陪同議題、社區資源不足及社會汙名化等，這些再再凸顯出社工專業的重要性。

何謂正常由誰認定？

精神病人多被社會定義是瘋狂或不正常，但就精神疾病在診斷上，並非只限於狹義的重度精神疾病（如思覺失調症或躁鬱症），一般民眾常會遇到的失眠、焦慮或憂鬱等亦是廣義精神疾病。另什麼是正常？由誰來定義？行爲表現跟大部分人不一樣的就說他不正常？但不一樣不代表不正常。我個人認爲這沒有絕對或完整的單一定義，雖然有特別的想法或行爲，但可以發揮出生活上的功能，和一般人一樣能適應不同生活事件或人生階段，其實跟你我並無不同。且就算當時被診斷異常不代表以後也是，如同性戀在 30 年前精神醫療診斷手冊上是性障礙，現在已經去疾病化，更進一步同性婚姻都已經合法化，社會大眾接受度越來越高，總有一天民眾也會去除他們與大部分的人不同的標籤。

疾病不代表是精神病人的全部

我們會建議家屬要用不同的眼光來看待精神病人，他們是不能，而不是不願意，且這樣子的不能並不會是永久的，在良好的藥物使用以及社會心理介入的情況下，更多是「暫時」不能，當你願意用這樣的角度來看待，那許多時候面對照顧就會抱有希望感。此外，要強調的是我們要看到生而爲人的那個部分，疾病只是他生命中的一部分，在精神醫療復原有一個很重要的概念，就是去看到他正向的強項跟優勢的能力，創造他們很多成功的經驗。依據 Master 理論，他們也是有想要幫助他人自我實現的想

望。所以當我們在思考復健復原方案的時候，都要帶著這樣的想法與同理的概念去看待他們，去問問他們什麼是你想做的？你的夢想是什麼？我們創造他們很多成功的經驗，這些成功的經驗，對他們的自尊、幸福感及自我看待事物的提升有很大的幫忙；另外就是創造一個正向及有反應的環境，而不是常常在他跟你說什麼時就忽略他或認為他不重要，正向及有反應的回應，其實對病人來說是一個很基本的尊重。

將人與行為分開看待

精神疾病往往伴隨的就是問題行為、脫序行為。但我認為人跟行為是分開看待的，不要看到行為本身帶給你的影響，每個行為的背後都有其感受、觀點以及脈絡，例如當家屬來你的辦公室拍桌子大小聲，可能我們要學習不是看到他的行為，而是行為背後他在乎、關心他的家人，當你有這樣的理解，那你對應出來的行為就會不一樣。

相信人是可以改變的

若現在正在閱讀的你也是一位助人工作者，或是自身也是一名社會工作者，你願不願意相信人是可以改變的？根據我自身的經驗，我會認為要長期投身在這樣的領域的工作者帶有這樣的信念是很重要的，才可以幫忙自己在這個領域一直走下去。對病人來說，我們在他們內心種下希望的種子是很有力量的，只是精神病人的復原干擾因子太多，有本人、家屬、制度，以及社會環境有無友善的對待等都是。我願意相信這過程的陪伴與服務是有意義的，一顆關懷人的心確實是很重要的，有時單純的陪伴對案主就是有意義的事，或許現在沒有改變，但有一個不同經驗的種子在病人身上種下，未來總有一天可以發芽、茁壯與改變。

友善社會是很重要的輔具

精神疾病造成的失能影響到個人的工作、求學、家庭、社會關係、休閒及獨立生活的自主性。當我們在醫院積極的復健、提供病人成功的經

驗，回歸到社區後，很遺憾的常常有許多人會再度回來。因為外面的世界
跟在結構化的環境不同，因為在社區他們感受到許多的汙名及不友善。社
會汙名化的影響是他們復原很大的障礙，除了社會文化較以成就取向衡量
人的價值外，擔心威脅社區的安寧和安全，仍然存在著集體的深層疑慮和
恐懼。所以我常常會說精神病人的輔具是什麼？腳斷了失去行走功能可以
用輪椅或拐杖，但精神科的失能輔具是什麼呢？其實精神病人的輔具就是
社會大眾，大家可以給他更多的支持、理解與包容，體諒他們的生病是不
得已的，他們也不願意生病。我們要共同看到的是他們跟疾病對抗的那個
努力，那個堅毅與勇氣，可以給他們更多的支持與鼓勵，去看到生病的這
個「人」，而不是看到外在的疾病，將疾病物化而不要將「人」物化，
進而看見的是病人與疾病共存之努力。因為被看見才得以有機會被民眾理
解，因為被理解才有可能被鬆動，有機會被鬆動才有機會修正觀點，讓社
會更友善的對待他們，可以讓他們較容易在社區生活。

對於未來投身精神醫療領域社工的建議

不要用是非對錯二元觀點

　　正常與否？到底是由誰認定？行為的背後是否真的是單一因果，或
是用是非對錯來論斷？在真正了解之後才知道行為背後還有好多系統與
脈絡，我們要盡可能減少道德審判，很多都是他們為了求生存不得已的方
式，放下對案主或家屬「絕對」、「應該」、「一定」的期待，多些邀
請、理解與彈性。

不以行為表現去做道德評斷

　　每個行為都是他們求生存的方式，我們不應該看行為的表象，我們應
該要看他背後求生存的方式，他的感受、他的觀點以及他的期待。當我們
看到個人更深層的部分，我們可以用不同的觀點去看待他們，我們就可以

更理解、更同理地與他們一起工作。

多元社會多元服務需要多元學習

現在對於精神醫療的期待越來越多元，例如酒／藥癮、心理衛生預防，兒童也有早期療育、自閉的議題等，每個疾病的成因與要處理的知能完全是不一樣的；還有精神病的長照，一定也跟內外科不一樣。這些都是新的議題，這些都是當你在臨床實務現場上遇到了，自己要去充實這些專業上的知能跟訓練，才可以因應這些業務跟服務族群的需要。

生命影響生命

社工是一個生命影響生命的工作。病人雖然生病，但很多病人還是可以自我決定，和其一同討論如何自我負責、掌控自己的生命而非由他人決定。雖然生病了，但我是有能力的，我是可以跟疾病對抗的或是可以跟疾病共存。醫療、教育、宗教及社會服務等非營利公益事業不同於商業的地方，在於它的終極目標不是利潤，而是「改變的生命」，邀請大家來成為病人生命中的天使。

參考文獻

黃旖翎、吳淑玲（2015）。以社會工作者角度探討：精神疾病患者於醫療過程之人權與倫理議題。**社區發展季刊，151**，307-315。

柯錦雀、吳淑玲（2022）。在跨界中堅守初心——精神專科醫院精神醫療社工師服務內涵。**社區發展季刊，177**，128-136。

27

尋著夜空中最亮的星

王思樺 / 法務部矯正署新店戒治所社工師

社工領域的選擇，是天意！

　　25 年前的臺灣社會對社工這一個名詞其實非常的陌生，是當你在路上和別人說我是社工時，他會想著「你是哪位？」的年代，或是比較年輕的朋友可能會回你「喔！你是志工啊，好有愛心喔！」的那種年代。

　　當時沒有網路可以查詢什麼是社工，我只能用字面上的意思和淺薄的知識猜測「這應該是和人有關係的科系吧？」因此想著，這我應該可以，就這樣進入了大學。大學 4 年的教育確實讓我認識了社會工作，但卻沒有堅定我要成為社工人的信念，我想著或許我還可以再做些什麼，於是我成為了銀行員。在金融業的工作，不如我的想像，每天被錢圍繞，但我卻感覺不到自己存在的價值，於是繞了一點路又作回了社工，從精神醫療領域開始，邊工作邊準備社會行政高考。如果你曾參加過公職考試，你會知道對於社工領域的選擇權從不是你喜歡做什麼，而是取決於你的成績高低和運氣。就這樣我進到了監所工作——在當時是一個可以稱為社工沙漠的地方。公家單位的流動性相較於私人機構本來就比較低，再加上個人特質，讓我在矯治社工領域一待就是快 20 年。常有人問我，為什麼選擇當社工，我其實沒有戲劇性的動機，總是佛系的回答，覺得這就是天意。

好人不一定有好報，
但「傻勁」和「善念」讓你熱情不滅！

　　成為社工，需要一股傻勁和一個人性本善的信念，不然你很難克服前3年的社工人生，因爲你會發現身邊有很多人不斷在挑戰你的信念與決心，讓你不禁懷疑自己的選擇。我工作的場所有很多吸毒的、犯罪的成年案主，並非典型社工領域中我們所認識的弱勢族群。也因爲如此，初入矯正機關時的案主們挑戰著我對於弱勢的定義。對外我需要開始認識這一群沒有被放進教科書裡的服務對象，開始找到社工的立足點，教育我的案主什麼是社工，也需要建立與案主間專業關係的連結；對內我不斷地問自己他們的需要在哪裡，我要如何建立自己的價值但又不失社工專業。

　　初入職場第一個面臨的挑戰是「知識」，矯治社會工作是什麼？案主們有什麼特質？社工應該用什麼方法介入是適當的？面對成癮案主該怎麼處理？面對長刑期的受刑人處遇的優先順序是什麼？違規的受刑人要我去會談幹嘛？一大堆的問題與經驗有關，也與是否有我應該要具備及預先學習的相關知識有關。知識讓人有力量，因此學習變成一件很重要的事，在沒有太多社工前輩的環境裡，只能多看書、多接個案、摸索、詢問同儕。雖然在面對某些個案時，偶而還是會猶豫、還是會懷疑、還是想逃避，因此在前述情境下，「夥伴」極爲重要，社會工作絕非單靠一個人的力量可以完成，我們需要一群人互相支持，共同努力前行，就如同在戒癮工作中，案主最常出現的迷思是覺得只要他們有決心改變，就能成功！但事實上，這樣的想法只能讓案主開始戒癮，但要想走得久、走得遠，案主需要的不僅僅是自己，他還需要更多能支持他戒癮的人，如社工、諮商師、前輩、家人、朋友和同伴等。

　　另外，在工作過程中最大的挑戰其實是來自於自己。人生其實不是只有工作，還有家庭、健康、興趣、信仰等必須一起考量的東西，我曾經有一段時間特別沮喪，和案主會談更加深了我的無望感，我發現自己也有需要被處理的問題，那時的我失去方向，找不到往前進的動力，過程中不

斷的在問自己「我要把社工當作人生的志業嗎？」「年老時回頭看這份工作會讓我不覺得遺憾嗎？」「我有更想要做的事嗎？」等類似的人生大哉問。這樣的狀況持續了幾年，我一直無法給自己找到答案，直到我開始回到學校社工系兼課，我在那些未來的社工身上重新找到一股可以繼續往前的力量，我想這是一種生生不息的感覺，把自己的經驗打包讓其他的同路人可以少走一些冤枉路，成為我現在前行的動力。

有時候我以為是我說了什麼，但其實是我做的，讓我成為我想成為的社工人

我認為「陪伴」案主的能力很重要

在監所每天都會因為新收評估的關係接觸到不同的案主，案主的故事中常放送著相似的劇情，那就是因為吸毒反覆進出監所。會談的過程中我常常得歪著頭想一下，這案主我以前是不是遇過？我的案主們都是成年男性，從 18 歲到 75 歲都有，雖然都是因為使用毒品進到戒治所，但不同的人生階段對於成癮這件事的看法很不同，對於家人的定義也有所不同，但從他們口中得到唯一相同的說法就是不想再進來監所。我想如果有選擇應該沒有人會想吧！在監所日復一日的生活中，社工最大的功能是「陪伴」，陪伴案主渡過在監所的時間、聽著他們回顧過往、陪伴案主再次建構理想中的未來。

我在會談過程中會使用生命線的方式去認識案主，也希望他們用這樣的方式再次回顧過去，讓案主找尋並賦予過去事件新的意義。絕大多數的案主在使用生命線這樣的工具時，面對入監所的時間點都會認為這段時間是自己生命中的低潮，因此社工在他生命低谷出現，可以成為一個有意義的陪伴者。陪伴人，尤其陪伴一個失意的人，需要很多的能量，如果你是一個不懂得好好照顧自己的人，很難在這條路堅持下去，因為你不經意間就會被案主的絕望或負面的想法吸乾。

「自我照顧」絕對是一種需要具備的能力

當個社工人，「自我照顧」是另一種需要具備的能力，「覺知」是在學習自我照顧前必要的訓練。在個案工作過程中，被負面的情緒攻擊是家常便飯，過去曾在工作的場域中，被案主大吼、摔門，也曾遇到案主情緒潰堤，眼淚婆娑訴說著自己接連失去親人打擊的沮喪。在和案主互動的過程中，我也有憤怒、驚恐、委屈，和不平的情緒。但如果當下無法運用覺知，整理分辨這些情緒的來源，很快的自己就會陷入混亂的思緒，無法前行。當然，工作中不會只有不開心的事，所有開心的事也會是讓我持續下去的動力，因此社工人還需要有「儲備歡樂」的能力。在所有負面情緒來襲時，讓我還能記得這份工作給我的一絲美好，就像我會記得案主戒癮、穩定生活後的笑容，和每一次來電分享他最近的工作狀況和家人出遊的開心，也會記得好好把一個個戒癮者送回社會時的盼望。

因為無法改變，所以深刻

面對死亡，因為無法改變，往往會成為心中最難忘的經驗。那是一個保外就醫的個案。那天我坐上救護車陪他走最後一程。保外就醫有很多種狀況，他是最嚴重的那種，因病重醫院判斷餘命不長，所以憑此可以離開監獄。收容人口中流傳著一種說法，監獄設計帶著八卦陣，如果死在裡面靈魂就永遠出不去，所以不管如何也要出去。保外就醫的要件之一是需要有人來具保，但我們卻找不到願意帶他走的家人，四處搜尋才找到一位曾經同房的出監獄友願意幫他簽名，但後續照顧仍需要監獄尋找相關資源協助，過程中打了無數通的電話溝通協調，終於等到可以出監的那天，在監所十幾年的他坐上了監獄準備的救護車，我也一起同行護送他「回家」。但事實上沒了父母、手足失聯許久的他早就已經沒家了。我和同事們仍抱著一絲希望，循著案主弟弟的住址（也是案主的戶籍地址）到了樓下，房子內的燈是亮的，但卻不見任何人願意開門。三個多小時的車程中，案主

眼神一直凝望窗外，這時的他低下頭不發一語。即使此時他重獲自由，但面對人生的最終，他卻沒有能力為自己做任何決定。我們最後協同里長再度把他送進了醫院，一天後案主在醫院往生！社工沒辦法重啟任何人的人生，但卻仍是期待自己有能力做些什麼不留下遺憾。但這是誰的遺憾，我努力的思考後，這遺憾不僅是案主的，也是自己的。

錯的、難的、忘不了的，
最後會以不同的形式滋養著自己

在我的工作生涯中，有些個案的故事常常讓我反覆思考，有時也會衝擊著我的價值觀。過去有一個案主在我們第一次會談時告訴我再犯的原因，他說在他服刑 7 年後獲得假釋前，他也曾暗自發誓不再犯法，要與母親和孩子一起好好生活。然而，當他回到母親租屋處的那天，他打開門看到客廳裡僅擺放著一張破舊的床墊，明白了那就是母親和孩子生活的樣貌，他內心除了感到心疼，同時改變了想法，他發誓要盡快賺錢，帶著家人離開那個狹小委屈的住處。除了找工作不順利的原因外，他最終以回到過去賣毒品的方式快速獲取金錢，然而這也導致他再次被監禁。聽到這樣的經歷，我沒有辦法去評斷對或錯。因為他的無助，我感同身受！

要案主好好工作，不要犯罪、不要吸毒，這是政治正確的回應。但不要忘記，有人可能這輩子都不曾得到過和你我一樣的資源，也不曾被人好好對待過。我曾試想如果是我經過一樣的成長背景，也不能保證自己會活得比他好。作為一名社工，我的職業生涯其實是不斷與自我進行辯證的過程。現在我只能讓自己更具彈性，意識到人生並不是只有一種樣子。每個人都有他們在當下認為是最好選擇的理由，而每個選擇都是過去經驗的累積。如果社工希望案主能有所改變，或許我們該做的事，是在他的生命中提供一個正向的經驗，而這經驗在經過歲月的洗禮後能夠成為案主改變的力量。

衝擊價值觀的不只是上述的故事，我也常常遇到讓人不想幫，但卻因

為職責不得不為他做些什麼的案主。現在的工作有很多法規上的要求，案主出所後，只要案主需要社工就必須依職責協助，其中最難處理的就是安置案，案主有著各種失去居所的理由，沒有錢、沒有家人朋友、因為成癮或精神問題流落街頭等。有些案主在你好不容易心思算盡、資源用盡後幫他找到一個暫時棲身之處，但在入住的第一天案主就選擇自行離開，因為他覺得這環境不夠好。你說「案主自決」，這我當然懂，但當下心中的挫折，更真實！

給社工人的一段話

有一首出自「逃跑計畫」樂團創作的歌曲，曲名為〈夜空中最亮的星〉，歌曲中有一段歌詞是這樣唱的：

我祈禱擁有一顆透明的心靈
和會流淚的眼睛
給我再去相信的勇氣
Oh 越過謊言去擁抱你
每當我找不到存在的意義
每當我迷失在黑夜裡
Oh 夜空中最亮的星
Oh 請照亮我前行

和案主的相遇，並不是每次都有美好的結局，一路上顛簸前行，試著去理解案主的難，在專業上需要什麼就去補足什麼。如果真要說能成就些什麼，那應該是自己對人、事、物多了一份包容。因此，當心思混亂的時候，再次思考自己從事這份工作的目的與意義，拍落身上的委屈，以及甩掉對既定規則的不滿，繼續為自己認為值得從事的志業努力。

28

Ina 的光芒就是原力

曾梅玲（Cihek‧Imay）／天主教善牧社會福利基金會花蓮區主任

聽 Ina[1] 的話

在 1995 的春天，Ina 說專科畢業就回花蓮，可以開始去賺錢了。本想再繼續讀書去考個插大，自認在會計統計的學習不算差，但只能默默的把想升學的渴望放在心裡，回花蓮找個小小會計行政的工作讓媽媽安心。

隔年的暑假，Ina 又說教會需要會電腦的人，傳教老師及頭目覺得妳適合。心想好不容易在花蓮市找到工作，正要適應下來，又叫我回到部落的教會去工作。心裡雖然很不安，不安心來自不確定是否有月薪，但再次聽了媽媽的話，憑藉信仰願意來到教會工作。沒想到所謂的教會，就是現在所任職的社福單位，機構在原鄉駐點的開端，竟是從我的部落開始提供服務，對 Ina 來說只要是天主教三個字，就是教會工作，讓我不知所措也不知要不要拒絕。很快的，我的老闆修女，聽了教會傳教老師及頭目的推薦，面談我時就問可否立即工作，和藹地說會有人帶妳學習，就這樣我被錄取了。就在自己的部落，辦公環境就在自己教會的閒置空間，然而對我來說，完全不懂、不了解，社會工作到底是什麼職業、關懷人的工作又要

1　阿美族人視女人爲太陽，是孕育大地的母親，神話中 Ina 女神就是大地之母，也稱母親爲 Ina。

怎麼做，單純的我只能想像是教會帶主日學的孩子、靈性關懷服務、營隊活動辦理等等，殊不知更大的挑戰是排山倒海的來。

5 年的膽大與脆弱

修女老闆說會有人帶我學習，原來是傳教老師及頭目，在他們身上習得如何家訪、關心中輟孩子的家庭、辦理活動，因為身處於教會環境及部落在地資源，看起來似乎是順利。但挫折來的更快更猛烈，因為我不懂怎麼寫計畫書、核銷作業、輔導紀錄要呈現專業的術語及技巧，一次次的去縣府社會局送資料又一次次的被打擊，被問機構督導是誰、怎麼教妳的、機構要不要繼續做下去啊、不會就換人做、沒有專業能力、輔導紀錄寫的太白話、不懂運用專有名詞、為案主祈禱是專業嗎？有理論基礎嗎？……當下自己只能不斷的說抱歉、不好意思、下次改進、謝謝指導等等。一離開縣府立馬回到跟爸爸借來的小貨車上大哭，當下也不知道要找誰求助傾訴，只能自責是不是因為非社工相關科系，不懂社會工作要怎麼做才好，才會讓別人誤會機構做不好。有次又在小貨車上哭泣時，心想不論是傳教老師或頭目或遙遠的總會，真的能懂我所面臨的困境嗎？那時挫敗感很大的我，想離開去找我熟悉的會計工作，離開家鄉越遠越好，也開始投履歷表了。

神奇的 Ina 似乎知道我要放棄，在某天晚餐輕鬆的聊說：「部落有很多小孩都是被丟給阿公阿嬤帶，很多都不會溝通怎麼教啦……。用打的又會跑掉，不去上學也就不敢回家了，那老人家怎麼辦呢……。以前的妳也是很討厭離開父母，覺得很孤單沒人陪、沒有人教寫作業，又要幫忙照顧妹妹，媽媽真的很對不起妳，讓妳辛苦了，現在的妳在教會有辦課後輔導班，很多的阿公阿嬤都有來跟我說謝謝啦，謝謝有梅玲跟海妹，部落有年輕人就是不一樣了……。」那天晚上我失眠又哭了，不甘心懷疑人生，告訴自己得要先改變，真的要重新學習去搞懂何謂社會工作，就這樣決定繼續開著小貨車，一邊工作一邊去空大上課，也順利重返校園讀書，當我從

慈大社會工作系畢業時，也圓了自己曾想考插大升學的心願。

　　回頭想想做社工的確要用單純的心，先大膽的行動，行動後的反思才能看見自己的不足與限制，看清了也就能明白改變的方向，而重新得力往前邁進。

　　重新習得社會工作的知識，的確可以讓人成長許多。但新的任務及挑戰也如同打怪一般，要不斷精進自己才能獲得更多的武器，5 年之後我從 1 人工作到 5 人團隊，看見更多的在地需求，也拼命寫方案、接計畫。當計畫越來越多，需要的人力也就必然要增加。憶起自己剛入行時的懵懂無知、跌跌撞撞，一路走來太過辛苦，雖然沒人教我督導要怎麼做，但很肯定的是機構相信服務在地須以培育在地人才為優先，這樣的信念也讓我更勇敢的招募願意進修社工學分的在地青年，手把手的帶他做、教他做、陪他做、放他做，期待能與資深夥伴一起建構在地培育傳承的模式。

　　手把手的從認識機構使命、拜訪在地資源及重要人士、了解服務計畫內容、服務執行、個案研討、讀書會、家訪技巧、會談技巧、行政程序、核銷作業、個案評估與紀錄撰寫、活動設計與帶領、陪家訪、撰寫工作報告、準備評鑑工作、外部單位的溝通與協調、實務敏感度等等。其實還有好多好多，並非所謂的師傅領進門，修行在個人。在社工領域的學習，是需要大量人與人的互動經驗與時間不斷的演進，才能累積個人的助人能量與智慧。沒有誰比誰專業，只有誰比誰懂得願意委身，才能真心同理服務對象難以啟齒的心聲，找到對的資源渡過難關才是真本事。

文化的力量找回我是誰

　　再下一個 5 年後再度返回校園。碩班的第一天，某位老師就開門見山說明：「如果是因為工作遇到瓶頸時才來念書時，還是回去好好工作或另謀出路，因為讀研究所不見得會對工作困境有幫助，而是一種逃避的選擇。」這段話震撼到我，雖然我不是因為工作瓶頸才來繼續教育，但或多或少也是有感於自己在工作上應該要再提升自己的社工知能，才逼自己又

去進修，好證明給別人看，似乎不是用一顆積極進取的心去向學。

　　自己工作 10 年後，察覺到要保持工作熱忱真的很難，要做個稱職的社工人也會因著熱忱遞減而失去動力，想藉著重拾書本填補內心失去動力的焦慮。繼續一邊工作一邊念書期間，有位老師提醒了我，雖然我人在原鄉工作，但我一點都看不出有原住民的感覺。那時的我還不懂老師意思，也沒再向老師求問為什麼，也就深深放在內心不去深究了。

　　隨著團隊組織擴增，不同族群的夥伴也變多了，對跨文化服務的學習更是課題，當資深的夥伴（海妹）跟我說：「工作 10 年了，感覺我們離自身文化越來越遠，內心拉扯於現在工作手法皆追求主流文化的標準，快忘記我們是誰了！」被夥伴當頭棒喝後，我們決定要走不同路，找回文化的力量。要把原民文化脈絡放入工作服務時，真的也不容易，因為我害怕如果我們論述無法表達清楚時，會不會讓原民的文化再次被誤會而又汙名化了，幸好我的軟弱被資深的夥伴們接住了，她們說：「自己的文化要自己說才能說得明白，認同要先從自己先開始。」

　　就這樣，我們開始翻轉有別於主流社工不一樣的操作，所有方案的開始都要有在地文化敏感度，融入雙語（族語和中文）服務，並將各族生活脈絡放在工作操作裡，對於跨文化的服務都要保持尊重與謙遜，不同文化都有自己的世界觀及生態學，把社工專業縮小點，在地力量才能更長出一點。就這樣，我們又用了快 10 年，慢慢找回適合部落工作的步伐。

　　隨著原住民社會工作專業越來越被看見，感恩團隊們的努力及機構長期以來的支持，有幸在 2019 年參與第五屆國際原住民族社會工作學術暨實務研討會（2019 5th IIVSWC），和團隊們一起發表四篇實務分享，看著夥伴們穿著自身的族服，為他們也為自己感到驕傲，原來自信就是長在自身的文化裡。當時我再次遇見研究所曾對我說過「妳看不出有原住民的感覺」的那位老師時，我鼓起勇氣向老師問安後再次提及老師曾對我說的那句話一直有放在心上，看著老師大笑著繼續又說了一句話：「現在的妳有祖靈與妳同在，工作變得有靈魂了。」剎那間我才頓悟到，10 年前老師就已看見，在主流的社會價值裡，我遺忘了文化血液給予我的養分及智

慧，幸好有開始找回，慢慢拼湊出我是誰。

　　話說到找回「我是誰」，還有一段插曲，我的族名 Cihek.Imay，cihek 是我的名字，imay 是母親的名字，在阿美族的傳統母系社會，女兒的名字連結的是媽媽的名字，兒子的名字連結的是爸爸的名字，美好的兩性平等從孩子族名就可以看見。我們總是愛在吃飯時聊天，某一次的晚餐，無意識問 Ina 我的名字是如何取名的，有那麼多祖先的名字，為什麼要傳承 cihek 這個名，後來她若有所思的看著我說：「cihek 一詞對部落來說，是日出的第一道光芒，做媽媽的心思，總是希望所生的子女能夠成為最耀眼的太陽，但太陽過於灼熱與刺眼會傷到人，媽媽覺得光芒雖然容易被人視而不見，但光芒卻是最能帶給人溫暖、希望與力量的來源，媽媽希望她的女兒能成為這樣的人。」我也在這時刻認同及意會到了其中的意義，原來踏上社工這條不歸路，對我來說助人工作不再是職業更是使命，且在命名族名時就已定局了。國小沒有畢業的媽媽，是如此的有智慧，自我認同早就在我的族名中，如果我能早些領悟出族名對我生命的意義，就不必追尋他人的眼光來定義自己，而是盡情的發揮或培養自己的特質，成為部落有力量的人，成就他人的成就，才是助人工作上的專業表現。

浴火鳳凰的社工旅程

　　回想早期年輕剛服務時，進校園宣導或辦理親職講座，起初參與人數都寥寥無幾，還遇過只有家長會長一人到場而己的窘況，最後我跟同事誠懇的去一一拜訪族人及在地重要人士，探問機構哪裡做的還不足，讓大家無法有興趣前往參與活動，我們所獲得的重點不外乎有三不，地點不對、日子不對、主題不對。

　　地點不對：學校、活動中心等空間，是族人陌生的地方，例如學校通常是孩子有狀況時才會被通知到校處理，活動中心是政令宣導、巡迴醫療衛教的地方，對族人來說，他們所言都是讓人聽不懂的話，不如不去較好。

　　日子不對：部落關係以家族關係爲首重，例如只要有人去天國時，族人們都會輪流前住哀悼及協助工作，所以不論遇到婚喪喜慶時，一定要避開辦理活動，不然沒有人會理我們。

　　主題不對：族人對於親職議題很敏感，長期的汙名化讓族人們有了創傷，所以在設定主題時，我們得蒐集族人關心的議題，才能有機會進一步交流與互動。

　　關鍵是只要願意去懂得在地生活日常，族人們對社工的信任與邀請就不再那麼的排外心態。

　　另外，早期做中輟生服務時，須陪阿公或阿嬤出庭，曾經有位法官問訊的態度讓我很受傷，他不耐煩的說又是原住民，不會教還一直生。當下的我看到年邁的阿公，他很緊張也完全聽不懂法官在說些什麼，過程中還要協助轉譯給阿公聽，轉譯的過程又要被法官質疑，爲何他短短的一段話，我要翻那麼長段的句子，懷疑我是不是多講了什麼。殊不知法律用語在原民的字典裡是不存在的，我得先理解才能轉白話再轉族語，就像解鎖又解碼的概念，因爲法官的不耐煩跟恐嚇要讓孩子去關一關才會聽話等話語，也讓老人家激動了起來，用族語說了一連串的話：「爲什麼要看不起原住民，我們不是不會教小孩，也打也罵了但是就是跟不上現在學校的要求，一個講國語一個講母語又怎麼會通呢，孩子只是不會讀書一定要抓去關嗎，又不是壞人，是欺侮我們嗎⋯⋯」法官要求我翻譯給他聽，當下的我忍住眼淚，但又很害怕若眞的一字一句全翻譯時會不會再次激怒到法官，萬一孩子被判去關了怎麼辦。思考很久後我緩緩的跟法官說，能否再給孩子跟阿公機會，語言不通眞的是原住民在親子溝通上最大的困難，也提出未來對案家的處遇，會陪伴孩子全力配合觀護人的要求、改善孩子輟學及行爲問題，最後感謝法官願意給機會。

　　事後帶著阿公及孫子離開法院正走向停車場路途中，瘦弱的阿公失聲痛哭一邊捶打身型高大的孫子，一邊喃喃地用族語說，「你媽媽那麼的辛苦工作，爲什麼要讓我們擔心，爲什麼要這樣不聽話，爲什麼啊⋯⋯」我沒有立刻阻止阿公對孩子的又哭又打，因爲我知道阿公剛經歷一場害怕失

去孫子的驚嚇，孩子也嚇到了抱著阿公一起哭，當下的我已無法再說些什麼，只能默默陪著他們好好的哭一場。

在這次事件後，意識到族語轉譯並非像中翻英那般單純或是可以去脈絡化，但文化詮釋需要看見脈絡才能被理解，在一個權勢不對等加上偏見歧視的環境時，堅定與理智的對話是很重要的，理解差異、減少歧視更需要被落實，到現在我仍是努力走在如何讓人看懂、聽懂文化差異、消除歧視的路上。

文化底蘊才能讓專業如虎添翼

從大學到研究所，我感恩習得很多的專業基石，也懂得如何獨立分辨思考對不同事件的看法，讓我在工作上可以快速找到方向，但方向也只是個方向，要如何找到對的交通工具才能順利抵達目的地，這是學校來不及教的一堂課。

沒人教我要先懂得文化謙遜，長期在原鄉工作的我一味追求主流社會價值，忽略自身文化的優勢及不同文化間的異同，在跨文化學習的過程中才認知到我們都會有偏見，例如飲食習慣、文化禁忌及生活信念等等，原來這就是敏感度。我們之所以不一樣，是因為每個人都是獨特的、有價值的，當自己願意用謙遜來面對及理解不同文化價值觀的挑戰時，必須在尊重的基礎下去重新與不同文化的人建立新的關係與互動技巧。回想起我專科在臺南讀書，對閩南話不會聽更不會說，班上同學幾乎都是當地人，為了快速交到朋友及建立友情，我努力的去說臺語，認識臺南環境及在地文化風俗民情等等，降低我對臺南人的不了解以取得同學們對我的認識及信任，原來這些過程的學習也就是文化能力發展的一種。但是文化謙遜、敏感度的覺察、文化能力的學習，這些都是從實務工作挫敗中一點一滴習得而來的，如果一開始有人可以提早教導我，如何讓社工專業的操作回到文化生活中，會不會讓眼淚少流一點，自信與勇氣就會更多一點。

pa'icelen ko tayal no mita

最後，我想給不論是新手社工或是資深社工人，在阿美族有一句話「pa'icelen ko tayal no mita」：一起前行力量無窮。

做助人工作的確是要有獨立作業的能力，但千萬不能單打獨鬥讓自己孤單，如果累了至少還有夥伴陪著你走，如果受傷了至少還有夥伴扶著你走，千萬別讓自己獨自心傷，讓我們「一起一起，加油來」。

29

先成爲自己，才能好好當社工

洪敏萍／財團法人台灣賽珍珠社會福利基金會社工組長

決定讀社工系

在當年那個以聯考分數選填志願的年代，就讀科系的選擇通常是以錄取分數由高到低進行選填，其次才是興趣志向。高中階段的我，對於當老師是有嚮往的，第一志願是師範教育科系並非社工系，但由於分數落點趨近社工系，便開始查探什麼是「社工系」。對於社工系最粗淺的認知，就是「助人的科系」。當時的我對於助人並沒有所謂的雄心壯志，吸引我的是社工系的介紹「樂於助人解決問題，外向活潑，對人的服務有熱忱，具備溫暖、真誠、同理心等特質。」這些描述與我的職業性向測驗參照，頗爲相近。後來得知學校的服務性社團，寒暑假都去山上國小帶營隊，讓徬徨猶疑的我總算定了心，即使不是第一志願，讀社工系也是有機會做自己有興趣的事情。

決定不當社工

大一、大二這 2 年，埋首於社工專業科目的學習，同時也被充實的社團活動填滿日常生活，這樣的日子是開心滿足的。但是在成爲大三的老鳥後，隨著生涯規劃，又開始思索自己與「社工」的關聯。當時在早療、收

出養單位實習，一方面很高興有機會了解實際服務場域中個案的情況，另一方面卻也對於未來擔任社工沒有自信，對於要協助案主脫離困境沒有把握。大四那年，在同學們準備報考社工研究所或準備求職的時候，我決定「不當社工」。現在回想，也許這樣的決定是在逃避當時害怕面對未知的挑戰，也是不想放棄最初的嚮往，打算奮力一搏，不想讓自己有所遺憾，而將心力轉移到最初的嚮往，走向教職。

社工系的出路是多元的，所學的基礎讓我在教師之路上頗為得心應手。各種心理學、人類行為發展、方案設計的學理知識，有助於我在班級經營、教學課程設計、親師溝通各方面的運作執行。在國小教師 4 年的養成經驗，讓我更有自信與能力。

擔任一名國小代理教師，成就感在於能直接關注、影響兒少。可惜我與學生的緣分只有短短的一年，期滿之後彼此就是人生的過客。我惦念著由奶奶獨自扶養的小竹、總是一個人在家的小宇、學習發展落後的明明，他們之後的生活過得如何？

當時的年輕熱血，卻成為肩上沉重的包袱，漸漸發現有太多無能為力。這種沉重感讓自己停下腳步思考人生。探索不是只有在學生時期，大學畢業之後投入職場，仍需要好好思索「我是誰？我在哪？我在做什麼？」如果過不了人生的低谷，要如何發現嶄新的世界？

入骨的社工魂

社工系養成的精髓，就是不論你的職業職稱是不是社工，社工魂都是潛在的。要成為一名社工的決定，在社工系畢業後經歷了 5、6 年的流轉，再次浮現。我並非早就訂下志向要當社工的類型，與畢業後就踏上社工之路的同學相較，雖是慢熟的，但是帶著幾年的社會經驗，早就忘卻大四時「對於擔任社工沒有自信，對於要協助案主脫離困境沒有把握。」的煩惱擔憂。認真走過的路不會白費，所有經歷都是人生的養分，會讓自己成為更理想的樣子。

終於成為社工

我們常說社工圈很小，但認真要比的話，社工圈的觸及範圍比學校老師所接觸的更有廣度、更具延續性。只能說各個角色的任務不同，我們都在學生的生命歷程中，扮演重要他人的角色。

初踏入社工領域，擔任成年心智障礙者日照中心的社工。成年輕度智能障者的心智年齡如同國小中高年級學生。我心裡想著，這是另一種小學生啊！我運用跟國小學生的溝通教學方式，與這群成年人工作。身心障礙領域是當時的我還不夠熟悉的，除了跟著前輩的指導，還必須加強了解身心障礙者需求、身心障礙者就業、福利資源等實務知能，持續的在職訓練與進修，是提升自我、避免停滯的重要環節。隨著實務工作經驗的累積，我不再擔心自己能否成為助人工作者，而是開始追求自己在這份工作中的成就感與價值。

社工人的自我對話

在成為社工的前幾年，探索與自我對話是重要的，除了基礎的專業，更重要的是「心態的調整與準備」。早期新任社工大概以 3 年為一階段循環，工作 3 年會面臨人生的交叉點，反問自己：「我喜歡現在的工作嗎？想要繼續這份工作嗎？還是覺得疲憊空虛，需要喘息留白？」

經過國小教師、身心障礙社工這幾年的工作經歷，能清楚知道自己對於工作的認知，我決定「不需要把社工當成一個很大的志業或包袱，而是當成一份喜歡的工作。」重新轉換服務領域到兒少婦家，進入服務新住民家庭的單位——財團法人台灣賽珍珠社會福利基金會。

與新住民家庭的相遇

新住民族群是隨著時代演進產生的新興議題。我的學生時期,學校還沒有新住民相關課程。我在與新住民的互動過程中,認識他們,以及他們的文化。多元文化的認識不是為了區分或標籤,而是為了能更加理解與融入。這 20 年來,因應新住民及其第二代人口增加,我們的社會結構組成有了轉變,新住民人口數已經超過 59 萬人,這龐大的群體中,新住民不一定是弱勢,所謂的弱勢是相對比較而來的。

我敬佩這群遠離家鄉,嫁到國外的女性,來臺之後很快就面臨文化、語言、生活、飲食習慣等的適應,以及與婚後家人的觀念想法磨合、角色期待的落差……等等問題。若新住民的內外在資源足夠時,上述情況就不會成為「問題」,新住民也不會成為弱勢。相反的,有許多新住民,運用自身的能力與優勢,為家人帶來正向的改變。

這群新住民總會讓我聯想到民國六〇年代的感覺,年紀輕輕的婦女,骨子裡卻是傳統的靈魂,傳統保守的觀念與我的父母輩相像:努力工作賺錢,為了給孩子更好的照顧;滿心期望孩子能用功讀書,將來能有所成就。他們忍耐力超強,做任何事都以家人、孩子為優先,最後才想到自己,甚至沒想到自己。全心為家人著想,完全忘記要照顧自己。

回想第一次陪同一位越南籍新住民就醫的經歷,她在電話中無奈啜泣地說著醫生要她住院開刀,而單親的她擔心的卻是兒子該怎麼辦?她害怕的不是自己的病好不了,她擔心的是如果自己走了,兒子會沒有人照顧。

住院前,我陪著她穩定情緒,聊過之後才明白原來她在越南從來沒有就醫經驗,就算有身體不適,通常是自行服藥或是忍耐之後自然會好,所以來臺灣之後,對於到醫院看醫師這件事,會讓她感到緊張焦慮。加上煩惱沒有人照顧兒子,讓她整個情緒崩潰,從隱忍的低聲啜泣到無助的嚎啕大哭。

其實她的心血管疾病已有多年,不時的頭昏暈眩,她卻不以為意,總以為休息一下就好,直到昏倒送醫才知道事態嚴重,連醫師都佩服她竟然

這麼能夠忍耐。我也震驚到一位母親為了孩子、為了生活，可以如此犧牲自己。

面對無助的案主，社工必須收拾好情緒，陪她一起堅強。在穩定思緒之後，我與她開始思考因應的方法。她的回應從一開始的沒有、不會、不可能，到想到有位久未聯絡的遠房親友，到鼓起勇氣撥打電話請求協助。這中間的轉折，我看到一位新住民母親的無助，以及她身為母親長出的韌性與努力。

新住民以女性為多，占新住民人口總數約 90%。弱勢婦女常遇到托育、就業、居住、家庭關係等議題，被通報為脆弱家庭、受到家庭暴力不在少數，與臺灣籍婦女相較，新住民婦女因支持系統不足、個人經驗能力等因素，遭遇困境之時需要花費更多時間處理因應。

早年曾經接手一戶當時被通報為高風險家庭的個案，小學二年級的女孩，爸爸已過世，媽媽是中國籍新住民，輕度智能障礙。家裡的生活依靠爸爸留下的勞保死亡給付，以及政府和民間補助，勉強度日。剛與她們接觸時，我擔心著家裡的經濟來源，媽媽總是微笑著說她有在工作啊，幾次下來卻老是交代不清，一下子在餐廳做事、一下子又在工廠工作，反覆了解才知道原來媽媽只是在家附近的店家逗留，店家念在是老鄰居的份上，不會驅趕媽媽，卻造成媽媽覺得自己在工作的想像。隨著時間流逝，媽媽的想像情況竟越來越嚴重，被診斷為思覺失調症。

所幸女孩很乖巧，自己上學、自己寫功課，還會每天叮嚀媽媽要按時服藥。我心疼女孩的早熟獨立，女孩告訴我「以後要當護理師，這樣就可以知道媽媽的身體狀況，好好照顧媽媽。」基金會陪伴這個家庭將近10 年的時間，連結課輔志工到家裡陪伴女孩讀書，補充女孩的教育學習資源；基金會成了媽媽固定出現的地方，我聽著媽媽說的事，循著她的想像，評估她當前的情況。這對母女從高風險危機被接起來之後，還有很長的路要走。不敢奢求這對母女能突破狀況，只期望藉著持續的陪伴，與她們一步步往前。去年，護專畢業的女孩，考取了護理師證照，目前繼續修讀二技，期望取得大學學歷再投入護理職場。

　　這個家庭，雖然母親的功能無法施展，雖然物質生活並不充裕，母女兩人的關係卻是如此緊密且正向，實屬可貴。珍惜與家人的羈絆，是她們教會我的事。回想這些讓我印象深刻的案例，至今仍為他們的努力感到驕傲。

學校老師沒教的事

　　投入新住民家庭工作已 15 個年頭，陪伴數百個經濟弱勢新住民家庭一路走來，我必須坦言，經濟弱勢要翻轉貧窮不是一朝一夕得以促成，即使很努力很努力，他們大多數仍然在貧窮線底下浮浮沉沉。他們無法改變大環境的現實考驗，只能收起悲情，不因貧窮而失去夢想，他們努力工作，拉拔著孩子長大，一點一滴的積攢，踏踏實實的生活。

　　家庭社工的工作看似單純，卻能接觸服務家庭最真實赤裸的樣貌，每一個個案、每一個家庭，都有著不同的故事。服務對象不僅需要度過短期的危機，後續的承載與銜接，才是影響深遠的關鍵。基金會提供中長期的輔導服務，平均陪伴一個家庭 6 年的歲月，短則一年，也有長達 10 年的陪伴。每個家庭在不同的時間軸裡，面臨著不同的議題：從最初面臨經濟問題、親職教養知能；隨著孩子成長，衍生的親子關係、培力經營；逐年累積的身心健康問題、就業問題……。社工在裡面，是什麼樣的存在、在什麼位置？服務家庭的問題可能都不是我們自己親身經歷的，但我們必須學習從中累積經驗，累積自己的社工價值。

　　身為社工，常會聽到他人對我們表達讚許，感謝我們的付出、感謝我們的關愛。但有時候，這樣的稱讚會讓我有些不好意思，因為我認為這只是盡本分，做了該做的事罷了。殊不知，當身為社工的我們盡本分的時候，就有機會改變一個家庭。人生是流動的，不會永遠都是處在逆境低潮，我們在個案遭遇困境時相遇，陪伴他們一起走過，這是身為社工的職責。陪伴的過程也許不會都是平順的，難免遇到難以溝通、缺乏改變動機、無法達到服務成效的個案，此時該如何調整心態及工作方式，都是學問。每個個案、每個家庭故事，帶給我人生的省思，提升我看待事物的想

法及做法，這些正面的影響力，不僅影響我個人，也影響我的服務對象。這些經驗的累積，是學校不會教的課程。帶給我這些人生智慧的，是這群新住民與他的家人。

給社工人的話

社工系的出路多元，所學的基礎讓我們成爲通才，只要有心學習，各行各業都能有發揮的空間。我自己不是屬於很早就訂下志向要當社工的類型，也是經過一番探索嘗試，才走到現在的路途。我也許沒有轟轟烈烈的服務事蹟，那些對於服務對象而言最低潮困苦的過往，陪伴走過之後，我們不會刻意記住，但他們會牢記在心。我們要相信我們的存在，會正面影響我們用心陪伴的人。

社工的角色不是沉重的包袱，而是把自己當作黑暗中的一小盞燈光，暖暖的、亮亮的。我們的付出，服務對象會感受到，然後回饋到自己身上。將這樣的善的循環，化成社工日常。要記得，不要把自己當成蠟燭燃燒，而是成爲服務對象的一盞燈光，適時陪伴與照亮，帶給他們方向。照亮他人的同時，也別忘了照顧自己，適時關掉開關，讓自己休息喘口氣，休息夠了再充電，能量才能循環繼續。

我們要先成爲自己，才能好好當社工。並且要有認同：認同自己、認同自己的工作。人生每個階段都會有不同的想法與目標，請努力去嘗試，不要後悔自己的決定，相信你會體認到心之所向。社工之路，會是你理想的決定。

30

在勞工領域中的社工人

韋珊／新事社會服務中心督導

入行的初心

　　猶記得上了高中後有一小段茫然的時光，在那個懵懂的歲月，有著對自己的不了解，也有著對社會的陌生。看到社會工作學系時只有一個念頭，若幫助人也可以是一種職業，那未嘗不可試試看呢？再加上自己的姑姑是神職人員，從事各項社會服務，看到了社工價值的體現，就決定填了社會工作學系，開始進入社會工作領域學習。

　　大學期間有機會擔任目前任職中心的志工，課餘時間有機會到中心一起協助移工服務，在對移工完全沒有任何概念之下，實際與移工「小姐姐們」相處下來，聽到了很多不同的生命故事，打從心裡佩服這些年紀輕輕就毅然決然到異鄉工作的決心。異鄉工作所碰到的甘與苦，在遭遇到性侵、人身傷害、苛扣薪水……等各項問題時，真的急需有人能夠伸出援手協助，這也是加深畢業後選擇從事社工工作的契機之一。

　　另一個加深決定踏入社工領域的時間點為實習階段。在實習期間分別進入了勞工領域和醫療領域實習，這兩種截然不同的實習領域也帶給我很不一樣的感受。醫療社會工作的專業性讓我看到了學校所學的理論技巧，不再只是冷冰冰的文字，轉化為活生生有溫度的助人行為，幫助我對社工實務工作的經驗累積。然而在勞工領域實習時，發現學校幾乎沒有上過的

勞工服務相關課程，有點陌生，像是進入到新世界的感覺。當我實際接觸到這些因發生職災而需要幫助的勞工及其家屬時，那些無助的眼神和對未來焦急茫然的表情，一直到現在還深深的印在我的腦海中。那時候就決定想要繼續為弱勢勞工服務，希望自己真的可以幫助到這些家庭，讓他們有勇氣去面對和重建未來的生活和工作。

正式踏上社工之路

　　一開始從事職業災害勞工服務，用社工的服務模式協助因遭受職業傷害或職業病的成年人，對於經濟、法律、家庭支持功能、心理支持、職業重建或再就業的整個服務過程，從一開始最吃力的就是需要大量的法律條文閱讀與熟悉勞動政策和勞政體系的運行模式。當剛畢業的新鮮人小社工，面對的服務對象都是年紀較大的中高齡弱勢勞工家庭時，一開始會比較容易緊張，擔心信任關係建立不易，所以努力從熟悉相關勞動法令及流程、搜尋相關案例資訊著手，開始建立自己的服務模式，正式踏上社工之路。

　　好不容易漸漸累積社工經驗，也開始熟悉弱勢勞工的服務模式，還有需要克服的一件事，就是要練習社會倡議。社會倡議在學校的課程中其實並沒有學習到太多，再加上自己的個性偏向害羞，一開始從職災權益宣導開始，在醫院中跟病友和家屬宣導職災權益，進而向醫院社工室說明職災勞工服務，再進而建立轉介模式，最後則是根據相關個案服務經驗，在政府部門會議進行倡議及修法建議。這些都是在進入職場工作前所從未料想到的，自己也從一開始的沒有自信，透過不斷的準備與練習，慢慢習慣及克服心理障礙。直到現在，每次的對外發言及演講，自己還是會做許多準備及練習，把握每一次對外發聲的機會，讓更多人能夠了解弱勢勞工的處境和問題。

　　熟悉了職災勞工的社會服務後，在因緣際會下進入移工組開始服務，瞬間覺得好像又回到一開始社工新鮮人的心情，服務對象從本國人變

成外國人，語言、文化和相關的法令條文和問題型態完全不同，彷彿一切又從零開始摸索。首先，最大的障礙無疑是語言問題，沒有辦法用彼此的母語進行溝通，確實在一開始造成了很大的心理壓力，擔心會溝通不順或是沒有辦法完全抓到服務對象所要表達的意思，所以也加緊努力練習了好一陣子的英文。但是意想不到的是，雖然溝通部分需要花費一些心力，或是需要透過通譯來進行會談，但其實沒有想像中困難，最需要花時間熟悉及學習的是各項移工問題的協助及處理，像是勞資爭議調解、性侵害、性騷擾性平申訴、人身傷害、人口販運……等問題處理，法律熟悉和資源網絡的開拓，也漸漸成為移工服務社工員所必備的能力之一。

從畢業至今學習到了很多，也累積了許多不同的社工經驗，從個案工作的微觀到社會環境影響下的鉅視系統，怎麼樣把社工的服務經驗和服務中所遇到的困境、制度結構上的問題及希望社會大眾能關心注意的議題，經過文字或影像的整理，透過報導、文章投稿、記者會、自媒體的露出等方式讓更多人一起來投入改變，而非每次的交流會議、研討會討論的主題，永遠是相似的問題與困境，這也是目前自己正在努力的方向。

成為稱職的社工

社工的工作歷程一路走來，在整理工作經驗中，發現隨著自己的生命歷程，每個階段對成為好社工的目標要求其實都不同，一路從社工員、組長到督導，每個階段的學習和挑戰也大為不同。怎麼樣才能成為一位稱職的社工其實沒有標準答案，畢竟每個領域服務目標和服務模式都不盡相同，但隨著全球化和資訊時代的快速變遷，能夠看到服務族群隨著社會變遷產生的不同需求，並有相對應的服務投入，這也是社工人最核心的工作價值，成為順應時代所需的社會工作。

雖然每個人對稱職的社工有著不同的標準和見解，以目前我自己的工作經驗來看，下列這三點是我在整理自己的社工生涯中最重要的三項核心價值：

回到最初的同理

回想剛開始從事社會工作時，在接案之前都會給自己一個靜下心來的時間，根據轉介單的內容或是潛在案主一開始打來的求助電話內容，以如果我是這位案主，我當下最想要獲得哪些協助來思考，並將此次會談內容目標及重點，以及案主可能所需的資源先做好準備，隨著實際會談的內容，可以很快速的使用各項資源讓案主的需求獲得解決。當案主的需求有立即獲得處理或有了執行的方向，社工與案主之間的信任關係已然建立。

當然，隨著工作時間和經驗的累積之後，會發現與案主一起工作時，並非一切都是一帆風順的，有時也會遭遇挫折，覺得有些案主意見特別多、不願意配合，或服務卡關，使服務進度停滯不前，不禁也會懷疑是否自我能力不足。但若靜下心來從另一角度切入，跳脫或抽離自己既有的觀念和看法，回到最初的同理心，感同身受案主的困難與問題，頓時會覺得這些工作中的挫折似乎都找到了答案和方向，以人在情境中的角度來看待案主與案家在這些多重又複雜的問題，和那些困難和錯綜複雜的網絡中，找出並協助案主搬開一塊又一塊壓在案主生活和心理上的石頭。

多元文化下的社會工作

在開始從事移工社會工作時，其實面臨了許多的挑戰，其中挑戰最大的就是語言和文化差異，當然語言部分是可以透過通譯或是翻譯軟體來解決，雖然無法像與本國人直接對話一樣百分百能夠完全翻譯到精準，但是也讓我更專注觀察案主的語調、表情及肢體動作，更能了解案主目前當下的情緒與感受，這是我之前在與本國人會談時所比較忽略和難以發現的地方。

另外一個挑戰是文化的差異。文化和社會環境的不同，常常體現在案主直接給你的反應，或是讓服務計畫時常需要做改變。像是當在跟移工面談進行服務的時候，一開始會有很多無力感，有些移工案主常常會推翻在面談時與社工共同討論而擬定的服務計畫，或是已經協助案主做好了法

律的資源連結，結果可能過一陣子案主就會說決定不要提告，想要回國就好。

另外一個例子是案主被雇主謊報行蹤不明，社工協助在撤銷這個通報做了許多努力，因為整個處理流程需要時間等待，但在撤銷成功的前一週她還是選擇成為真正的行蹤不明移工，只因為她對臺灣的行政程序沒有信心。碰到這些挫折時一開始當然會很沮喪，但是越來越多工作經驗的累積和與移工認識越來越深之後，才了解這是因為移工對臺灣制度的不信任，把之前在母國的文化和經驗投射在她的案件之中，她們只能選擇她們自己覺得相對安全的做法。

所以在服務其他文化族群的個案時，了解案主母國文化是非常重要的一把鑰匙。社工唯有足夠了解且不帶有批判的偏見，在與多元文化案主工作時，設身處地的把可能跟案主本身文化有差異的地方，都清楚的主動向案主說明，並以其他個案的成功經驗來加深案主信心，這些服務上面的挫折感會逐漸減低很多，服務成效也會增加。最重要的是，可以讓移工在非母語的國家中得到內心的同理及支持，對於自身的問題能更有信心及正向的態度與社工一起工作。

通訊科技工具使用與社會適應

累積了一段工作經驗之後，不難發現當初學校所學的像是一棟房子的地基和梁柱，是服務中最重要的核心價值，都是從社會工作的理論和方法中貫徹，但隨著社會網絡時代快速變遷，個案、家庭甚至是社區的需求常常跟著環境在改變，能夠覺察及因應不同的需求，制定助人方向，社工可以使用不同的方法與工具來建構出不同的房屋風格。像是以往身心障礙者常因出門不便，有時會由主要照顧者與社工見面，但現在因社群軟體工具廣泛運用，視訊面談則可以在身心障礙者不便出門時，讓社工還是可以直接與案主進行線上面談與關懷，平日裡也可以透過社群軟體增加與案主之間的互動。

　　又像是現在講求的 e 化服務、影片資訊宣導、培力課程影片等，讓各項服務申請或查詢縮短了辦理等待的時間，透過影像及影片可以讓服務對象在線上學習和成長，並貼近案主群體所熟悉使用的科技工具，像是移工所習慣使用的通訊社交工具其實和臺灣有些不同。所以當社工員在與案主溝通或是在做使用資訊的宣導時，必須要貼合使用族群的習慣與時俱進，已然成為與案主溝通中不可或缺的一環。

　　雖然通訊科技工具的使用已在服務工作中形成不可替代的模式，但也會逐漸降低案主社交能力及與他人互動的能力，無形當中也會對社會融入有所影響。以弱勢勞工為例，久而久之也易形成怠志工作者。所以社工除了在享受使用科技工具的便利性之外，仍須注意實體會談的重要性，包含設計一些團體及活動來鼓勵案主及其家屬參與，提升服務族群的社會適應力。

社工生涯印象最深刻的經驗

　　還記得一開始在接觸移工服務時，接到一位印尼女性案主，協助她與雇主進行調解來解決雙方之間的問題。但這位雇主在調解會時卻突然拿著手銬衝進來說要將案主上銬帶回家，當時直覺要保護她而追向前阻止雇主，成功阻止雇主的暴行，但也與案主雙雙受傷。當下反應是完全沒經過思考的直覺反應，回過神後才覺得整個過程其實很驚險，但卻更能同理移工的處境與遭遇。從事移工服務的這幾年，一路上陪伴著她們與雇主協商，保護自己應有的權益，帶著她們進入完全陌生的警局做筆錄，敘述著自己受到人身傷害的遭遇，在她們鼓起勇氣到司法體制爭取正義時給予支持和協助。在案主身上我看到了迫於生活的無奈及勞雇雙方權力的不對等，但也看到了移工在異鄉替自己發聲的勇氣，和努力工作改善家庭經濟的夢想。

　　在從事移工社會工作期間，會碰到比較大的挫折和困難的地方，常常來自於處理司法案件時的無力和結果不如預期，尤其是比較嚴重的案件像

是移工被性侵，還有人口販運被害人的案件。有一位人口販運被害人，她被雇主及其家人虐待、毆打、沒收手機還有限制自由……等，移工忍到無法忍受時，冒險從樓上跳下來求救，但對方律師卻把移工身上的所有大大小小的傷痕歸咎於是自己跳下來所造成的傷口，也因移工被拘禁沒手機無法蒐證，對方律師在證據力不足的地方加以打壓和扭曲事實。在協助移工的過程中，對方的律師團非常有名，讓移工、社工及律師遭遇到很大的挫折，這樣的案件更能看見及同理移工的渺小和無助。但其實唯一能克服的方法就是不放棄，在細微末節處耐心找到對移工有利的論述，最終在纏訟好幾年後終於勝訴。當然，透過一些困難案件，社工一定會慢慢累積了許多經驗，知道在法庭攻防之間，我們要注意什麼、怎麼樣幫助移工、怎麼樣可以讓檢察官和法官可以了解被害移工的脆弱處境，這些都還是我們需要不斷克服的問題和改善的現況。

學校老師沒教的一堂課

在現在人人皆有多元需求的時代，在進行社工服務時，跨專業關係的合作尤其重要。以移工族群為例，社工常需要跟通譯人員合作，透過通譯的精準翻譯，能更深入案主的內心，評估他的需求，提供協助；另外移工的服務範圍需求非常廣，像是法律、醫療、心理輔導、就業、臺灣政府各單位（像是勞工局、移民署、就業服務站、仲介公司、直接聘僱中心、母國的辦事處……等），這些都是需要跟跨領域、跨專業的工作人員一起合作。這些跨專業人員對於社工的角色與服務其實不是那麼熟悉，所以社工也更加需要讓這些夥伴認識社工角色和服務價值，建立完整的服務網絡。

另外，也非常歡迎社工夥伴有興趣來挑戰移工服務。在學校中社工教育相對來說較少提及移工社會服務，不熟悉的領域總是會讓一些人卻步，但實際接觸或有服務經驗之後，其實會發現在移工領域的社會工作，每一步走過的足跡，每一個充滿挑戰的個案，都是在建構、創新和發展移工服務領域。移工的社工服務模式特性，需要有彈性且不斷更新的需求來提供

服務，雖然挑戰較大，但在以從事服務「人」的價值來看，會是多元且豐富的社工人生涯旅程。

在移工服務的領域中，仍然有許多待改善的問題，像是移工常遭指派許可外的工作、家庭類移工的長工時和低薪、女性移工遭性騷擾及性侵害、漁工的困境和人口販運……等。社會工作者持續為這些問題而繼續努力協助移工改變現況，除了幫助更多需要的移工之外，也著眼於督促政府的政策制定，維護移工的勞動權益，相信更能帶動提升臺灣全體勞工的勞動條件，同時致力於推動勞雇雙方的交流，營造共好的友善社會。

給社工人的一段話

社會工作者長期在處理服務對象的各種問題，在保護性服務中常面臨到各式各樣不同的負面情緒，長時間累積下來的挫折感，可能會導致心理壓力增大，或是會有倦怠感和服務熱忱的消退，近幾年對於社會工作者的身心健康促進也越來越獲得重視。在繁忙的工作中，我認為「自覺」是非常重要及需要的，適時地覺察自己當下的心情、情緒和內在的感受，擁抱自己的優勢、弱點及服務的價值，經過自我省察的過程來認識自己，反而可以更客觀、更有信心地調適自己。社工人並非萬能，但可以有更多元的面向來協助案主一起面對問題。適時地放鬆，照顧好自己的心情和情緒，也才能在社工人的生涯中，長遠的向服務對象體現社會工作的服務。

31

我一直都以社工人自居、
有著社工人的認同

彭治鏐 / 臺灣同志諮詢熱線協會副祕書長

走上社工這條路的成長經驗

　　我之所以走上就讀社工系、在民間組織當社工的這條路，跟我中學時期的成長經驗有關。就讀國中的時候，還有嚴格髮禁，且學校會暗自能力分班，藍領勞工家庭背景的我，在入學時很隨機地被分配到一般的班級。當時的我很聽從身為工廠作業員的父母的階級翻身期待，是個乖乖念書的孩子，課業表現算是突出，但也跟那些課業表現不佳的班上同學處得很好。在許多師長眼中，我班上的同學絕大多數就是一群放棄讀書的「問題學生」，經常不遵守校規與師長管教。後來在高中的日子裡，我有機會回頭反思到，那群國中同學只是不像幸運的我，順利適應了升學至上的國中校園，而在一切都以考試成績來決定個人價值的升學體制中，他們其實是被貶低、放棄的一群。

　　隨後順利考上當地第一志願公立高中的我，沒多久就開始感受到與高中同學相處時的不適應。同學們會聊著自己讀過的課外讀物、學習已久的才藝活動、寒暑假跟家人出國旅行，這一切對於來自勞動階級家庭的我來說，都顯得十分陌生，也無法搭上話。久而久之，我開始有了自卑感與相

對剝奪感,這樣的內心感受後來也展現成生活中的憤怒。我經常不滿於有些同學的自以為是、優越感、將擁有的一切視之為理所當然,特別是當他們在貶低國中班上的「問題學生」時。我就在這樣還只是模模糊糊的個人想法,還沒有清楚意識到這可能來自階級差異、升學體制等社會結構壓迫的高中日子裡,帶著內在的自卑與憤怒感受,開始思索生活中的諸多事情似乎並不是如此「理所當然」,逐漸察覺到日常裡的許多「不公平」。

現在回頭看,高中時的我就是在帶著憤怒的生活經驗與感受,沒完全搞清楚社會工作究竟在讀些什麼的狀況下,在考大學時勾選了社工系作為第一志願。

升大學後,重視社會公平與正義等理念的社工系,讓我意識到中學時期的個人自卑與憤怒,其實來自於和同學之間的階級背景差異與長久以來的升學至上教育環境。系上的課程我讀得很有興趣,也開始嘗試到不同單位當志工、實習,摸索與思考著自己在畢業後想要從事哪種領域的社工。

大二時我基於自己的同志身分,想要貢獻一己之力給自己所屬的同志社群,同時也是想建立自己的同志朋友圈,因此選擇到現在任職的民間同志組織「臺灣同志諮詢熱線協會」(以下簡稱熱線)當志工,開始投入當年還難以有走進體制機會的同志運動。隨著後續修習了許多社會學、性別研究領域的課程,我發現自己在社工所說的「人在情境中」的介入焦點光譜上,對於改變社會文化氛圍、制度結構的工作,比較有興趣。大學畢業、當兵退伍之後,熱線剛好有個新聘社工的職缺,我也就幸運地成為在熱線工作的社工。

從電話陪伴中累積對人的理解

在熱線任職之初,辦公室裡包含我,一共也僅有四位員工,且並非所有同事都是社工背景,不同於主流民間中大型社福機構,而是由同志社群自發性組成的小型同志運動倡議組織。不過也因為在任職前,我已經擔任熱線志工幾年,對於組織內部的運作模式有所了解、對組織也有著一定的

認同感；因此在工作後，面對基於小型民間非營利組織而有的「大小事情都要親力親為」工作現場，並沒有什麼不習慣的感受。相反的，後來有機會認識越來越多的社工同行，我才發現自己在熱線工作的這些日子裡，正因為必須接觸、經手許多不同的大小事務，讓我有機會通盤性地熟悉小型民間非營利組織必須要了解的各種營運面向。

在熱線工作的頭 9 年，我首要的工作項目是負責諮詢電話方案，接聽諮詢電話的是具有同志身分的志工，而我便是要負責定期招募、培訓、管理這群志工們。9 年下來，我累積了豐富的經營志工團隊經驗與能力。同時，主責這項方案也讓我長時間累積了許多傾聽、陪伴、深度同理來電者的實務經驗。對於學習會談技巧、如何理解案主狀態、思考如何一對一陪伴、工作情境中的倫理決定、何謂「有效的助人」，有了算是相當豐厚的工作觀察、反思與實踐經驗。而這些很一對一、個人取向的直接服務實務經驗累積，也成為日後我從事不同面向工作項目時的重要基礎與養分，讓我對人與人之間的互動與關係，有著一定程度的敏感度與觀察力。

而在熱線的諮詢電話服務中，來電者身上除了同志身分之外，往往同時有著各種其他弱勢身分。這不僅讓我看見諮詢電話這類直接服務的某種侷限，和教育宣導、社會倡議、改變制度這類工作的重要性，也讓我進一步深思同志社群與其他弱勢身分相互交織所帶來的社群內部差異與個人處境影響。舉例來說，許多具有身心障礙身分的同志來電者，生命處於雙重身分交織而來的困境，一方面因身心障礙狀態而難以接觸同志社群、發展自己的同志社群與親密關係；另一方面也難以在自己的身心障礙社群裡出櫃同志身分，或相關服務難以回應因同志身分而來的需求。在如此的雙重困境下，諮詢電話這一端的志工們能夠做的，便是在電話中長期傾聽、陪伴著他們面對這些生活困境。這樣的多重身分交織觀點，也成為我日後的重要工作理念之一。

長出政策倡議的思考腦袋

在熱線工作至今這 10 多年來，令我相當難忘，也是挑戰與學習甚多的一段日子，便是 2016 至 2019 年參與推動婚姻平權的那段時日。

國內推動同性婚姻的運動歷史，並非始於 2016 年，只是國內的同志社群在早年仍被主流社會標籤為有著高度汙名的「偏差、變態」群體，同志運動也處於社會體制外的邊陲位置，少有機會進入國家政策的政治議程中，在政治人物眼中也並非「加分題」。不過經過 1990 年代起國內同志運動的長年點滴耕耘，國內民眾對同志的接納度日漸提升、國際社會上同性婚姻合法化的國家也逐年增加，以及那幾年國內政治局勢的明顯變化，讓 2016 年出現了推動婚姻平權立法的可能政治機會。

對我來說，在此之前的社工與同志運動生涯裡，從未有過遊說立法的工作經驗，那幾年倡議過程中所捲動的龐大社會能量與各界關注，無論是對我個人或是對國內的同志運動，也都是從未經歷過的體驗與實踐。在那幾年裡，高度投入相關工作的我，快速地累積與學習了群眾動員、社會溝通、國會遊說等以前少有機會接觸、從事的倡議工作細節面向。其中最令我難忘的，還是 2016 年年末，因應著立法院政治局勢變化而進行的一個月內連續三場大型群眾動員集會，還記得當時每天的工作訊息都是爆量、讀也讀不完。而 12 月 10 日的那場總統府前婚姻平權音樂會集會高達 25 萬人，且現場有相當高的比例是支持同志的異性戀親友前來參加，也讓國內社會與政治界看見同志運動的運動能量與號召力，已經突破同志社群本身。

特別值得一提的是，在那段日子裡，曾有多次要動員社會各界進行連署、召開記者會、提供專業意見給大法官的經驗。在這些動員社會各專業領域的運動串聯過程中，社工界一直都是迅速的回應、高度的支持和參與，我也在其中看見許多認識的社工同行與老師們的發聲身影，讓我感動於自己所認同的專業社群，願意一起追求共同的平權價值，致力於改變社會的不平等。

那段日子裡，另一個讓我難以忘懷的難過時刻，就是隨著政治局勢發展，2018 年同志社群被迫要面對充滿歧視的三案「反同公投」。面對公投這樣全國性的選舉，民間同志組織與反同組織在資源上有著巨大的懸殊差距，當時的歧視與謠言可說是鋪天蓋地，深入全臺各地，進入每個家庭的客廳與群組中，再加上民間同志組織無法掌控的各種複雜政治與選舉因素，讓那次的公投結果對同志社群來說是一次的重大創傷經驗。就連身旁支持資源豐富、同溫層很厚的我，在公投前的那個時期，都能感覺到自己的身心狀態較不佳、不穩定。公投後，我也確實在同志社群中，聽聞到一些令人難過的消息，而我和自己身旁的眾多同志朋友，也經歷了一番時日才撫平當時的傷痛。

不過，儘管那一年的公投結果令人難過，但同時支持同性婚姻、同志教育的另外那兩案公投，最終結果都有超過 300 萬的同意票。這 300 多萬位遍布全臺各地投下支持票的民眾，在票數上已超過了可能的國內同志人口，可說是同志社群與友善的異性戀盟友在未有政黨奧援下的奮力結果，更進一步思考，也反映出國內同志運動長年耕耘、進行社會教育的成果展現。雖比不上資源豐厚且有各方奧援的反同公投案票數，但這 300 多萬票，可說是紮紮實實地來自同志社群與同志運動的點滴努力！

而在這段時日過後，我在社工生涯中所關切的同志議題與同志權益，也明顯地從早年被拒於體制外的不得其門而入處境，轉變為日常地出現在社會大眾的生活視野中，同時也有機會成為體制內的討論題目，成為政治議程之一。回顧這段過程，它讓我逐漸長出另一個和培力社群與志工截然不同的政策倡議腦袋，學會如何與政治互動，如何規劃倡議路徑與學習政治判斷等。

思考何謂有效的對話與溝通

在同性婚姻通過之前，透過經年累月的累積來提升國內社會接納度的教育宣導工作，便一直都是我的重要工作項目之一。而當 2019 年國內

的同性婚姻正式立法與實施之後，同性伴侶的親密關係被國家承認與法制化，爾後熱線與我開始有了更多的機會與管道，對各種領域的政府部門、專業工作者，甚至是一般民眾進行同志議題的演講。

在近年的演講經驗中，讓我對「何謂有效的對話與溝通」思考最多的，是當我遇到那些非都會區的社區年長民眾的演講機會時，在這些難得能接觸到社區長輩的演講場合裡，我跟他們談多元家庭、性別與同志。在各種社會調查與個人的生活經驗中，我都知道非都會區的社區長輩，很可能是對同志議題接納度較低的一群人。因此，如何和他們「搏感情」，建立起良好的雙向互動關係，漸進式地在演講中置入一點同志議題，成為我在這些演講場合中的重要摸索與學習。

對我來說，反身思考自己的外來人角色與各種社會位置，是當我在面對教育宣導工作，特別是演講場合時的重要工作思考。我這位外來者到社區演講，有著講師的角色，身上同時有著在臺北都會區生活、高知識分子、白領工作等個人背景，這些都讓我在演講時握有一定的權力。但同時，多元家庭、性別平等這些議題，其實在非都會區長輩的生命歷程裡充滿著各種相關經驗。年紀較小但握有講師權力的我，在演講當下該做的並非是「上對下教導」給長輩些什麼，而是該抱持著互相學習的謙虛態度，對長輩的成長經驗充滿好奇，讓他們有機會訴說那些可能自己一直覺得「不足為外人道」的微小生命經驗，進而協助他們看見其中的個人與社會層次之性別議題。

在這樣鼓勵社區長輩主動分享的雙向互動過程中，再抱持著「慢慢來」的心態與步調，適時地帶入一些新的資訊與想法，讓長輩們能有機會思索以往未察覺的性別經驗與反思其中的刻板印象與社會汙名，進而開啟長輩們心中一點對陌生事物如同志議題的嘗試了解心態。

在我的工作場域中，每一場演講都是一個重要的對話溝通機會，而其中的工作目標，完全不該是要爭論是非對錯、誰進步誰保守、誰挺同誰反同，這些過於二元的對錯框架，反而會關閉了讓聽眾開啟心中大門的機會。身為社會中少數群體的同志社群一分子，這樣的邊緣生命經驗讓我相

信，每個人的生命故事都有其意義與價值，不因個人的成長背景、社會身分而有優劣之別，只是在主流社會的價值框架下，有些故事難有機會被訴說、被呈現，也少被珍視。而在演講場合看我拿著麥克風、聽著我說話的各種聽眾，往往也可能有著不被社會理解的非主流生命故事。建立起我跟他們之間的良好互動，引發彼此的共同感受，進而讓他們有意願了解過往自己不熟悉的同志生命的可能性，這才是我覺得有效的對話與溝通。

仍在思索的國家社福體制制度性問題

而隨著年紀與社工工作資歷的增長，以及同志社群走進社會大眾的日常生活裡，我也越來越常有機會代表民間同志組織、同志社群，協助國內社工界對同志社群在學術上、實務上的討論與發展。這樣的機會「代表」，我一直抱持著戰戰兢兢的心情面對。首先，我在實務工作中累積的對同志社群的觀察，雖然有著一定的深度與廣度，但必定仍有相當程度的侷限，完全不可能代表樣貌複雜的國內同志社群。再者，面對基層社工，我的資深講師角色有著脫不掉的權力外衣、所言所講必然有著相當的重量，而在我看來，他們身上的第一線實務知識少被看見與重視，基層實務困境背後所反映的國家社福體制的種種制度性問題也長期不被重視。他們身處於國家社福體制中的基層角色，被規定要接受教育訓練，以增加面對同志個案時的「個人知能」。在這樣的對比之下，我其實有著身處於國家社福體制的局外人角色與特權，讓我在面對體制內的各領域社工，同樣都抱持著謙卑、相互學習的心情，也期許自己能協助他們看重自己的基層實務知識，以及從同志個案的處境中看見制度上的問題。

在同性婚姻通過之後，同志社群走進各種領域的公共服務裡，其中也包括照顧弱勢的國家社福體制。而當同志進入帶有國家公權力的各種福利服務系統後，在社工的服務過程中，往往會映照出國家社福體制長年習以為常、少有機會反思的順性別異性戀制度性預設。除了要求基層社工上課充實「個人知能」之外，要如何讓國家社福體制重視同志社群的處境與需

求，不能因他們是「少數」就用「外掛」方式來加以討論與規劃，而是能從同志個案的接受服務經驗中，反身性地思考服務系統裡的種種制度性問題，是身為工作至今的我還在思索的問題，也希望在日後能漸漸實踐這樣的工作目標，讓國內的社福體制能真正地接住有需要的同志社群。

給社工人的一段話

對我來說，儘管自己的工作場域並不是主流，也不是具有相當規模的公部門或民間社福機構領域，而是弱勢群體自發集結、有高度運動與倡議色彩的小型組織。不過我一直都以社工人自居、有著社工人的認同，因為我相信社會工作所抱持的社會正義、追求平等、改革社會等理念，而在日復一日的實務工作中，努力累積出社會的前進與改變。希望同樣身為社工人的你，無論是在哪樣的機構領域工作，都能找到在其中實踐追求正義、改變社會的實務方向與路徑！

32

一輩子的相信‧一輩子的承諾

朱貽莊／財團法人中華民國唐氏症基金會副執行長

偶然踏上不歸路

對科班出身的社工人來說，我不是「正統」社會工作系畢業的學生，在我以「社會工作相關科系」為輔系之前，跟大多數人一樣，其實我不知道「社會工作」是什麼？踏上社工之路，只因為我不怎麼喜歡原來的科系，而當時能有的選擇非常有限。至於為何報考「社會工作相關科系」研究所？當然也是因為當下這是唯一的選擇，所以如果要為「為何走入社工這條路」寫下註解，我想最好的詮釋應該是「巧合」。

在工作職場多年的每一位都知道，工作的初始不一定是自己的選擇，但工作的延續一定是自己的決定。我的社工之路在誤打誤撞下開始，歷經在政府部門扎根、在實務領域試煉、在學術殿堂昇華。我常常笑說這是另類的「場官學」集於一身。不過跟多數社工人不太一樣的地方是，自從有了公職社工師的考試制度，許多第一線社工夥伴的職涯路徑都是先考取社工師，然後努力往公職社工師或社會行政邁進。但我的職涯選擇卻與大家相反，公部門是我正式接觸社會工作的第一個場域，多年後才轉進非營利組織從事實務工作。或許正是因為這樣的特殊經驗，讓我更有機會從大方向看到小細節、從政策面理解實務面，從不同的高度和視角來看待「社會工作」的整體樣貌。猶記得剛進入公部門的第一天，科長給了

我一本「身心障礙福利法規彙編」。在此之前，其實我眞的一點也不認識「身心障礙者」，更遑論可以爲這個領域做些什麼。沒想到一晃眼已經24年，我從來沒有離開過身心障礙的領域，未來應該也不會離開。

　　作爲一個社工人，我沒有很完整的養成訓練，甚至不需要修畢最燒腦的研究法和社會統計。但如同社工人都有的「社工魂」，我喜歡參與服務性社團、喜歡管閒事、喜歡舉手發言，對於自己的工作認眞且執著，交功課永遠不喜歡壓線再繳交。我可以在別人午休的時間蹲在櫃子前面翻遍歷年的檔案資料，爲的是了解事情發展的脈絡；我可以爲了資源分配的原則，不惜得罪許多社福團體的領導者；我可以爲了事情的輕重緩急，不惜與長官激烈辯論。回想那時候的自己，雖然沒有正式公務員的資格，卻也掌握了許多資源分配的權力。我常想，每年幾千萬的補助款下筆初審到底應該給 3 萬、5 萬、10 萬？取捨都在自己的一念之間，靠的是心中的那把尺，那把教科書上告訴我們，叫做「公平」與「正義」的那把尺。

10 年磨一劍，成為真正的社工人

　　我擁有身心障礙專科社工師的證照，也具有社會福利博士的學位，說明這樣的背景只是爲了呈現一個事實，在過去的 24 年中，我念了很多教科書，讀過很多篇期刊論文，至少超過一半以上的時間都在擔任「督導」的角色，也就是扮演著政策規劃、學術研究、課程教學、協助第一線夥伴解決問題，或者有時也受邀擔任政府部門評鑑委員的工作。在很多人的心目中，「專業」可能是我對外的形象，但與其說我擁有厚實的專業知識，倒不如說其實我的實戰經驗不足。我沒有跑家訪、被案量追著跑、紀錄永遠寫不完的經歷，也沒有服務對象走失、突然暴走、因爲不當行爲被帶進派出所必須陪同做筆錄的過程，我擁有的只是比別人多一些機會，「間接」看到個案及其家庭不同的樣貌。

　　此外，長期在安逸的環境中工作，也使我缺乏資源募集的能力，我不需要眞正爲組織的營運經費煩惱，更不用爲自己接下來的薪水來源找出

路。我常跟人家說：「我可以做任何的事情，只要不要叫我募款。」因為在過去的成長過程中，沒有任何一天，我認為自己適合勝任一個「業務」的工作。當然我也必須承認，即使我們總是把「專業形象」放在第一位，我們帶給個案和家庭的直接感受就是一種說不出來的「距離」。我們自以為的理解，其實根本是「你不懂我的心」，甚至是一種「專業的傲慢」。人生就是這麼奇妙，越是想要逃避的事情，越是躲不過。幾年前我開始承接了組織內公益行銷部門的工作。顧名思義，所有的形象宣傳、資源開發、提案介紹、活動辦理等，一夕之間都成為我的工作範疇。我所服務的「個案」從身心障礙者、家長，變成了企業和社會大眾，我的「處遇目標」也變成每年能夠為組織帶進多少經費。

　　在求學的過程中，社工人有一門專業課程是「方案設計與評估」，在告訴我們如何透過界定問題、定義問題、設定目標、擬定策略、執行策略，再到評估成效的過程，也就是必須把想要做的事說清楚，在執行的過程不斷修正，並成為後續執行方案的依據。然而，這樣長篇大論且複雜的邏輯思考模式，不能具體的幫助我多讓幾個友善商家願意提供放置捐款箱的機會；在這個以影音圖像優先的數位時代，我們在 FB 上盡情地抒情表意，交代為什麼我要這樣做，遠不及在 IG 放上一個清楚的圖表、幾張動人的照片、一段言簡意賅的短文，或者一則只有幾秒鐘的短影片容易得到共鳴；我們在線下努力動員辦大型活動，觸及人數遠不及線上轉傳的影響力。換句話說，當年我的專業告訴我要引文論述、要言之有物、要交代脈絡，如今我更需要學習的是對應不同的人、運用不同的管道，就得學會用不同的方式說話。

　　如果說「方案設計與評估」是社工人提供專業服務的基礎，那麼「資源連結」就是社工人落實專業必須具備的技能，兩者缺一不可。即使千百個不願意，為了爭取機會，我得學會站上舞台，得學會突破自己的限制，得學會用大家聽得懂的方式說話，得直接了當地告訴大家「歡迎支持我們」。於是我才真正體悟，原來「社會工作」的對象不是只有熟悉的個案，還有廣大的社會大眾。

悲情 vs. 正向，我要告訴社會大眾什麼？

　　障礙研究對於「身心障礙」的詮釋，一路從慈善模式、醫療模式，轉換爲社會模式、權利模式（張恒豪、顏詩耕，2011；廖福特，2008）。身爲身心障礙專科社工師與教授「身心障礙社會工作」課程的老師，我努力讓未來可能成爲社工人的同學理解，「障礙」爲什麼是社會環境造成？我們該如何把「障礙」視爲一種普同經驗（林駿杰、張恒豪，2020），共同創造一個與障礙者共融的社會環境。然而身爲身心障礙組織的行銷主管，我卻不得不承認廣大的社會大眾仍然帶著慈善、憐憫的眼光看著身心障礙者，我期待社會大眾認同「障礙者和我們都是一樣的」，卻又需要大家願意付諸行動捐款支持我們；我想要告訴社會大眾：「障礙者可以做到的比你想像的多更多。」現實結果是這樣的文宣訴求無法轉化爲實質的捐款數字。此時此刻，我仍然在「正向陽光」和「悲情取向」中反覆掙扎，我尚未找到最好的答案，倡議與現實的鴻溝仍然持續存在。

　　肩負組織的行銷重任，我還得學習要與一群不是社工人的夥伴談「社會工作」，這又是另一層次的挑戰。由於投身非營利組織工作的行銷人員，絕大多數都不是社會工作相關科系，也不具備法定專業人員的資格條件。他們來自四面八方，憑藉著一股對非營利組織的好奇、對人群的友善、對公益的心動，他們只知道如何廣告投放、如何經營粉絲、如何創造流量，但是對服務的核心萬般陌生，甚至不知道「財團法人」與「社團法人」怎麼分？什麼是「公益勸募條例」？相反地，來自社工背景的我，不懂得什麼是 Google Display Network（GDN）？什麼是觸及率？又如何使用埋碼（GTM）工具？換言之，我們需要不同專業間的對話，以及相互的認識與團隊合作。

　　社工人能不能成爲行銷人？這些年裡常聽到有人說，我們根本不懂行銷，也有人說，我們才是最適合扮演「轉譯者」角色的人。也就是說，即使我們如何專業，我們要能把專業的服務用案主聽得懂的語言來描述，才能教會他們；要用家長聽得懂的語言來說明，才能讓家長理解我們究竟

為孩子做了什麼；要用工作人員聽得懂的語言來傳達理念，才能呈現出我們想要完成的使命；要用社會大眾聽得懂的語言來溝通，才能化為實際支持的具體行動。無論如何，社工人投入行銷的過程，我們開始學習怎麼把個案研討中〇明的遭遇轉譯成明明（化名）的故事；開始把照片中馬賽克塗抹的案主臉龐換成觸動內心的視角；開始把瑣碎的日常濃縮成容易理解的語句。社工人當然可以是一位優秀的行銷人，只要我們明白，「社會工作」不能僅是埋頭苦幹的服務，「社會工作」必須是讓所有人理解、必須是讓所有人看見、必須是讓有志者能夠一起參與的服務。

社工人，服務最佳代言人

作為一個社工人，我們常笑說雖然不能賺大錢，但從來不怕失業，因為不管服務哪個社工領域，缺工總是普遍的現象。而一個 3 年以上，甚至有些時候只要比其他人「資深」的社工人，就會被我們推上擔任督導的角色。正因為社工的流動率總是如此頻繁，我完全可以理解，期待服務對象認同我們、接納我們、信任我們有多麼困難。我目前服務於家長組織起家的基金會，初來到此，社工頻繁流動的現象未曾停止過，我完全可以接收到家長們看待我的眼光，在他們心中，我不過也是眾多來來去去的「過客」之一。或許誰也沒有預料，前些時候，我在該組織服務的時間已正式超越了在公部門工作的歲月，正式成為職業生涯裡最長的工作場域，這是一件不太容易的事，因為我是一個工作穩定性高的社工人，24 年裡沒有待過多少個單位。

跟所有的家長組織一樣，我所服務的單位難免存在著專業工作人員與家長一起工作的矛盾與衝突，家長們因為共同的生命經驗聚在一起，他們有著屬於自己的默契，以及成立組織的各自需求，還有即使專業人員再怎麼努力也無法跨過「和他們是一國」的界線，這對許多社工人來說是挫折的。此外，家長幹部的工作方法與社工人堅持的「專業倫理」也常常存在許多衝突，我們堅持的保密協定，在他們的理解裡成為會員服務的阻礙，

這也折損了不少曾經來去匆匆的社工人。與其說「外行領導內行」是社工人最常拿來當作離職的原因，我寧可相信有沒有辦法贏得別人的信任才是成功的關鍵。換句話說，要成為一個負責行銷的社工人，如果自己都不能成為自己的代言人，我又如何說服社會大眾相信我們的服務。

因為職責的需要，每每遇到組織的董監事會、理監事會、會員代表大會，我都要負責報告我們做了什麼，不記得從哪一年開始，在每場會議之後，總有家長幹部私下走到我的旁邊，或是稱讚，或是道謝，或是拍拍我的肩膀，或是感謝我的存在，我知道我已經從「遙不可及的社工人」轉化成「值得信任的社工人」。如果說社會工作是門專業，那麼行銷服務最高的境界就是要讓每一個人知道「社會工作」到底是什麼，要讓每一個人認同社工存在的價值。

沒有答案的現實困境

隨著對障礙者的充權，這些年我們在身心障礙服務領域裡將「個案」的用語修正為「服務使用者」，因為我們相信障礙者本人才是服務的主體，他們有權利決定與自己有關的服務方式、有權利選擇想要被服務或者不被服務。然而，當我們走進社會工作的實務現場，我們總是在「規範性的需求」與「表達性的需求」裡掙扎，我們以為對服務對象有幫助的成長團體、知能講座乏人問津，每每推出區域聯誼、親子旅遊則立即秒殺，更現實的困境是，各式的旅遊活動往往得不到經費的補助。如果說「專業服務」不是服務對象需要的，那麼社工人的價值在哪裡？此外，我們致力於「去機構化」，期待心智障礙者有一天可以自己選擇想要的生活方式，可以不要被安置在機構裡，可以回到社區。然而，我身邊的身心障礙家庭對於組織的期待，終究還是籌建一個孩子們未來可以安置的全日型住宿機構，讓雙老家庭的困境可以徹底解決，有一天家長可以安心放手。

理論與現實的距離、倡議與需求的拉扯至始至終未曾停歇，這是一個難解的習題，也沒有標準答案。面對真實的身心障礙家庭困境，雖然我們

無法選邊站，但我們可以做的是創造更多元的服務選項，讓有需求的家庭找到最適合自己的服務模式，而不是只有唯一的模式。

生命的養成不是一朝一夕，走過的痕跡都是未來的養分

意外走上社工之路，讓我踏進了身心障礙服務的領域；緣分讓我遇見了我的恩師，他給了我一句印象深刻的話：「為弱勢者伸張正義，不能只等到他們成為案主之後來幫助他們。」被迫走上行銷之路，我開始學會如何把抽象的「社會工作」轉譯成草根語言，讓今天的我成為更容易理解的社工人。人生不就是如此，許多時候沒有辦法等待我們準備好，但只要我們願意停留，走過的痕跡都會成為未來的養分。

「被社福耽誤的行銷人員」是我最近給自己下的註解，是詼諧的玩笑話，也是對自我的肯定。我只是一個半路出家的行銷人員，我的能力不足以因應行銷市場的需要。但就因為我是社工人，我了解我的案主、了解我服務的家長、了解我的組織、了解我的服務，這是專業服務的基礎，更是足以讓我對外「行銷」的根本。我始終相信，我不再害怕大聲的告訴別人「請支持我們」，因為我認同我的工作、信任我的團隊、相信我的組織，於是我可以自在的繼續成為更好的行銷募款社工人。

今年是我所服務的組織成立第 25 週年，我們找出了一句話代表組織的定位，那就是「一輩子的事」。什麼是「一輩子的事」？對組織來說，基金會成立的目的，就是一輩子承諾對有需要的身心障礙者起身而行，不輕言放棄，遵守起初的信念持續前進；對家長來說，有了身心障礙的子女是一輩子的責任，想要放手卻又不願放手的一輩子照顧；對身心障礙者來說，如果能夠選擇，沒有人想要成為身心障礙者，他們需要多大的勇氣與自己的障礙和平共存；對於社會大眾，希望給我們一次機會認識彼此，讓更多的人願意投身公益服務。至於投身社會工作的我們，不就是相信因為有我們的參與，服務使用者可以更好、家庭可以更好、組織可以更好、社會可以更好，所以我們繼續在這裡，迄今沒有離開。

　　一輩子的相信，一輩子的承諾，相信因爲有我，相信因爲未來有你，我們可以讓社會更美好，因爲我是社工人。

參考文獻

林駿杰、張恒豪（2020）。什麼是「障礙研究」？英美的理論發展、建制化與臺灣本土化歷程。人文及社會科學集刊，**32**(4)，645-691。

張恒豪、顏詩耕（2011）。從慈善邁向權利：臺灣身心障礙福利政策的發展與挑戰。**社區發展季刊，133**，402-416。

廖福特（2008）。從「醫療」、「福利」到「權利」——身心障礙者權利保障之新發展。**中研院法學期刊，2**，167-210。

33

記一段美好但仍需要前行的社工路

林惠芳／社團法人中華民國智障者家長總會祕書長

序曲

接到社工專協的邀請寫自己的故事，心裡很忐忑，一來不確定自己的經驗可以提供給別人什麼；二來覺得自己就是個平凡人，在工作中平平凡凡地過了大半輩子，沒有待過很多不同的單位，也都在同一個專業領域裡成長、學習及服務，感覺很簡單，總覺得一句話，就可以說完這一輩子，或許有比我更適合書寫社工人生的夥伴。但是社工專協的夥伴們都一直鼓勵我試著整理一下在社工服務，特別是在身心障礙服務領域一路以來的看見或感受，最後是因為自己也是社工專協的幹部，總覺得應盡一份心力，如果記錄書寫社工人的經驗是社工專協想要做的事，自己好像沒有理由說不。就這樣接下了這個書寫。

選擇社工系就讀真的是很有趣的過程。高中時選擇社會組是當時學校大多數人的選擇。我其實很喜歡生物，但是自覺不是學醫的料，沒天賦再加上理化也不夠好，讀自然組挺危險的。特別是在大學入學考試只有不到三成機率的年代，不知道會有什麼後果，所以就選擇了社會組。老實說背誦是我的罩門，讀社會組也挺危險的。但我的高中時代過得很自在，有好同學們可以玩成一片，一起吃午餐聊偶像有的沒的；有名畫家何文杞老師教美術，把美術課用最多樣的方式呈現，素描課我一個圖也畫不好，饅頭

倒吃了不少，幸好老師沒放棄我，終於還是在多元畫作的課堂上，用剪毛線作畫，完成了自己唯一滿意的作品。

　　屏東女中的學風自由，雖有大學入學考試在前，但是高中生活還是充滿樂趣。樂隊我沒少參加、家政課也學會做巧果，還做了條 A 字裙。體育課被逼著要會游上 15 公尺。但是大學入學考試還是大事，當年還是分甲乙丙丁組的時代，然後在大考選擇科系時，我用了排除法。因為甲、丙是自然組考的，社會組只能選乙、丁組。乙組主要是文學院，想到我沒文學天賦，所以第一個排除乙組，只剩丁組的法商學院的科系。然後因為不想背書，法律系排除；因為自己想到錢就頭疼，又扞不起來，所以商學院排除；再加上不喜歡被約束，公部門可能的行政、市政管理通通刪除，於是就只剩下社工系了。沒想到也因為這樣限制太多、選擇太少所以日間部就沒考上，被迫過起補習班的生活。最後覺得補習班很無聊，不想自己的青春就關在滿是重考生的教室，於是就報考了夜間部。又因為南部孩子總想離開家鄉求學挑戰一下獨立生活的感覺，就考了北區，就這樣進了文化大學社工系。

　　進了社工系才知道原來文化夜社工是政府遷臺後最早成立的社工系，我就讀時應該是第 21 屆，表示之前已有 20 屆的學長姐了，聽說在臨床也好或在行政部門也好都有許多優秀的學長。但老實說報到時還不確定社工系要學些什麼，還記得當時候是上葉楚生教授的社會工作概論，葉教授穿著改良式旗袍，梳著包頭，雖有點年紀但氣質超好，說話有力且有自信，上課很認真，很喜歡聽她說在北京清華時從事社會工作的故事。對葉教授講述英國濟貧法案跟睦鄰組織的成立與發展的背景，至今仍深深映在腦海。對現在的社工人來說，可能識得葉楚生教授的人已少之又少。我覺得自己很幸運，跟許多資深的教授們開始社會工作領域的學習。

服務與學習的併行

　　由於文化社工是夜間部，所以白天有許多的時間可以來認識臺北這個新城市，加上我又是特殊會暈車的體質，但臺北如果不靠公車就去不了哪裡，所以剛開始幾乎去哪都是步行，步行不了的地方才會拿著公車指南（像手掌一樣大小的冊子）找公車搭公車、暈車，也因此學會了認臺北市的路，當年如果有 YouBike 我可能就不能這麼會認路。但也是因為就讀社工系後發現，當社工第一件事就是要會找到對的地方。

　　每天下午 5 點準備上學，10 點放學回家、梳洗、整理學習筆記，常常到要睡覺時都已經是半夜，然後第二天睡到快中午起床，總覺得這樣的生活有點浪費，或許可以來做些什麼事。當時，學姐提到一個機會，她問我喜不喜歡小孩，我想到在家上有姐姐下有弟弟，我們從小就是大的帶小的，應付小孩應該是沒問題的，於是就一口氣答應了學姐可以去試試看。學姐看我態度篤定反而有些擔心，跟我說這些小孩跟一般的小孩不一樣，要有心理準備。

　　我心想有什麼不同，孩子就是孩子呀，於是就這樣開始到天主教康泰醫療教育基金會附設康泰診所的兒童心理衛生部門志願服務。康泰醫療教育基金會是由一群天主教的醫事人員們成立的基金會，為用自己的專業實踐天主的大愛而設立。當時候基金會及診所的服務地點就在耕莘文教院的大樓 2 樓。第一次踏進中心，迎面快速飛過一個小朋友身影還伴隨著尖叫聲，再進到教室活動區域，有小朋友正坐在吊床上，一邊搖晃身體一邊向前方的桶子裡丟積木，眼睛像看著別處，卻每塊積木都好好的丟入不同顏色的桶子中。主任在大略介紹環境有哪些空間後，請我自己先四處走走看看，可以先觀察一下，看看小朋友跟老師們都在做什麼？等過了大半天才問我有什麼感想，覺得這些小朋友有什麼不一樣，如果以後要陪伴這些孩子學習新東西、複習舊技能，跟家長一起討論如何跟小朋友一起學習，有沒有什麼想法？還好社工系上了一個多月，有些許「人類行為與社會環境」的關聯認知，就把自己觀察到覺得有趣的地方跟主任說，主任說歡迎

我加入他們的行列，於是就這樣開始了身心障礙服務跟社工學習同時並行的日子。

在中心時我有不同的前輩指導我，主任是職能治療專業，另外有社會工作系畢業的詹學姐指導我，還有神父在人文情懷上提供指導，以及不同時期的志工夥伴，大家都在不同學校不同科系，都是利用課餘時間來服務，主要是協助特殊需要的孩子們進行早期療育的訓練。就在志願服務半年之後，主任找我談，問我願不願意成為正式的工作人員。自己覺得很喜歡這些孩子們，也看見家長們的辛苦，很想盡一份自己的力量，當志工是如此，當正職應該也沒有不可，就這樣一頭栽進身心障礙服務領域，一路到現在。在中心的時候，除了社會工作的養成教育之外，要協助這些特殊需要的孩子需要多元的知識與技能，因此在工作的在職進修上，跟復健科醫師、心智科醫師、物理治療師及職能治療師學習，也跟當時少數僅有的特殊教育老師學習。在邊工作邊在社工系學習的日子，我有幸得到不同專業的培力，也造就我可以聽得懂不同專業領域的術語，能不害怕在不同專業工作者之間表達自己的想法與看法，這些養分在未來社會工作的路上都是很有幫助的助力。

文化夜社工要讀 5 年，我記得自己大學一共修了 156 個學分，除了社會工作基礎學科之外，法學緒論、犯罪學、少年事件處理、心理測驗、諮商輔導、家族治療、醫務、身心障礙福利、學校社工、遊戲治療……學習的範圍是又雜又廣，但是卻成為未來自己很重要的基礎。特別是實習時，有機會到華明心理衛生中心實習，接受督導的指導，有機會把自己的內在好好的審視了一遍，也學會覺察自己的內在，學習如何調適自己，把自己重新整理好以回應助人工作的需要。大五畢業時要寫論文，當時還是選了自己熟悉的領域，做了唐氏症者的個案研究。

從大一到大五，從接案、評估、擬定個別訓練計畫、評核成效，都在邊工作邊就學，學以致用下越來越純熟。接觸的案主及其家庭狀況五花八門各有故事，需要的支持及協助也未必是即時就可以被處理好，有時看到離開中心進入小學階段卻因為學校支持不足而敗陣下來，家長挫折，早

療介入支持的我們也很挫折，總覺得好像應該做的更多，幫家庭跟孩子準備的更好再送入學校。有時也會為了家長始終無法理解孩子的障礙事實，用盡心力四處尋找令自己滿意的答案，而錯失看見自己孩子微小成長的樂趣，會為家長感到惋惜，也會為孩子感到可惜，也會為了自己能做的有限而感到生氣。也就是因為投入工作越久，越看見自己能力的不足，因此決定在大五畢業後繼續升學，學習更多知識技能來協助這些發展有障礙的孩子們與家長們。一方面也是給自己的爸媽一個交待，為當時執意不重考的許諾，一定會再進修碩士課程。

在工作與就學同時進行的大學階段，我很感謝職場為我們規劃了充分的專業學習，也培育了我有關人文的基礎。記得我曾被訓練寫逐字工作紀錄，還要畫出重點，督導會幫我看自己畫的及寫的如何，直到被告知不用再寫逐字稿。這訓練讓我後來參與各項會議時，都可以在會議後立刻摘錄會議重點奠定了良好基礎。我們也常在週六整天泡在師大特教中心，跟陸莉老師、何素華老師……等特教老師們一起學習如何教導心智障礙及自閉症、過動的孩子們。還有每天中午吃飯時間，跟其他同事們一起分享大家正在看的書或是令自己感動的音樂、電影、表演……等。也常跟家長們聊天，了解他們養育特殊孩子的心路歷程，用微小的力量想盡策略嘗試幫家人們改善親子關係、建立正向手足關係、討論面對社會眼光的各種方法……等等。還記得曾經為了跟同事一起追《刺鳥》而夜宿辦公室，大家徹夜看錄影帶，邊看邊討論，從宗教討論到人的本質，也看見人的堅強與軟弱。我自認是這些養分累積造就了今天的我。

第一次重大的生命挑戰

在文化兒童福利研究所進修時，我仍未停止協助培訓第一線教保工作者，以及帶領社會工作實習生與支持家長學會怎麼陪伴孩子成長。所以會利用課餘時間幫忙指導新進教保人員、帶實習生，也會在假日協助家長團體，指導家長在家利用自然情境及生活作息活動來協助孩子的增能與成

長。就在研究所階段第一學期期中考前，上帝給我人生第一次重大的生命挑戰，我被診斷罹患急性骨髓性白血病，立刻得住院治療，從馬偕醫院到臺大醫院接受王秋華醫師的治療。

　　感謝工作時的主任的先生黃冠球醫師，幫我拿著檢查報告去找他的老師王秋華，然後王醫師接納了我，轉院到臺大接受積極性治療。工作與學習都在這一段過程被迫一定要停下，專心面對自己的健康議題。很感謝自己是社工人，因為在罹病的過程，我自己親自經驗了從否認、拒絕到接納自己生病的事實。在醫務社工課堂上的學習，讓我更快意識到自己的心理歷程，因此很快的調適過來去面對自己能做的事。把治療放在第一位，然後在接受治療的過程也協助病友們接納疾病的同在，一起努力面對治療。

　　記得當時有位就讀北一女的妹妹也得了血癌，年輕又是獨生女的她，不能接受自己生病的事實，故折磨父母、對父母極盡情緒勒索到醫護都看不下去，護理師問我能不能跟這位好好聊一聊。反正每次住院治療都得好幾個療程，住院至少好幾個月，閒著的時候，我也就幫著醫護陪病友們聊天玩耍，彼此安慰，重要的是面對治療的不適跟不放棄希望。有位護理師姐姐說我連在生病的時候，都把社工服務精神發揮到淋漓盡致，其實對我來說只是做自己做得到的事而已。因為在生病的過程中，不管是需要血液或是治療及心理支持，老實說我得到認識與不認識的人的協助更多，我不過是做自己能做的而已。

　　歷經血癌治療緩解、再復發，到不得不面對骨髓移植，曾經因為治療就學中斷，但同學們的愛從沒停過，也謝謝家人無條件支持，我完成移植，回到學校完成學業。面臨工作的選擇，我熱愛原來的臨床工作，但是剛完成移植，家人也會擔心工作的負擔，所以有些許的猶豫。在一次協助唐氏症家長研習時，遇到智障者家長總會（智總）的創會理事長雷游秀華女士，她主動問了我是不是可以到智總服務。當時我其實已應徵上慈濟醫院的職缺，就等論文完成後去報到上班，但是最後雷游創會長的永不放棄精神感動到我，我想起直接服務時家長的難處，很需要有人可以一起承擔，於是在繳完論文後，到智總上班。沒想到一晃眼就已經過了 30 年。

從直接服務走到間接服務

　　智總是一個家長組織的聯合會，1992 年成立，我在隔年 8 月 1 日到職，只有我一個專職服務人員，另有 1 名兼職的工作人員負責刊物的編輯。所有的長官都是家長或是顧問專家，剛開始我常搞不清楚究竟該聽誰的指揮，因爲好像所有長官都可以叫我做事，但是不同長官的命令又可能是不同的。這跟我過去在直接服務時有明確的督導系統很不一樣，而我在之前的工作也已經擔任過組長的角色。我想起在論文口試時，指導教授與口試委員爲我決定去家長組織上班所表示的擔心。口試當時不能理解爲何大家都不太支持我做出到家長組織工作的決定，直到自己面對指揮系統的不一致。但是工作是自己選的，要自己想辦法去解決。於是我重新認識人民團體，確認我的指揮系統應向理事長負責，其他理監事則是理事長要去面對的，所以慢慢調整自己的步調先確立好指揮來源，然後從自己的經驗看能不能幫上組織現階段的倡議重點。當時智總正在倡議早期療育的法制化與服務工作模式的建立，以及推動特殊教育與就業服務，跟自己過去的經驗學習很有關係，自認應該可以有一些貢獻，就這樣慢慢開始與家長組織的合作。

　　家長總會的成立是爲了維護心智障礙者的權益，因此倡議是最重要的角色，而過去在學校倡議的技巧可能學習的最有限，因此就開始向各前輩們請益，也參與了社聯工作室[1]的定期討論，向前輩們學習。另外在議題的論述方面，過去的實務經驗及人文養成，讓我很快可以把家長的需求寫成向立法機關及政府部門提出建言的論述，就這樣繼續在實務工作中慢慢學習也提供貢獻。組織人力也隨業務漸漸推動需要增加而增聘，從一人組

---

[1] 編者按：1990 年代初，由臺灣的社會福利團體幹部、學者、專家等自發性組成，定期辦理讀書會、討論倡議策略、訓練倡議人才等，當時的主要倡議包括：臺灣應走向民主福利國家、社會權入憲、關切社會福利民營化的走向、老人福利法修法等議題，主要發起人有曹愛蘭、林萬億、陳俊良、王增勇等，1998 年因階段性任務完成而解散。

織發展成一個辦公室，在這個過程跟家長們一起學習，也分享自己的看法及建議，共同成長。

總覺得自己很幸運，可以在能發揮自己能量的組織服務，同時也跟著組織一起學習新東西，為別人服務。如果不是雷游創會長的支持與不放棄的遊說，發展遲緩兒童早期療育服務沒有辦法法制化與普及化；如果不是陳節如理事長的積極與先見，職業重建服務制度無法建構，職業輔導評量服務、職業重建個案管理及就業服務制度化沒有辦法達成。智總成立 11 屆以來歷經多位理事長的帶領，能跟著這些無私的家長們一起努力是最棒的事。很多人問我為何可以在家長組織工作這麼久，我想無私的家長幹部跟學習型的工作團隊是最重要的關鍵。

人群服務單靠個人是不足以成就的，如果有好的團隊，就能事半功倍。我很幸運來過智總服務的工作夥伴都是一時之選，也都很有自主性，也有自己想要成就及努力的方向，我做的工作就是維護好這個工作氛圍，讓所有的工作夥伴都能有機會成為自己擅長議題的專家。一直以來我都是這樣的想法與做法。希望透過實作，讓工作夥伴看見自己的興趣所在，鼓勵他們為自己努力爭取更多學習的機會與實作的操練，我只需要在同仁需要我的時候，隨時讓他們能找得到、問得到，可以在無法決策的時候，好好一起討論然後決定。職務角色的轉換是不得不面對的事。

除了跟家長及同仁的合作，在社工路上因為倡議，需要跟民意機關與行政部門保持有點黏又不太黏的關係。倡議的路上，對立一定不是好方法，政策需要解決實際的問題現象，所以將現實的問題與處境呈現出來是協助政策形成的重要工作，把話好好說、說清楚更是重要的事。當然只有法律也不保證一定被執行，但如果沒有法律，行政部門就沒有依法行政的切入點，因此倡議法律的形成也是重要的事。如何了解社會立法的歷程，與立法機關如何合作，都是這一段社工路的學習與日常。

令人感到欣慰的是這一路走來，經歷了發展遲緩兒童早期療育通報轉介及個案管理服務的發展；參與了從《殘障福利法》轉變到《身心障礙者保護法》，再到《身心障礙者權益保障法》的歷程，協助推動 ICF（國際

健康功能與失能分類系統）的應用、聯合國《身心障礙者權益公約》的國家報告審查；推動了《特殊教育法》及相關規定的修訂；參與催生了職業重建服務制度；推動身心障礙者財產信託制度；促成社區式身心障礙服務的開展；讓社會看見心智障礙者障礙以外的優勢能力……等。能一路見證我國身心障礙服務的重大發展，是我的榮幸。

人生沒有多少個數十年，從投入身心障礙服務那年到現在，不知不覺就經過了 40 年。前一陣子與當年早療服務的對象及家長聚餐，當年的小朋友如今已是 45 歲的堂堂男子漢，正在挑戰自立生活住在社區，有工作、工作之餘有結交朋友的支持、有自己喜歡的合唱團參與、有女朋友穩定交往，令我真覺得所有的努力都是值得的。家長也分享著，想到那時候的我們，一個個都那麼年輕才剛上大學，也沒結過婚、沒生過小孩，怎麼就肯服務這些不好照顧又學得慢的小孩，還能一路就堅持到現在，令身為家長的她不解卻又感動地銘記在心。其實對我來說，就是做了自己覺得做得到的事而已。

未有預期的離別與獎勵

在一路走來的社工生涯，令人未有預期的事時有所聞。像是第一次經歷服務對象的辭世，感受到生命的無常與脆弱；第一次經歷家長拒絕服務的提供，感受到自己不可以將自以為的正確強加在人家身上；第一次被家長拒於門外，讓自己認真的思考自己的態度跟知識技能是否有可以修正的地方；第一次上街倡議，面對警調攻防，理解了角色職務的所在與無奈；第一次倡導修法的成功，了解了眾志成城的重要。還有許許多多的第一次，像是第一次到國北師指導未來的老師如何面對行為議題，多年後會遇到當時的學生來謝謝自己的指導；第一次在社工系教導身心障礙社會工作這門課時，遇到當年早療的服務對象來修課，內心很感動。

我在家排行老三，從小就不是特別優秀的小孩，一路成長也不算是成績亮麗的學生，在人群中不被看見才覺得是真自在。直到成為社工師，

自己都不是特別容易受人注目的人。有幸的是因為參與了許多身心障礙服
務的開創,以及有機會貢獻自己的經驗,讓自己在第二屆早療棕櫚獎中獲
獎;也在內政部主政社會工作的最後那年,與李雲裳前輩一起得到了表揚
社工的特殊貢獻獎;在 2022 年也蒙推薦領到衛生福利三等獎章。這些獲
獎紀錄都不在自己的生涯預期中,卻很巧合的每個獎項的獲得都間隔 10
年左右,自己認為是純屬巧合但也覺得奇妙。其實得到獎項對我來說是一
種鼓勵也是鞭策,總覺得要不負期待的繼續努力下去,做自己該做的、能
做的事。

未完

　　算算工作生涯已進入最後的一個 10 年,對自己的期許是好好的培力
年輕一代,做好傳承工作,也儘量能學習到最後。人生的功課每個階段
都有,別人無法幫你過,就像我們也無法幫別人過日子一樣。好好正視每
一天,把每一天好好過好最是重要。對於社工夥伴來說,我們應該都知道
沒有完全準備好的這回事,大家都是在實作中學習、在工作中學習、向服
務對象學習。資源也永遠沒有完全足夠的一天,因為需要會改變,人對生
活的期許會改變,所以我們都應該要保持活力跟彈性,時時學習,常常反
省,化期許為向前的動力。開心、快樂、歡娛的事不會第一時間到社工的
面前來,反而憂愁、苦悶、不公不義、軟弱⋯⋯等負向的感受或遭遇會先
來到社工面前,我們應好好的善待自己,整理好自己,增強我們面對困難
挫折的調適應力,以做好我們該做、能做的事。

34

社會工作的專業與否由我們自己決定

周瑞德／高雄市政府社會局鳳山社福中心社工員

入行的背景／初衷

很高興有機會與大家分享自己個人的觀點，原本是希望自己有所成就事業，再來找自己的舞台，進一步對社工職場環境由自身經驗給予改進建議。但在基層的這段時間，原本一起奮鬥的夥伴，離開了基層就不回來了，有些人變成管理階層，選擇沉默或視而不見，以致體系存在著斷層，或許現在的環境許多人在基層戰死沙場比得到戰功還容易。雖然有許多能人異士很想把這個體制提升，但是我們的所作所為留給世人的是什麼？實在有所感慨。突然間接到社工專協邀稿，心中五味雜陳，寫作不是我的專長，平常的工作和案主溝通也都是以真誠交心的體會，或者工作報告也是上面既定格式。有些事不知道該寫與不該寫？深怕方向不對，水準不夠，難登大雅之堂，內容枯燥無趣而成為本書銷售的阻力，那真是罪過。趁我還沒陣亡之時，真誠的面對自我的檢測，就當作是人生體悟吧？和各位同行夥伴當作是家庭日隨便聊一聊。

回想自己是 1989 年發生六四天安門中共暴力鎮壓，本地紅十字會聲援鼓勵下第一次捐出我的熱血響應。之後因心神不寧、體力不支，大學考不好而續考末代三專，進入全國第一所社工學校就讀實踐專校（實踐大學的前身）。學校後來改制大學，於是總共讀了 6 年到大學畢業，在這個動

盪的年代曾參加野百合學運,也因為在校和幾個同好組織電腦研習社團,由當時本系系主任黃澄月老師引介資源特殊生教室,幫助聽障生如何使用電腦,晚上也在學校電算中心打工兼學習電腦軟硬體,並因應學校電腦教室設備的一些問題處理。

學校畢業出社會後面臨就業的選擇有兩個,一個是本科的社工工作,另一個是和興趣相投的夥伴從事電腦資訊的工作。如果選擇後者是很快樂的事,但等於前面 6 年的生命就浪費了,所以後來就選擇社工為職業,興趣還是興趣。入行和許多人一樣是為了生計,但後來因為職業上的需要也把興趣的電腦拉進來再進修,晚上也在資策會的專班研習,最後把進修轉為實質成果,進入屏東科大資管研究所研讀。能和大家結緣,也是因改良原來自己開發的程式工具之一──家系圖成為 MS-Office 的附掛工具,免費提供給同業夥伴,在社工專協提供的空間下載使用。

家系圖這個工具原本是看到一線的同事有做個案報告的需要,這一顆種子時間到了就發芽了,中間也經歷許多的醫療單位、民間社團的蒐集資料,仿傚自由軟體的分享理念(如 Linux 的免費提供原始碼,演化了 Android 及蘋果的 IOS 掌上型電腦軟體發展,後續的 APP 都在平臺上分享發展,使人類更進步,阻止了微軟對電腦系統的獨占)。所以現在本土公部門用的繪圖工具軟體的設計團隊主持人也曾找過我分享,也有我最早版本的一小部分基因。「初衷」是最原本的自己,想要做一件好事或做好一件事。有時候和初戀一樣,努力想把事做好,都是最美好的。相信想要入行的人都是善良的,希望成就他人,我們從成就他人的經驗中獲得進步的養分,經過成長再修正服務及分享,這才是真正的社會工作的專業。初衷為善是每個入行者的初心,因為有相同的磁場,才能彼此吸引。是社工這個環境先選擇我入行,也感謝其中一位恩師徐震教授,身體力行努力推動社工專業制度與組織,也是社工專協創會理事長,也是因為大家長的大力推動,本土的社會工作才有發展。

準備成為社工／回歸專業

　　從出道從業已有 30 年，中間經歷了許多不同的職務和歷練，其實也很感恩許多前輩的提攜和合作，關關難過關關過。但這個職場始終能令人放心，大家都沒有壞心眼，面對新人時給予過來人的建議，不想給他們壓力，而他們也能夠自己找個適合的位置坐下來。就像我處理案子一樣，每當和學齡前服務對象的案父母面談，我會建議不要太早學寫字，應努力去玩、增進健康，之後才有體力讀書或發展未來。其實新手社工也不需要研習太多技能，只要有健康與熱情就夠了，反正學校的老師多的是麻瓜（電影《哈利波特》中稱不純正血統的魔法師），卻要求別人都要是專業的貴族血統。實際上社會工作的專業多建立在其他領域的專業上，所以社工之外還須自我研習。社工的外借理論才是社工最上層的修練，包容一切才能打破限制。

　　現存臺灣最大的問題是社工被政治綁架，所以薪資少，莫名其妙的事很多。要如何解決？簡而言之就是人事制度學香港，香港馬場博弈的盈餘完全由民間社團共同管理，社工員的薪資也是在分配下固定的提撥，不是包在方案裡面[1]。所以社工的薪水不會以預算不足為理由，墊在方案裡面，

---

[1] 編者按：香港社會工作者的薪資，依香港社會福利署的「非政府組織薪酬表」分九級：總社會工作主任、高級社會工作主任、社會工作主任、助理社會工作主任、總社會工作助理、高級社會工作助理、社會工作助理、高級福利工作員、福利工作員。薪點從 7 到 49 點，再依年資晉陞。例如：2024 年，最資淺的註冊社會工作助理（具社工文憑、副學士或學士學位的註冊社工）從薪點 9 到 22 點，月薪港幣 \$24,380-\$47,795。不具社工文憑、副學士或學士學位的高級（資深）福利工作員薪資從薪點 18 到 23 點。薪資最高的總社會工作主任薪點從 45 到 49 點，月薪港幣 \$123,980-\$142,840。香港社會福利署於 2001 年起採行整筆撥付補助制度（LSG）。亦即員工薪資、業務費等經費總額撥付給受資助的民間社會福利組織。香港社會福利署的預算約有 2/3 是用來資助 164 家社會福利組織。香港註冊社工約僅一成受僱於政府部門，大多數註冊社工服務於民間社會福利組織。由於整筆撥付補助制度，加上社會福利署因預算關係，刪減資助民間社會福利組織的經費，例如，2023 年依香港社會工作總工會的調查，40% 的社工起薪點低於社會

使現在國內社團都承擔政府許多業務且經濟都被控制，喪失了監督與發展的空間。香港社工的薪資水準與社會地位和香港醫生是一樣的，且香港是學校畢業後登記就可以不用再高考，所以香港社工在良好的制度保障下可以心無旁騖地向前衝刺實現公平正義。人要真誠的面對自己，這是專業最核心的價值，在這裡要感謝我的另一個過世的恩師王培勳教授，他帶領著香港社區工作訪問團實際到當地交流，雖然已是 20 多年前的事，但臺灣多年來環境並沒有多少改善[2]。大的資源都被大社團分食掉了，小社團為了生存，就想出社工薪資回捐的策略因應，這是整個體制的霸凌，故有些人離開這個環境是帶著失望離開，連自己都無力說服，更無法真誠的面對案主，我們也常看到許多案主的人生問題未解而逃避到另一個地方，但問題並沒有消失。

　　現在社福界最怕的是每年的社福績效考核，被考核的人就好像下地獄一樣，考核委員像看生死簿審視，每一年看你做了哪些事，當然也會有賞罰，賞罰關係到明年的工作人事預算，往往勝利者固定是比較有資源的縣市（大者恆大），小單位則沒人幫忙，搶不到大餅相對的資源變得有限，一個人可能兼好幾個業務，不管開什麼會的代表都一樣。這又講到一個問題是臺灣的政策在配置社工在法規上有規定，但是人事成本的預算都沒有相對提供，這和主管單位衛福部轄下的健保署的人事是不同的（一國兩制）。再把問題回到社福考核，每年會有要求看到各個縣市新的亮點，以

福利署同等職級薪資。

2　編者按：依臺灣社會工作專業人員協會（2012）的調查，臺灣社會工作者的薪資，74.1% 薪資是 25,000-35,000 元。2019 年起依強化社會安全網計畫，衛福部同步推動「補助民間單位社會工作人員薪資制度計畫」。2020 年起受委託或補助的民間單位社會工作人員專業服務費每人每月 34,916 元計，另依其具社會工作相關系所碩士以上學歷、社會工作師執照（或證書）、專科社會工作師證書、執行風險業務等級等增加薪點。補助的第 1 年，採可攜式年資計算，隨年資增加薪點，考核通過者，次年（2021 年）起可晉 1 階（提高 8 薪點，計 997 元）為原則，最高晉陞至第 7 階（336 薪點、薪資 41,899 元）。社會工作督導則從 40,901 元到最高 47,884 元，並隨公務人員調薪。

致有新的方案一直從各縣市推展到全國仿行。雖然是好的，但是人就是這麼多，造成公私立機構一個人要兼好多個業務，這和專業道路是背道而馳的。社福考核的運作，就好像是農業部每年辦理全國農產品競賽，只要在某地發現新品種，就要求隔年全部都要種植，完全不考慮哪些環境適合或產銷班有無人力可以因應。只因產銷班的薪水是控制在主管單位的手裡，所以一塊地也是很多新的作物擠在裡面，最慘的是有些產銷計畫短期只給3年人事預算，3年過後沒有專用人力，只好請同個產銷班還存在的同事兼做，這樣能種出什麼結果？

如何成為稱職的社工人

我是比較唯心論觀點的人，一個成功的社工在於他是如何懂得生活，再利用這份影響力，影響周圍的人。所以成功的社工從社工轉業的也都混得很好，先把自己照顧好才有能力照顧其他人，或者有資源與他人分享。誠如陳政智老師感嘆當前社工薪資低落，有時候是次貧的社工去輔導赤貧的案主，雖然是個無法否認的事實，但明知如此仍無受到大的影響而勇敢從業者，我必須給予讚賞和鼓勵你的視野與價值觀不受金錢與利益蒙蔽。助人者或照顧者先要懂得如何善待自己，再把這份經驗與他人分享，整體的層次才能提升，真正的價值不完全是金錢和利益而是幸福。人需要互助，才能生存；資源分享，寬待他人，才能使全部的人都得到幸福。

另一個部分則是學習控制欲望，這不僅困難且需要時間的歷練，許多案主的問題也都卡死在這個地方，就連孔子也是要到 70 歲才能從心所欲。社會工作在幫助案主向善和向上的力量而不是墮落於金錢遊戲，現在有很多為了改善貧窮家庭而對下一代開始做理財教育，雖然用意良善，但會不會造成過度運用追逐金錢遊戲？俗話說錢是無底洞，會不會更大洞？用社工的例子比喻「給他魚吃，不如教他釣魚」，現在加碼到教他抓更多的魚，會不會加速整個生態補不到魚？

社工生涯最印象深刻的經驗

有些案主執念太深，開釋化解不掉，一輩子都沒有辦法脫離與改變，物換星移，換過好幾個社工結果是幾十年來都一樣，發生道高一尺，魔高一丈現象。經過服務的經驗累積，當你覺得撞牆時，就是遇到生命中的貴人，生命中缺什麼其實案主會提供你答案。我也曾經因為應對案主的需要而去學《論語》，或者和案主找話題而去學算命和風水擺設，或者找到社區中一些特別的人事物，甚至鬼屋等軼事。

學校老師沒教的一堂課

社工真正的老師是案主，社工的戰場在基層，和實務脫節才是最可怕的，很多學校的老師根本不敢做基層的工作者，所以在社工研究所也要求到機構實習，甚至研究生的推甄都可能是自己的學生或單位主管？這一點我實在無法苟同，所以我去念資管所也是出自這個原因，據我了解南部有 2 個夥伴也是別校資管所出身。就連美國的薩提爾（Virginia Satir）也是最好的例子，從原來是教師，轉換跑道到社工，再成為家族治療專家[3]。

3　編者按：薩提爾（Virginia Satir），1916 出生於 Wisconsin 的 Neillsville，5 歲時苦於闌尾炎，她的母親是虔誠的基督科學教派信徒，拒絕送她就醫。她的父親眼看著小女孩闌尾炎破裂，不顧其妻反對，將小女孩送醫，醫師救了她一命。從小她就喜歡讀書，尤其是關於家庭動力的書籍。1929 年，母親堅持舉家搬遷到 Milwaukee，薩提爾得以進入中學就讀，正好碰上經濟大蕭條，她半工半讀，1932 年畢業，接著進入 Milwaukee 州立師範學院（現今 University of Wisconsin–Milwaukee）就讀，畢業後擔任幾年的教師工作。在擔任教師期間，發現支持學生不可能只限於學校教室裡，而必須關心其家庭動力。於是，1937 年，利用暑期，進入西北大學就讀。但是，她的真正興趣是家庭動力，於是進入芝加哥大學社會服務行政學院，1943 年取得社會工作碩士學位，成為私人執業的社工師。1955 年進入伊利諾精神醫學研究院工作，專注於家族治療。之後搬到加州，共同創立精神研究所（MRI）於 Palo Alto。1962 年獲得美國心理衛生研究院（NIMH）資助，推動家族治療訓練，她受聘成為訓練部門主管，逐漸發展其治療模式，被稱為薩

體制中應該給精英最好的武器，給他們更好的工作環境，才能得到更好的工作成效提升，而不是要求基層的工作者提供二手資料來鞏固自己的學術地位。

我覺得有時候對於貧窮的工作學習第三世界國家比較能掌握成效，比起歐美更適合我國國情。舉一個例子，孟加拉的窮人銀行比發展帳戶好很多，它教育窮人，人最大的資產在誠信與互助合作，互助合作的組織建構起來，就能減少個人發生生活危機的狀況。

至於我們要找的社工專業也可以從其他行業的前端看到，美國著名的汽車營業員喬・吉拉德（Joe Girard）[4] 曾表示，沒有人比他更勝任這份基層銷售的工作，所以到了六、七十歲仍然堅守在前線推銷，他創造五項金氏世界紀錄，包括每天平均銷售 6 輛車，一年可以上看 1,425 輛車，15 年銷售生涯，共賣出超過 13,000 輛車，其他人總是望塵莫及。當我們認知到推銷員的職場是辛勞的工作，越是辛勞難搞的工作，總是留不住人時，我相信我們的職場也遇到相同的問題，所以相當佩服這位老先生的毅力與能力。20 多年前工作到身心俱疲原本要放棄社工行業的我，因為當時這

提爾學派。重要著作有：《家庭聯合治療》（*Conjoint Family Therapy*, 1964）、《家庭如何塑造人》（*Peoplemaking*, 1972）、《尊重自己》（*Self Esteem*, 1975）、《與人接觸》（*Making Contact*, 1976）、《心的面貌》（*Your Many Faces*, 1978）。

4　編者按：吉拉德（Joe Girard, 1928-2019）出生於底特律，高中中輟，當擦鞋童，後來當過送報生、洗盤工、送貨員、鍋爐裝配員、建築工人。直到 35 歲，終於想通了，走進一家底特律的汽車經銷商，懇求獲得一個推銷員的工作，店長帶著懷疑的眼光錄用他，第一天他就賣掉一車。第二個月，他就成為全店最佳銷售員。因而遭忌，被革職。他就轉往位於 Eastpointe 的雪佛蘭汽車經銷商工作，連續 15 年（1963-1978 年）創下銷售 13,001 部車的紀錄。1973 年一年賣出 1,425 部車，榮登金氏世界紀錄銷售最多汽車。之後，他開始到處演講，並把他成功的推銷術寫成五本書，翻譯成繁體中文的包括：《我的名字叫 Money：全世界最偉大銷售員的成功故事》（遠流）、《如何推銷你自己》（世茂）、《成交的技術》（布客文化）。吉拉德的金氏紀錄到 2017 年才被 Ali Reda 打破，新的銷售紀錄是 1,582 部。

則受邀來臺的演說新聞觸動了繼續留在基層的想法，一直以這個故事鼓勵自己，期待自己能做到有一天無法再做為止。

這份心情有另一個貼近的解釋，就像最近《捍衛戰士》第二集電影情節，主角彼得・米契爾上校面對職場狀況的改變，又被後輩同僚嘲諷其不識時務，做了一輩子還在基層，能力不及電腦的無人機，終將被淘汰，雖然支持他的僅剩下之前的同僚「冰人」，仍堅持做下去，我也相信「冰人」在離開位置和現實妥協下仍有一些遺憾，很多人離開社工領域後，依然默默的支持我們。世道的功利社會可能價值觀會一再改變，外行人總是看熱鬧，殊不知臺下十年功的重要，使得本土的社工長久以來都不重視基層。初衷不變是一個職業應有的信念，這個職業態度如同日本職人的「一生懸命」。我相信，在每一個產業鏈若是希望有所發展，支援基層的工作是最重要的，看似困難的工作其突破口也都是在基層。就像某一家超市的熟悉廣播「請支援收銀」，亦即，收銀是全部員工的責任，不是收銀員的責任，雖然收銀員在專業的收銀上比較快。也不要派實習生來監視收銀員是否忘記發給客人印花，因為發印花或找錯錢也不是故意的，尤其是在忙碌的時候。況且收銀機和監視器也可以查到。

社會工作的起頭也是從個案工作開始，一個社工員要在基層磨練技能，而專業的研發有哪些輔助的工具？其實是要靠專業團隊研發準備，才能讓社工員像電影的 007 情報員一樣，要熟練地使用團隊，給他適合的更特殊、更高超的武器，更有效率地達成任務，而不是把社工當瑞士刀，什麼情況都拿去用，這樣是阻礙專業發展最大的元凶。提升基層工作專業技能，減少雜務的耗損，提供喘息反省的機會，才能有時間專注研發。

很感謝職場同事與主管的包容，我才有時間研發家系圖工具或電腦技能。社會工作本來就是包容與分享的工作，在這樣工作滿線的情況，這樣的情誼猶難能可貴。現在的環境就好像很紅的廣告那個末梢神經不良的阿嬤，腳被小孫女壓到而沒有感覺，許多法規不是在處罰加害人，而在處罰助人者。像是兒保夜間緊急安置的社工，平常白天就有正常班，晚上又要輪大夜班，若在大夜出去緊急安置，要告知責任親屬與帶被害人安置，安

置要找機構，並完成入住前體檢，又要趕法院申請安置的裁定，又要隨時回報長官進度，請問什麼時間可以休息？若對方家長故意做梗，上到媒體又會有寫不完的報告。

期許社會工作這個本業可以重視基礎根源的問題，如大家所看到的，基層的工作是相當勞苦的工作，除非是有相當的自知之明，但也是這句話激勵我在基層社工生涯的工作多年。我對職場文化有很多的感慨，尤其是社工界很多人都逃離了這個地方，就不會再回來。所以以前曾笑稱社福中心為社工新訓中心，低薪、低成就、低自尊、高責任，或許這樣的職務有很多新鮮人搶著消耗熱情，也不一定需要我。但我說服自己的信念是，我會用我更多的工作經驗來協助案主。

回首一路走來已 10 多年，之後能夠再撐多久，再挹注更好的服務價值？自問也不知道答案，因為大環境變來變去，但是看不到真正的正向發展，只能期待未來整個工作環境能夠朝向正向發展。社工員用盡全力去服務案主，還要花更多的時間寫下更微小的工作環節紀錄，擔心哪裡寫不好，就只用嘴巴說也能燒出一道好菜？社會工作基層的工作對象是「人」，和教育工作者類似，人類整體的文明與素質能夠提升，仍是以教「人」的幼教及國小基礎教育最為重要，但若社會工作職場在基層無法創造工作價值，實際上對整個環境一點幫助也沒有，整個環境就像在溫水煮青蛙，就像現在急診室的文化，哪邊有急的就去哪裡支援。

給社工人的一段話

每天上班必經的路程上，經常看到廣告行的老闆用心提供的公益廣告圖文看版，上面寫著：「做人做事，不要違背自己心靈上的慈悲心——宮崎駿」。是否是日本動畫宮崎駿大師的金句格言已不可考，亦不太重要，但這句話烙印在我心中，頗足玩味，或許這個職業本來就應該接納不同的價值，體會案主的苦難，更應真誠的面對自己。10 幾年前在臺東有個夥伴過勞過世了，當時在想要不是她先走，也許過沒多久，我有可能也是職

場上那根最後的稻草。這個事件我很難過，沒能為她說說話，現在整個環境雖然有加薪，誠如前面比喻，整個農場仍然搶種新品種的農產品使大家不開心，該檢討的不是人而是體制，若是我國的公益彩券盈餘專款能由社福委員會管理獨立，而不要交給政客短線福利買票。雖然比喻不當，或沒有這樣的情況，我還是想說，這是一條長遠的道路，教育界不要像有些無良的宗教界，每個人都要去搶做大位如大廟住持或者皇帝旁邊的國師，以致寫道德經才是道德最大考驗，老想著搞一些看得見勞師動眾的大法會也超渡不了看不見的亡魂，要像放得下一切的弘一和尚，實際入世修行了解眾生的苦。相信在這個領域當中有許多地方還需要各位夥伴共同努力，邁向更好的未來，這樣本土社工的祖師爺──徐震爺爺也會在天國快樂的守護我們。社會工作的專業與否由我們自己決定！

國家圖書館出版品預行編目(CIP)資料

社工人的故事／臺灣社會工作專業人員協會編
著；林萬億主編. -- 初版. -- 臺北市：五
南圖書出版股份有限公司，2024.08
面；　公分
ISBN 978-626-393-399-6(平裝)

1.CST: 社會工作　2.CST: 社工人員
3.CST: 通俗作品

547　　　　　　　　　113007400

1J1L

社工人的故事

主　　編 ― 林萬億

編 著 者 ― 臺灣社會工作專業人員協會

　　　　　　王文惠、王芯婷、王思樺、朱貽莊、何雨威

　　　　　　吳淑玲、李玉華、李梅英、周瑞德、林幸君

　　　　　　林惠芳、侯雯琪、姚智仁、洪敏萍、韋珊

　　　　　　張志豐、張美美、畢國蓮、陳信甫、陳貞如

　　　　　　陳香君、陳道新、陳曉萍、彭治鏐、

　　　　　　曾梅玲（Cihek‧Imay）、童映雪、黃綵宸

　　　　　　黃錦鳳、廖芳瑩、劉培菁、劉瓊芬、蔡欣宜

　　　　　　戴如玎、簡婉婷

企劃主編 ― 李貴年

責任編輯 ― 何富珊

文字校對 ― 黃淑真

封面設計 ― 姚孝慈

出 版 者 ― 五南圖書出版股份有限公司

發 行 人 ― 楊榮川

總 經 理 ― 楊士清

總 編 輯 ― 楊秀麗

地　　址：106台北市大安區和平東路二段339號4樓

電　　話：(02)2705-5066　　傳　　真：(02)2706-6100

網　　址：https://www.wunan.com.tw

電子郵件：wunan@wunan.com.tw

劃撥帳號：01068953

戶　　名：五南圖書出版股份有限公司

法律顧問　林勝安律師

出版日期　2024年 8 月初版一刷

定　　價　新臺幣450元

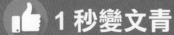

經典永恆・名著常在

✦

五十週年的獻禮 —— 經典名著文庫

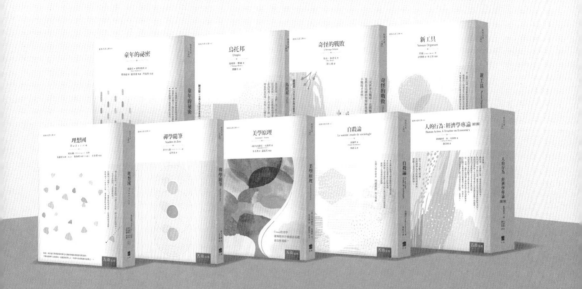

五南，五十年了，半個世紀，人生旅程的一大半，走過來了。
思索著，邁向百年的未來歷程，能為知識界、文化學術界作些什麼？
在速食文化的生態下，有什麼值得讓人雋永品味的？

歷代經典・當今名著，經過時間的洗禮，千錘百鍊，流傳至今，光芒耀人；
不僅使我們能領悟前人的智慧，同時也增深加廣我們思考的深度與視野。
我們決心投入巨資，有計畫的系統梳選，成立「經典名著文庫」，
希望收入古今中外思想性的、充滿睿智與獨見的經典、名著。
這是一項理想性的、永續性的巨大出版工程。
不在意讀者的眾寡，只考慮它的學術價值，力求完整展現先哲思想的軌跡；
為知識界開啟一片智慧之窗，營造一座百花綻放的世界文明公園，
任君遨遊、取菁吸蜜、嘉惠學子！